告别施舍

〔英〕格里高利·克拉克 著

洪世民 译

A FAREWELL TO ALMS
A BRIEF ECONOMIC
HISTORY OF THE WORLD

世界经济简史

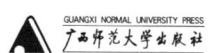

广西师范大学出版社

A FAREWELL TO ALMS: A Brief Economic History of the World
by Gregory Clark
Copyright © 2007 by Princeton University Press
All rights reserved.

未经出版方书面许可，不得以任何形式或手段，以电子或机械方式，包括复印、录制或利用任何信息存储和检索系统，复制或传播本书任何内容。

图书在版编目(CIP)数据

告别施舍：世界经济简史 /（英）格里高利·克拉克著；洪世民译.
— 桂林：广西师范大学出版社, 2020.7
ISBN 978-7-5598-2853-8

Ⅰ.①告… Ⅱ.①格…②洪… Ⅲ.①经济史 – 世界
Ⅳ.①F119

中国版本图书馆CIP数据核字(2020)第090241号

广西师范大学出版社出版发行
　　广西桂林市五里店路9号　邮政编码：541004
　　网址：www.bbtpress.com

出　版　人：黄轩庄
全国新华书店经销
发行热线：010-64284815
山东临沂新华印刷物流集团有限责任公司

开本：965mm×635mm　1/16
印张：25.25　字数：320千字
2020年7月第1版　2020年7月第1次印刷
定价：68.00元
如发现印装质量问题，影响阅读，请与出版社发行部门联系调换。

自 序

本书采取了一种大胆的研究方法,从粗略、杂乱甚至偶尔自相矛盾的实证中,梳理出能描述人类悠久历史的简明架构。这些架构能同时适用于关于人类历史的惊人事实和详载于这本书中的现实世界。延续《国富论》(The Wealth of Nations)、《资本论》(Das Kapital)、《西方世界的兴起》(The Rise of the Western World) 以及《枪炮、病菌与钢铁:人类社会的命运》(Guns, Germs and Steel) 等著作的传统,本书对"大历史"(big history) 有着前所未有的企图心。与上述著作一样,本书在讨论以下问题,即:"我们是怎么走到今天的?""为什么要走那么久?""为什么贫富不均?""我们要往哪里去?"

知识分子的求知欲使之提出这些令人瞩目的问题。但本书的焦点不仅是历史,而且对于近代经济政策也有着墨。书中将详述经济学家以及他们供职的世界银行(World Bank)和国际货币基金组织(International Monetary Fund)等机构,揭示这些人与机构是如何错看前工业社会、错认近代经济增长决定性因素的。而这些错误观念，如"华盛顿共识"提出的政策，却成了经济学解决穷国发展问题的基础。

尽管本书讲的是经济，但我们会发觉，经济制度向来与心理学、文化、政治及社会学相互混杂、密不可分。我们的本性——我们的欲望、抱负和互动——是由过往的经济制度塑造而成，又反过来塑造了现代经济制度。因此，对于人类学与政治、社会甚至文化史有兴趣的读者，也可从本书得到收获。

幸运的是，只用一套简单的概念就能带我们细探数千年来世界经济的演进。就算未受过正式经济学训练，也能了解书中的内容。本书努力解决的问题虽然仍是最"技术本位"的经济学家关注的问题，但对理论一无所悉的读者也能完全心领神会。

可以预见的是，本书的一些论点将来会被证明为太过简化，或根本就是谬误。有些论点在我经济史领域的同僚中也极具争议性。但它们就算出错，也远胜于学术界常犯的那些惹人生厌的恶习——刻意模棱两可、堆砌术语且内容空洞，虽然人文学科的著作大半如此。诚如达尔文所言："错误的观点若有一些证据支持便无伤大雅，因为每个人都会以证明他人的谬误为乐；一旦做到这点，便会有一条通往错误的小径于此封闭,同时开启通往真理的康庄大道。"因此，我希望即使本书有部分出错，也是明显而有益的错误，能带领我们朝光明迈进。

这本书是我二十年竭力耕耘学术葡萄园之偏僻一隅——量化经济史（quantitative economic history）——的产物。我很幸运，正因经济学及史学同业们对这些葡萄树漠不关心，区区一个小学者才能自划数千年的光阴为他个人的园地，并默默地、不受干扰地照料它。但我希望这本书也能吸引经济学家和历史学家的注意，提醒他们，要保持对观点的灵敏嗅觉。

致 谢

写这本书让我欠下一堆人情债,大概堆得跟特朗普大厦一样高吧。首先要感谢以下评注原稿或相关论文,替我省下数不清的尴尬并提出重要修改建议的人:克利夫·贝克(Cliff Bekar)、斯蒂芬·布罗德伯里(Stephen Broadberry)、布鲁斯·查尔顿(Bruce Charlton)、安东尼·克拉克(Anthony Clark)、亚历山大·菲尔德(Alexander Field)、詹姆斯·富尔福德(James Fulford)、雷吉娜·格拉夫(Regina Grafe)、埃里克·琼斯(Eric Jones)、奥斯卡·约尔达(Oscar Jorda)、马德琳·麦库姆(Madeline McComb)、玛丽·麦库姆(Mary McComb)、汤姆·梅尔(Tom Mayer)、乔尔·莫克(Joel Mokyr)、吉姆·欧朋(Jim Oeppen)、科马克·欧葛拉达(Cormac Ó Gráda)、凯文·奥罗克(Kevin O'Rourke)、詹姆斯·鲁宾逊(James Robinson)、凯文·萨利尔(Kevin Salyer)、詹姆斯·辛普森(James Simpson)、杰弗里·威廉森(Jeffery Williamson)以及苏珊·沃尔科特(Susan Wolcott)。我特别欠我的编辑一份情——普林斯顿大学出版社西方经济史系列的乔尔·莫凯尔，以及普林斯顿大学出版社的彼得·多尔蒂（Peter Dougherty）——感激他们在面对强烈挑战时愿意付出耐心，提出睿智的建议。感谢普林斯顿编辑室的彼得·施特鲁普（Peter Strupp）以惊人的专注力在兼顾细节与内容下为我润稿。

第二份人情债是亏欠我加州大学戴维斯分校的同事们。本校的经济系是活泼得令人咋舌的学术之地。艾伦·奥姆斯特德（Alan Olmstead）让戴维斯成为经济史的中心。全加州大学的经济史领域悉由他掌舵，而他杰出的领导已让加州成为全球研究经济史的重镇。彼得·林德特（Peter Lindert）有用不完的热忱、活力和慷慨。艾伦·泰勒（Alan Taylor）扬言要将这个世人忽略的葡萄园角落改造成顶级酒庄。也要感谢我经济系的同事，特别是保罗·伯金（Paul Bergin）、柯林·卡梅伦（Colin Cameron）、凯文·胡佛（Kevin Hoover）、希拉里·霍因斯（Hilary Hoynes）、奥斯卡·约尔达、克里斯·尼特尔（Chris Knittel）、道格·米勒（Doug Miller）、玛丽安娜·佩奇（Marianne Page）、乔瓦尼·佩里（Giovanni Peri）、卡蒂·鲁斯（Kadee Russ）、凯文·萨利尔、安·史蒂文斯（Ann Stevens）及德博拉·斯温森（Deborah Swenson），他们让每天充满欢笑、刺激和愉悦。

我要感谢我过去的合著者吉利恩·汉弥尔顿（Gillian Hamilton）、大卫·杰克斯（David Jacks）与苏珊·沃尔科特，我与他们合著的作品也屡见于本书之中。

感谢多位研究助理协助搜集或整理本书赖以建构的数据：大卫·布朗（David Brown）、罗伯特·艾勒（Robert Eyler）、梅拉妮·古蒂（Melanie Guldi）、彼得·霍恩（Peter Hohn）、埃里克·詹美斯基（Eric Jamelske）、大卫·奈斯特龙（David Nystrom）和夏哈尔·珊沙尼（Shahar Sansani）。其中夏哈尔更是费尽本属分外的心血，进行诸多引用资料的求证工作。

我还要感谢德国柏林高等研究院（Wissenschaftskolleg zu Berlin），感谢他们提供2005—2006年的研究奖金，让我有时间、有动力来完成这项计划。也感谢那里的图书馆全体同仁，尤其是玛丽安娜·巴克（Marianne Buck），热情地帮助我搜索资料出处及可能派得上用场的实例。

感谢国家科学基金会（National Science Foundation）十五年来提供三笔奖助金，赞助本书大部分的资料搜集工作。

还有一份更源远流长的恩惠是苏格兰汉弥尔顿圣十字高中的老师们所赐。很难想象有比那所学校更颓圮的校舍，而且校规还颇为守旧。但那些老师专心致志、知识渊博，又愿意大方投入时间从事这份除了成就感之外毫无报偿的工作。感谢他们。

最后我要感谢我的妻子玛丽·麦库姆。我在2005年8月至2006年7月于柏林跟原稿搏斗的同时，几乎完全没尽到家庭责任，到了戴维斯之后仍继续如此。这期间，玛丽除了要完成自己的全职工作，还得兼任厨师、顾问、旅游向导、德文翻译及家长等职。另外她还通读了稿子并提出修改意见。希望我至少还得起这份恩情。

目 录

自 序 / i
致 谢 / iii

第 一 章　绪论 十五页说清世界经济史 / 001

第一部　马尔萨斯陷阱：公元1800年前的经济生活

第 二 章　马尔萨斯经济的逻辑 / 019
第 三 章　生活水准 / 039
第 四 章　生育力 / 069
第 五 章　寿命 / 087
第 六 章　马尔萨斯与达尔文：富者生存 / 107
第 七 章　技术发展 / 127
第 八 章　制度与增长 / 139
第 九 章　现代人的出现 / 157

第二部　工业革命

第 十 章　近代的增长：各国的财富 / 181
第十一章　工业革命之谜 / 195
第十二章　英国工业革命 / 215

第十三章　为什么是英国？为何不是中国、印度或日本？／241
第十四章　社会面的后果／253

第三部　大分流

第十五章　公元1800年以后的世界增长／281
第十六章　分流的近因／303
第十七章　为何不是全世界都发展起来了？／323
第十八章　结论：奇怪的新世界／341

附录／347
注释／351
参考文献／367

第一章 绪论
十五页说清世界经济史

> 他或许因此被公正地列为人类的恩人,将生命庞杂的规则浓缩为短短几句,可轻易透过反复回想在脑海里一再重现。
>
> ——塞缪尔·约翰逊(Samuel Johnson),
> 《漫谈者》(Rambler)175 期,1751 年 11 月 19 日

世界经济史的基本轮廓出奇的简单,简单到可以用一张图表总结(图 1.1)。在公元 1800 年以前,人均收入(每人可获得的衣、食、住、热、光)因社会或时代而异,但整体没有呈上升趋势。受到本书将阐述的一种简单却有力的作用——马尔萨斯陷阱(Malthusian Trap)——的桎梏,技术进步带来的短暂收入提升最终一定会被人口增加所抵消。

因此,公元 1800 年一般民众的生活并不比公元前十万年的一般民众优渥。更确切地说,1800 年全球多数人口甚至比他们远古的祖先贫穷。有幸生在富裕社会,如 18 世纪英国或荷兰的民众,物质生活水准大致与石器时代相同;但为数众多的东亚及南亚居民,特别是中国人、日本人和印度人,则只能勉强维持生计,各方面的条件可能还不如穴居人。

不论从哪一方面看,生活品质均毫无进展。人们在 1800 年的平均寿命不比狩猎采集时期长:只有 30 至 35 岁。石器时代人类的身

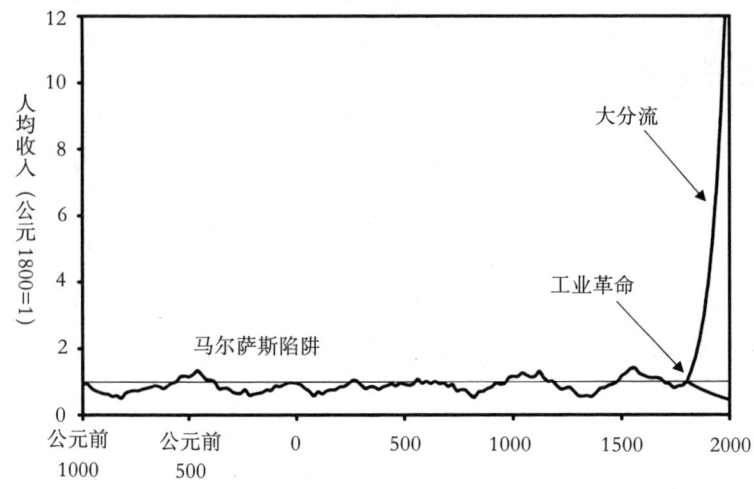

图1.1 一张图囊括世界经济史（公元1800年后许多国家的人均收入直线上升，但一些国家则呈现下滑）

高（一种衡量饮食品质及儿童患病率的指标）甚至高于1800年。石器时代的采集者从事少量工作即可满足物质所需，1800年代的英国人却得拼命一辈子，才能购得起码的舒适。物质消费的种类也没有增加。一般采集者的饮食和工作生活，远比1800年的典型英国工人丰富多彩——尽管当时英国人的餐桌上多了茶、胡椒和糖等舶来品。

而且狩猎采集社会是平等的，各成员间的物质消费量相差无几。相反的，主导1800年代的农业社会普遍存在着不平等，少数富人使大众的收入更形短绌。简·奥斯汀（Jane Austen）或许描写过贵妇阔少享用下午茶时的优雅对话，但对1813年的英国大众而言，生存条件其实并未好过他们在非洲草原赤身裸体的祖先。达西家族只是少数，多数人家生活穷苦。〔译注：达西（Darcy）是简·奥斯汀《傲慢与偏见》一书中的贵族家庭。〕

因此，若依照最广义的物质生活标准，人民的平均福祉从石器时代到1800年甚至不进反退。1800年代单凭低技术性劳动力维生的穷人，若回到狩猎采集社会，日子说不定会过得更好。

近两百年前展开的工业革命，永久改变了物质消费的可能性。一群受惠国家的人均收入开始持续增长。当今最富有的现代经济体，比1800年平均富裕10至20倍。此外，到目前为止，工业革命最大的受惠者是低技术性工人。原本就很有钱的地主或资本家，以及受过教育的人固然从中获得丰厚的利益，但工业化经济最大的恩泽是留给了最贫困者。

然而，繁荣并未莅临每一个社会。某些国家（主要分布在撒哈拉沙漠以南的非洲地区）现今的物质消费远低于工业革命前的水准。马拉维和坦桑尼亚等国倘若不曾接触工业化世界，而继续处于未工业化的状态，在物质方面会更宽裕。现代医学、飞机、汽油、电脑——这些两百年来科技丰饶的象征，已在那里创造出近乎史上最低的物质生活水准。这些非洲社会仍陷于马尔萨斯的年代：技术进步徒使人口增加，并使生活水准下降到仅够"维持生计"的水平。但现代医学已将最低生存必需物质降至远低于石器时代的水平。工业革命一方面缩小了社会内的收入不均，另一方面也拉大了各社会间的收入差距，这个过程近来被称作"大分流"[1]。各国间的收入差距高达50∶1。在此时此刻的地球上，同时出现了前所未见的富裕和贫穷。

因此世界经济史引发三个彼此相关的问题：马尔萨斯陷阱为什么会持续这么久？为什么率先在工业革命时代逃脱陷阱的是英国这个蕞尔小岛，又为什么在1800年？随后为什么会出现大分流？本书提出对这三大谜团的解答——凸显三者关联性的解答。工业革命何以在当时发生，本质为何，又何以引发大分流，答案都可溯至数千年前，马尔萨斯时代的深处。过去的阴魂仍牢牢掌控着当今的经济。

对于本书把焦点放在物质条件上的做法，势必有人觉得太狭隘、太偶然而无法涵盖数千年来的种种社会变迁。工业化社会能够演变成现代社会，物质上的财富想必只能反映一小部分的原因吧？

事实正好相反，有充分证据显示，无论在社会内或社会间，财富——唯有财富——是决定生活方式的关键因素。收入的增长会改变消费和生活方式,几无例外。当收入于工业革命时期开始攀升,就已撒下美国农民和制造工人于近年来先后没落的种子。如果我们别具慧眼,甚至可在 1800 年预见到步入式衣帽间、男女洗手间、焦糖玛奇朵、意式甜醋汁、精品酒、文理学院、私人教练,以及价值 50 美元的主菜。

未来几个世纪,当然会有许多惊奇迎接我们,但未来的经济大体上不是什么奇境异域。我们已经看到富人如何过日子,而他们现有的生活方式强烈预示着如果经济持续增长,我们终将如何度日。[2] 例如每个参观过大英博物馆(British Museum)或梵蒂冈西斯廷礼拜堂(Sistine Chapel)的人,都预先尝到被观光浪潮淹没的滋味:再经过二三十年的强劲经济增长,这股浪潮将会席卷世界各地。[3] 就连高收入者对个性化旅游及餐饮的需求,如今也走向工业化的规模。

一如我们可透过富人的生活预见未来,前工业世界的少数富豪,也过着我们现在的生活。现今美国郊区居民坐进平生第一部 SUV 的喜悦,完全呼应了伦敦一位富有的公务员佩皮斯(Samuel Pepys)在 1668 年购买自己第一辆马车的心情。[4] 庞贝和赫库兰尼姆城(Herculaneum)自公元 79 年维苏威火山(Vesuvius)爆发当日便于时空中冻结,去这两座重建后的古城走一趟,你就知道美国郊区居民乐于搬进什么样的住宅:"挑高天花板、中庭,房间宽敞,有精细的马赛克图案及花园水景——维苏威山景一览无余。"

因此我不会为聚焦于收入一事致歉。长期来看,收入对塑造生活的影响力大于任何意识形态或宗教。要信众心虔志诚,神明的旨意绝不如收入强势,因为收入巧妙地操控了我们生活的架构。

马尔萨斯陷阱:公元 1800 年以前的经济生活

本书将讨论一个简单的模型,即全人类社会在公元 1800 年以前的经济逻辑,并阐释这个模型如何与史证相吻合。这个模型仅需三个基本假设,可通过图表解释,也能说明为何过了 1800 年技术进步才开始改善物质生活状况。

关键因素在于技术进步的速度。只要技术进步速度缓慢,就算已累积到相当的程度,物质条件仍不可能永远改善。马尔萨斯经济中技术进步的速度可由人口增长情形推断。1800 年以前每年的进步速度不及 0.05%,是现在的三十分之一。

在这个模型中,公元 1800 年以前的人类经济只不过是所有物种的"自然"经济,决定生活状况的因素与其他动物如出一辙。它被称为马尔萨斯陷阱,是因为其最重要的理论基础为托马斯·罗伯特·马尔萨斯牧师(Thomas Robert Malthus)的识见,他于 1798 年在《人口论》(An Essay on the Principle of Population)中,踏出理解这种经济逻辑的第一步。

马尔萨斯经济中的经济策略与现今背道而驰——今日之恶为昔日之善,反之亦然。现代国家的劫难——战争、暴力冲突、混乱、歉收、破败的公共基础设施、恶劣的卫生条件——在公元 1800 年以前可是人类的好朋友。它们能减轻人口压力,提升物质生活水准。相形之下,今天世界银行(World Bank)和联合国(United Nations)热爱的方针——和平、稳定、秩序、公共卫生、济贫——是繁荣的大敌。它们会促进人口增长,而使社会一贫如洗。

乍听之下,"公元 1800 年以前没有物质进步"的说法荒谬可笑。看看当今亚马孙雨林中的努卡克族(Nukak),他们赤身裸体,过着狩猎采集生活,财产非常简单;再比对约舒亚·雷诺兹爵士(Sir Joshua Reynolds)于 1789 年所绘,衣着华丽的英国上流家庭布拉蒂尔(Braddyll)一家,当时所有社会的平均物质生活状况岂可能相同?

但马尔萨斯模型的逻辑符合前工业世界的实证。尽管早在工业革命之前,少数权贵已过上富裕的日子,但 1800 年时,一般人的生活并不优于他们旧石器或新石器时代的祖先。

本书探讨的马尔萨斯理论也将披露公元1800年以前"节育"对物质条件的重要性。所有我们手边有完备生育水平记录的前工业社会，尽管手法不一，但都经历过限制生育的过程。因此，公元1800年以前的社会，人们的生活水平多半高于勉强维生的程度。这也是为什么自工业革命以降，非洲的生活水准有那么大的退步空间。

死亡情形也很重要。而当时伦敦等城市的欧洲人很幸运，是一支能开心地蹲在自己的粪便上，居住在污秽地下室里的肮脏民族。由于卫生条件差，加上高度城市化及其衍生出的健康问题，代表收入必须要高，才能养活1800年代英国和荷兰的人口。相反的，清洁意识较高的日本人，就能够以少得可怜的物质来维系等量人口，而这也使他们注定必须以更有限的收入来维持生计。

既然支配人类社会的经济法则即支配所有动物社会的法则，人类当然受制于马尔萨斯时代的物竞天择。即使公元前8000年的新石器革命让猎人转型为农民，而造就出定居农业社会，情况也未见转变。的确，塑造人类本性的"达尔文挣扎"（Darwinian struggle）并未随着新石器革命落幕，而是一直延续到工业革命。

以英国为例，我们将提出有说服力的证据，说明在1250至1800年间幸存的类别，其中尤以经济成就强有力地转化为生殖成效为最——富裕人家子女的存活率是贫穷人家的两倍。在马尔萨斯陷阱中的英国，最贫穷人民的孩子几乎夭折殆尽，家族因而断后。因此前工业时代的英国是个不断"向下流动"的社会。基于马尔萨斯经济的停滞特性，富裕人家多生的子女通常必须离开权贵集团，往社会下层寻找就业机会。手工业工匠的儿子变成工人，大商人的公子变成无足轻重的小贩，大地主的子弟变成小地主。这些后来造就了经济活力的特性——耐心、勤勉、机灵、创新和教育——遂透过遗传及教养等过程传予全英国人民。

一如人类塑造经济，前工业时代的经济也在塑造人类，至少在文化上如此，说不定在基因方面亦然。[5] 新石器革命创造了和现代社会具有同样资本密集度的农业社会。至少在英国，这么一个制度稳定、资本密集的经济体系创造了一个以"代代相传"的生殖成效奖励中产阶级价值的社会。伴随这个选汰过程而来的，是前工业经济特性的转变——主因是大众采纳了中产阶级的偏好。利率下跌、谋杀率下降、工时增加、对暴力的喜好降低，计算与识字能力也向社会较低阶层普及。

工业革命

静如止水却占了人类历史绝大部分的前工业世界，被1760年至1900年欧洲社会发生的两件看似前所未有的大事瓦解。第一件事是工业革命，知识发展提升生产效率，高产能带动空前迅速的经济增长。第二件事是人口转型，生育率从上层阶级开始下滑，而后这个趋势蔓延到整个社会。人口转型也让工业革命提升的效率不再是仅产生越来越多但仍处于贫困线上的人口，而是惊人地提升了公元1800年后的人均收入。本书第二部分将检视这些转变。

工业革命及与其有关的人口转型构成了下列经济史领域的重要问题：为何在所有前工业社会技术发展都如此缓慢？为什么过了公元1800年却一日千里？为什么技术发展的副产品之一是生育率下降？最后，为什么不是每一个社会都能分享到工业革命的丰硕果实？

对于这些谜题，目前只有三种已确立的解释：其一是将工业革命置于经济体系之外的事件中，例如政治制度的变革，尤其是近代民主制的推行。其二是主张前工业社会陷于一个稳定但停滞的平衡，某些冲击点燃了动力，而将社会导向全新的动态平衡。最后一种解释则主张工业革命是社会环境在马尔萨斯时代逐步演进的产物：增长是内生的（endogenous）。根据前两个理论，工业革命有可能根本不会发生，也可能延后数千年之久。只有第三种解释暗示工业革命是必然发生的。

根据古典派学者的描述，工业革命是两种经济制度之间一段唐突的过渡时期，如图1.1所示，在短短五十年内，生产率的增速即从前工业时代的水平演进到近代的水平。如果这种说法正确，那么就只有强调外来冲击或平衡转换的理论才可能说明工业革命的缘由。

古典派的描述同时暗示工业革命期间的增长动力，是在不同经济层面出现的重大技术发展，而将矛头再度指向制度变革或平衡转移。这表示我们应该能借由查看公元1800年之前英国发生的制度或经济情况变化，来找出工业革命的先决条件。于是，心中只有这种解释的经济学家和经济历史学家前赴后继投身于这个问题，结果却徒劳无功。

这种将工业革命视为"经济生活突如其来之裂缝"的传统思维经不起考验。有充分证据显示，在1200年至1800年之间，英国的生产率增速并未出现骤然提高，而是呈现不规则的波动。1600年、1800年，甚至1860年都有道理被视为马尔萨斯时代与近代经济之间的真正分界点。

我们也试图找出经济效率的发展与英国的知识累积率之间的关系，结果发现两者的关联取决于许多偶然的需求、贸易及资源因素。就许多重要层面而言，1760至1860年的英国工业革命是一个突发性现象，一场意外，附加在知识累积率这条更绵长——始于中世纪甚至更早以前——的上升曲线上。

因此，虽然某种形态的工业革命确实发生在1200至1860年间的欧洲，虽然人类已经越过了明显的分水岭——唯物论者入应许之地必经的约旦，但关于它确切发生的时间和地点，以及致使其发生的条件，仍有广大的争论空间。渐进性转变的演进论是比人们以前所理解的更合理的解释。

虽然自亚当·斯密（Adam Smith）时代开始，制度与制度分析已在经济学及经济史学中扮演要角，但在本书的工业革命故事中，以及此后的经济表现方面，制度充其量只有次要的直接影响。公元

1200年时,英国等社会已经拥有今日世界银行与国际货币基金组织所强调的经济增长所需的一切制度上的必要条件。当时的社会制度其实比现代高收入经济体更具有激励性:中世纪人民的工作及投资回报比现代人还高。依照亚当·斯密的观点,令人百思不解的不是中世纪的英国经济为何没有增长,而是当今税率奇高、社会支出沉重的北欧各国,经济为什么不会崩盘。经济增长所需的制度,在经济增长起步之前,就已存在很久了。

这些制度确实创造了经济增长的条件,但却缓慢而迂回,经历了数百年甚至千年。在此方面本书主张,新石器革命不但建立了定居农业社会及庞大的资产,更改变了加诸人类文化及基因之选汰压力的性质。公元前2000年的古巴比伦,表面上拥有与1800年的英国十分类似的经济结构,但介于两者间的年代深刻塑造了农业社会成员的文化,甚至可能还有基因。正是这些转变致使工业革命只能在公元1800年,而无法在公元前2000年发生。

为什么工业革命起源于英国?为什么不是中国、印度或日本?[6] 本书大胆提出的答案是:英国的优势不是煤矿、殖民地、宗教改革或是启蒙运动,而是出于制度稳定和人口的机缘。特别是英国的制度最晚从1200年开始即出奇的稳定,人口在1300至1760年期间增长缓慢,而富人和有经济成就者的繁殖力惊人。基于这些原因,中产阶级的价值观最早嵌入英国的文化,甚至基因之中。

中国和日本在1600至1800年的走向与英国一致:迈向一个体现勤勉、耐心、诚实、理性、求知欲及学习等中产阶级价值的社会。两国也都享有长期制度稳定及私有财产权。但它们走得比英国慢。大卫·兰德斯(David Landes)"欧洲文化较有利于经济增长"的说法是正确的。[7]

中国和日本无法像英国那般一日千里的原因很简单:他们上层社会的生育率仅比大部分人口高一点点。因此两国没有大量受教育阶层的子女向下流动。

举例来说，日本德川幕府时代（1603—1868）的武士，就能凭他在官僚制度中的位阶获得充足的世袭收入。尽管坐拥财富，但他们的生子率仅稍稍超过1（一个父亲生一个儿子）。因此，虽然官僚职位的数量固定，但他们绝大部分的子女仍能在官僚制度中养尊处优。画面转到中国，清帝国从1644年至1911年期间统治中国。他们的贵族凭借身份而富裕。他们生育的子女比中国平民多，但相差有限。

因此，一如社会风俗的机缘击败卫生、婚姻及繁育而成为欧洲人在马尔萨斯时代比亚洲人富有的主因，这些因素似乎也为欧洲提供了更强劲的文化动力。

无论其成因为何，工业革命在社会方面构成了深刻的影响。基于两大力量——技术发展的本质及人口转型——资本主义经济体制在工业革命后的成长大力促进了平等。虽然害怕人类会被机器吞没，但到目前为止，工业革命最大的受惠者是低技术性劳工。

因此，在前工业时代的农业社会中，通常有半数以上的国民收入进了地主或资本家的口袋，而在现代工业化社会中，他们的收入占比一般不到四分之一。或许有人预期技术发展将使低技术性工作的工资大幅降低，毕竟，整个阶层在前工业经济时代只能供应体力，没多久便被机械完全取代。纵使19世纪初期仍有百万匹马在为人类服务，1914年时，大部分的马匹已从英国经济中消失，被蒸汽和内燃机取代。一旦它们创造的价值低于饲养成本，就难逃进屠宰场的命运了。

同样的，资本家或地主没有理由不增加他们的收入比例。国民收入向低技术性劳工的重新分配已经造成更深远的社会后果。但到今天为止，在这些皆大欢喜的发展背后，并没有什么可以保证现代经济增长必将持续产生如此良性的影响。

大分流

本书的后三分之一将探讨工业革命为什么一方面促进成功经济体内部的收入平等化，同时又导致各国经济财富的大分流。为什么会造就一个由少数国家独享前所未有的财富，其他国家却自工业革命后每况愈下的世界？这项分歧反映在时薪这条日渐加宽的鸿沟上。例如，2002年印度制衣工人每小时的工资为0.38美元，美国本土工人则要价9美元（见图16.12）。这是否表示当世界贸易组织（WTO）取消全球剩余的贸易障碍后，先进经济体将停止所有基本制造活动？富裕社会未来会面临"反乌托邦"（dystopia）——低技术性工作的工资跌落至第三世界的水准吗？

19世纪工业革命造成的技术、组织和政治变化，似乎都预示着它将如秋风扫落叶般，以改变英国、美国和西北欧的方式改变世界大部分地区。例如1900年时，埃及亚历山大、印度孟买和中国上海等城市，在运输费用、资本市场及制度结构等方面皆完全融入英国经济体之中。然而，在少数受惠国出现增长后，其他国家仍原地踏步，造成各个社会的收入差距愈拉愈远。

这一收入水平的大分流是个谜题，难度不亚于工业革命本身。而且它是对任何试图解释工业革命的理论的严格测试。这些理论有办法解释世界经济变本加厉的分流现象吗？

棉花业是早期富国与穷国皆有发展的少数产业之一。一项针对该产业进行的深入调查显示，大分流的解剖结构既复杂又出人意表，亦难以套用经济学家最爱用的解释——不好的制度、不利的均衡、不良的发展路径。事实上，在表现欠佳的经济体中，工人们真正为工作付出的劳动力很少。例如印度现代棉纺厂的工人，每小时的实际工作时间可能只有15分钟。因此在考量贫富国家的工资率差异之后，全球时薪的差距其实比表面看起来小得多。印度的时薪或许只有0.38美元，但它每工作单位（unit of work）的实际工资则高得多。和第三世界进行自由贸易对于美国低技术性劳工生活水准的威胁，并没有时薪水平暗示得那么严重。工业革命带来的新技术固然可以转移到世界大部分地区，全球各地也能取得物美价廉的生产物资，但有样东西没有那么容易复制，或无法大量复制，那就是在那些技术发祥地中，支持人们进行生产合作的社会环境。

社会环境之所以难以复制，似乎有一个因素，即许多社会拥有较为悠久的历史。在《枪炮、病菌与钢铁》一书中，贾雷德·戴蒙德（Jared Diamond）指出地理环境和动植物生态是决定性因素。[8] 欧洲和亚洲能在经济上挣出一片天，且到今日仍是佼佼者，正是得天独厚的地理环境所赐。他们有可以驯养的动物，欧亚大陆的延伸方向又让家养的动植物很容易在各个社会间传播。但他的论点有一个漏洞。在这个仰赖工业化致富的现代世界，坏脾气的斑马和河马为何会阻碍非洲撒哈拉沙漠以南地区的经济增长？为什么工业革命无法帮助非洲、巴布亚新几内亚和南美洲摆脱由来已久的不利地理条件，而更加重它们的落后？为什么在公元1800年以前未发展过定居农耕的澳大利亚，落入英国之手后却能跻身发达经济体之林，且名列前茅？

我们先前讨论过的物竞天择过程也有助于说明，欧洲、中国和日本在建立定居农业社会方面最初（或许得自地理条件）的优势，如何在后来的经济竞争中化为长久的文化优势。未经历过长治久安的定居农业社会的社会，无法立刻采纳较先进经济的制度和技术，因为他们的文化尚未适应高生产率的资本主义的需求。

但历史也教导我们，即便是在具有相同传统与历史的社会中，也会有经济能量充沛的地区和时期，以及经济停滞不前的地区和时期。英国南部和北部的经济财富在第一次世界大战后反转；爱尔兰在明显比英国贫穷至少两百年之后迎头赶上；德国南部也已经超过德国北部。

这些社会经济活力的变化在马尔萨斯时代就已屡见不鲜，迄今仍持续存在。不同的是，在马尔萨斯时代，这些变动的影响会遭当时的经济体系削弱。它们主要左右了人口密度。例如 19 世纪初期的波兰农场工人，据说比英国农工邋遢、懒散且好杯中物[9]，但当时英国的生活水准只比波兰高一点，而波兰的人口则非常稀少。自工业革命以来，这种经济环境的差异就反映在收入水平的差异上了。

生产技术本质的转变进一步拉大了各国的收入差距。尽管波兰工人每小时在农务上的产能不及前工业时代的英美工人，但品质不会差到哪里去。波兰的小麦在筛过两次后仍能以全价在英国市场零售。既然当时农务的重点在于挖排水沟、施肥和打谷等工作，工人的态度并没有那么重要。

然而，在富裕国家发展的现代生产技术就不是这么回事了，这些技术是为受过训练、认真尽职、全心投入的劳动力设计的。产品会经过很多双手，而每一双手都有可能摧毁成品的大部分价值。个别工人的犯错率必须尽可能压低，生产过程才可能顺利。[10] 随着 19 世纪英国采用这些技术，工人的训练便备受关注。既然贫穷国家的工人欠缺这种纪律和投入的品质，为尽量降低差错率，现代生产体系就只有在对工人没什么要求时才可能实行。这个概念有助于说明印度等贫穷国家的纺织工人的努力程度为什么会低得那么离谱。雇用懒散的工人总比让机器闲置或生产出瑕疵品划算。

财富的崛起与经济学的衰落

经济学被当成一种学科研究，始于马尔萨斯时代落幕前的数十年间。古典经济学确实能够精辟地描述当时的世界。但工业革命造成产能突飞猛进的结果，不仅让各国的贫富差距扩大，更损害了经济理论解释这种差异的能力。

因此，经济史界存在着一个讽刺的现象。在多数领域——天文学、考古学、古生物学、生物学和历史学——随着我们走出我们的时代、星球和社会，所剩的知识愈来愈少。我们已经知道遥远的迷雾中潜伏着奇怪的物体：类星体、侏儒人种、以硫化氢为能量的细菌。但马尔萨斯时代的经济学，不管有多古怪，都是已知的世界。前工业时代的生活水准可以根据疾病和环境的资料推估。各社会之间的能量差异，皆为马尔萨斯时代的限制所消弭。它们对生活水准的影响极微。然而，自工业革命开始，我们已经进入一个诡异的新世界，我们几乎无法拿经济理论来说明各社会的收入差异，也无法预测任一社会的未来收入。贫富差异在当地社会互动中会被经济体系放大而非抑制，进而带来丰收或饥荒。

经济史所呈现——在过去三十年才浮出台面——的最后一个令人意外的结果是：物质丰富、幼儿死亡率降低、成人寿命增加，以及不平等的消弭，并未让我们比过狩猎采集生活的祖先更快乐。高收入深刻塑造了现代发达国家的生活方式，但财富无法带来快乐。这又是经济学另一项错误的根本假设。

在任何社会中，富人都比穷人快乐。然而，一如我们最早在理查德·伊斯特林（Richard Easterlin）1974 年的研究报告中所见，自 1950 年以来，成功经济体中人均收入的迅速增长并未制造出更大的快乐。[11] 以日本为例，1958 至 2004 年间，人均收入增长了近七倍，但人们自陈的快乐程度却不增反减。这证明了我们的快乐并非完全仰赖我们的绝对幸福水平，而取决于我们与参考群体（reference group）的相对水平。每一个人都可以通过取得更多收入、买更大的房子、开更名贵的车来让自己更快乐，但这种快乐往往会损害那些收入低、房屋简陋、汽车破旧的人的利益。金钱确实可以买到快乐，但那种快乐是从别人身上转移过来的，而非在总体水平上额外增加的。

那就是为什么虽然今日各社会贫富差距如此巨大，最贫穷社会民众所反映的快乐程度却只略逊一筹，即使穷国民众可以通过电视媒体目睹成功经济的富足盛况。因此，收入对快乐或许没有绝对的影响，甚至连收入最低的族群也一样。1800年的人民——当时所有社会都较现在贫困，也不如现在这样交流紧密——可能和当今最富裕的一些国家（如美国）的人民一样快乐。

既然我们的祖先大多是在前工业世界更进取、经济成就高于同辈的奋斗者，或许上述研究结果还反映出马尔萨斯时代另一个文化或生物学上的影响。那些知足的人可能已经在公元1800年以前的"达尔文挣扎"中遭到淘汰。在马尔萨斯时代的经济体中功成名就者，其动机很可能是想拥有比别人更多的东西以获得快乐。现代人则可能永远无法得到满足，嫉妒者已经继承了地球。

[第一部]

马尔萨斯陷阱:
公元 1800 年前的经济生活

第二章
马尔萨斯经济的逻辑

> 没有艺术,没有文字,没有社会;最糟的是未曾间断的恐惧和横死的危险;还有孤独、贫穷、险恶、残酷而短暂的人生。
> ——托马斯·霍布斯(Thomas Hobbes),1651年[1]

人类社会的绝大多数成员,从最早非洲大草原的狩猎采集者、定居农业社会一直到公元1800年前后,都过着由单一事实形塑及支配的经济生活:长期来看,出生率必须等于死亡率。既然这个逻辑支配了所有动物的生活,1800年以前,在这种"自然"经济下,人类的经济法则无异于其他动物。人类的经济体和动物世界的经济体分道扬镳,是过去两百年来的事。

一般以为,在我们的非洲始祖及工业革命时代的英国先人之间,就算现代经济增长尚未出现,人类技术与社会组织复杂度的巨变也必定改善了人类的物质生活。例如常被引用的前工业时代经济资料的整理者安格斯·麦迪森(Angus Maddison)就以此为基础,大胆推估了公元1820年前1000年的人均收入。[2]但我会在本章中证明,自然经济的逻辑显示,公元1800年农业经济中的"平均"物质生活水准,尚不及我们的远古祖先。在开启本章的引言中,霍布斯就大错特错地认定,自然状态下的人,其生活不如1651年时的英国人。

本章将从三个简单而看似平淡的假定来详尽探讨前工业经济的一个模型：马尔萨斯模型。这个模型与公元1800年以前的经济运作方式有密不可分的关系，我们将在下面四章加以检验及探究。

马尔萨斯均衡

以生育期来看，每位女性可以生十二个以上的孩子。在现今一些社会，女性的平均生育数仍达六个以上。但在公元1800年以前的世界，每位女性所生的子女能存活到成年者，始终只平均略多于两个。从公元前13万年到公元1800年，世界总人口可能只从万增加到了7.7亿。但这仍代表在公元1800年以前，每位女性能长大成人的子女平均只有2.005人。即便在成功的前工业经济体中，例如西欧，人口的长期增长率仍非常低。表2.1显示1300年和1800年数个西欧国家的人口，以及据此计算的平均每位女性的子女存活人数。没有一个社会的子女存活人数大幅超过2。一定有什么力量让人口增长率长久局限在某个狭小的范围内。

表 2.1　1300 年及 1800 年的西欧人口

地点	1300 年前后的人口（百万）	1800 年前后的人口（百万）	子女存活人数（每位女性）
挪威 [a]	0.40	0.88	2.095
意大利南部 [b]	4.75	7.9	2.061
法国 [c]	17.0	27.2	2.056
英国 [d]	5.8	8.7	2.049
意大利北部 [b]	7.75	10.2	2.033
冰岛 [a]	0.084	0.047	1.930

资料来源：[a]Tomasson, 1977, 406. [b]Federico and Malanima, 2004, table 4. [c]Le Roy Ladurie, 1981, 13. [d]Clark, 2007a, 120.

马尔萨斯模型提出一个机制来解释长期的人口稳定。其最简单

的版本只有以下三个假设:

1. 每个社会的出生率由规范生育的习俗决定,但会随物质生活水准提升而增加。
2. 每个社会中的死亡率会随物质生活水准上升而降低。
3. 物质生活水准与人口呈反比。

出生率指每年单位人口的生育数,为方便起见,一般会引用为每千人的出生人数。据考证,历来最高的出生率为50‰至60‰。但就算在前工业时代,各社会之间的出生率也有显著的差异。英国在前工业时代的出生率有时也会低于30‰。而近至公元2000年的非洲,即世界出生率最高的地区,有些国家的出生率仍高于50‰:尼日尔55‰,索马里52‰,乌干达51‰。

死亡率指每年单位人口的死亡数,通常也会以千人为分母。在静止人口(stationary population),也就是数量固定的人口中,出生时平均预期寿命(life expectancy at birth)为死亡率的倒数。[3] 例如若死亡率是33‰,出生时平均预期寿命就会是30岁;若死亡率为20‰,平均寿命就会提高至50‰。

在静止人口社会中,出生率等于死亡率。所以在这类型的社会中(这是前工业世界的特征),出生时平均预期寿命也是出生率的倒数。因此在前工业社会中,要提高平均寿命,唯一的方式便是限制出生人数。如果前工业时代的人口展现今天尼日尔的生育水准,那么出生时平均预期寿命会低于20岁。

物质生活水准也与社会民众消费的物品和服务有关。随着报纸、薇吉伍德(Wedgwood)高级瓷器,以及海滨度假等新事物不断推出,要比较实际工资的购买力是挺棘手的事情。但就人类历史的大部分时期,以及公元1800年以前的所有社会而言,主要的物质消费无非食、衣、住三方面,所以他们的物质生活水准可以测量得较精确。

而在发展出劳动力市场的复杂社会中，大多数人口的物质生活水准就取决于低技术性劳工的购买力了。

图2.1清楚显示简易马尔萨斯模型的三种假定。[4]两张图的横轴都是物质收入，每人可获得的物品和服务。上图的纵轴绘着出生率及死亡率，在出生率等于死亡率时的收入称为"维持生计收入"（subsistence income），在图上标为 y^*。这是刚好足以让人口繁衍后代的收入。若收入大于 y^*，出生率便超过死亡率，人口也会逐渐增加；若收入小于 y^*，死亡率便超过出生率，人口下降。请注意，此"维持生计收入"并未考量社会生产技术，仅考虑决定出生率及死亡率的因素。一旦了解这些，我们便可判定"维持生计收入"和"出生时平均预期寿命"了。

在下图中，人口显示于纵轴。只要知道人口，我们便可判定出生率和死亡率。

光靠这些假设就足以推导出，长期而言，经济一定会趋向于出生率等于死亡率的收入水平。假设人口以任意初始数量为起点，即图中的 N_0，这会对应一个初始收入 y_0。图中 y_0 大于维持生计收入，所以出生率会高于死亡率，人口增长。但人口增长会导致收入下降。只要收入继续超过维持生计所需，人口就会持续增长，收入也会持续下降。只有当收入降到不足以维持生计的程度，人口增长才会停在 N^* 的平衡水平上，从此人口趋于稳定。

又假设原来的人口多到收入不及维持生计的地步，那死亡率会超过出生率，人口减少，而把收入推高。这个过程会持续到收入重回维持生计的水平为止。因此不管这个社会一开始有多少人口，它最后都会落在 N^*，收入刚好维持生计上。

"维持生计收入"一词可能会造成这种误解：在马尔萨斯经济中，人们都活在饥饿边缘，一如苏联时期某些条件恶劣的劳改营中的囚犯。事实上，几乎在所有马尔萨斯经济体中，维持生计收入都大幅超越人口每天养活自己的收入。

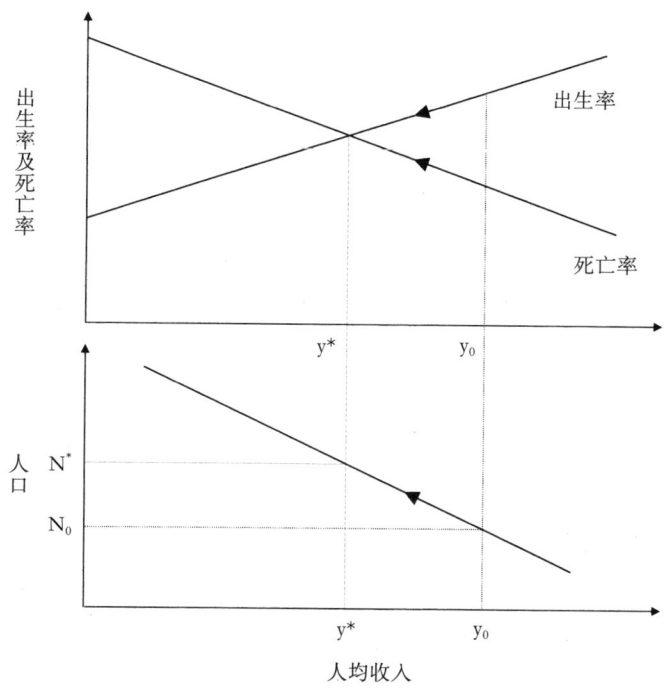

图 2.1 马尔萨斯经济的长期平衡

各社会的死亡率和出生率不尽相同，也使得维持生计收入相差悬殊。可以维持一个社会生存的物资，可能会使其他社会灭绝。例如英国在1400年和1650年均处于人口稳定时期，因此在这两个时期内的收入显然恰好足够维持生计。但最贫穷的工人，即低技术性农工的日薪，在1650年相当于9磅小麦，不及1400年的18磅。但就算1650年的维持生计收入较低，也高过人类每日所需最低热量1500大卡。每天只要区区2磅小麦就可供应2400大卡的热量，让工人得以存活并胜任工作。因此，前工业社会固然属于生存经济，但通常不是饥饿经济。事实上，有些环境较优的社会堪称富裕——甚至以许多现代社会的标准衡量亦如此。

决定收入一定会回到维持生计水平的关键假设是第三个，即物质生活水准与人口之间呈反比关系。基于以下理由，这种关系被称为"技术对应表"（technology schedule）。

人口增加会使收入下降的原因是由大卫·李嘉图（David Ricardo）（独立于马尔萨斯）提出的著名的"报酬递减率"（Law of Diminishing Returns）。任何生产体系都会运用各式各样的要素投入，其中最重要的莫过于土地、劳动力和资本。报酬递减率主张，如果其中一项生产投入保持不变，那么增加其他方面的投入会使产出增加，但增加的幅度将愈来愈小。也就是说，只要一个投入要素保持不变，其他用于生产扩张的投入要素的单位产出就会逐渐降低。

在前工业时代，土地是最关键的生产要素，但土地供给基本上是固定的。在这种先天限制下，不管在哪个社会，只要技术保持不变，随着劳动力增加，每名工人的平均产出便会下滑。因此，人均收入会随人口增加而下降。

图2.2显示前工业社会劳动力投入与产出价值的假设关系，也就是马尔萨斯模型的第三个假设。在经济学上，每增加一名工人所增加的产出被称为该工人的"边际产量"（marginal product）。在市场经济中，边际产量相当于工资。[5]正如图中所示，增加的工人愈多，每人的边际产量便愈低，工资亦同。随着人口上升，平均产量也会下滑。最后一位加入经济体的劳工所创造的产量，低于原有劳工的平均产量。[6]

为更具体地理解其中的原因，且让我们假设一位农民有五十亩地，如果他必须独力耕作，他会用低强度的耕作方式来尽可能扩大产出：放养牛羊，偶尔取用它们的肉和皮，一如19世纪初阿根廷潘帕斯草原的情景。如果多一个帮手，就可以饲养奶牛，提高总产出；再增加劳动力，这块地或许就可以用来耕种谷物。由于必须进行犁地、播种、施肥收割和打谷等作业，每亩耕地需要的劳动力远高于牧场，但每亩耕地的产出价值也较高。若有更多人力加入，这块地

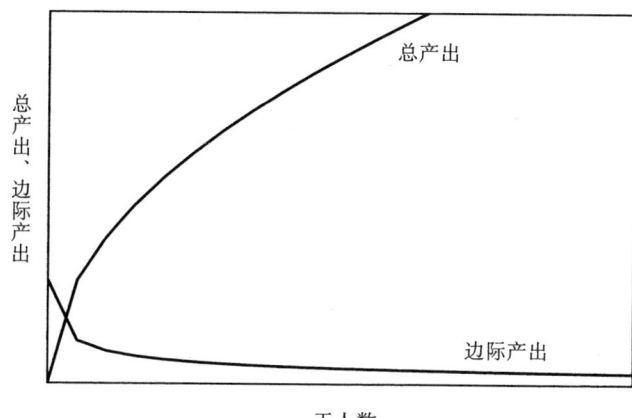

图2.2 某块土地上的劳动力投入及产出

便可以更密集地栽种,成为菜园,种植蔬菜及块茎作物可以进一步提高产能。如果更细心地施肥并锄掉杂草,产量还能进一步提升。在充分的劳动力支援下,每亩地的产出可以非常高。1800年代前后,在中国沿海及日本的农业体系,一亩地就足以供养一个家庭。1845年马铃薯饥荒之前的爱尔兰,深耕细作下的马铃薯田每年可供应家庭超过6吨的作物,即每日供应36磅,基本足以维持生计。[7]而在同时期的英国,每名农场工人要耕作近20亩地。

从图2.1我们也可以看出,唯一决定维持生计收入的因素是出生率和死亡率的对应情形。只要知道这些,我们就可以判定维持生计收入。2.1下图显示的收入—人口关系只能决定与维持生计收入相对应的人口。

出生率及死亡率曲线的变化

不同的社会有不同的"出生／死亡率曲线",也就是任一收入水平下的出生率和死亡率,而这种对应关系是会随时间改变的。假

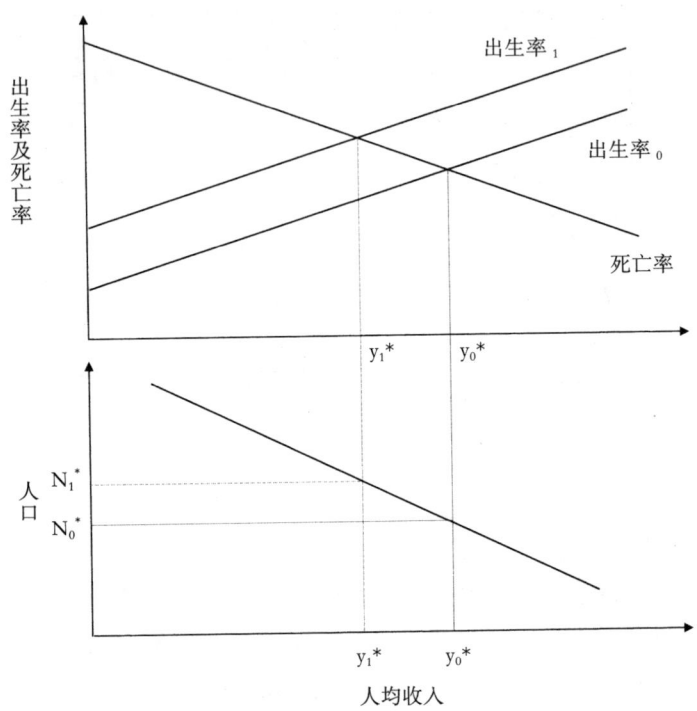

图 2.3 出生率曲线的变化

设如图 2.3 显示，当出生率曲线提高时，我们可以看出死亡率、收入和人口的变化。短期内出生人数会超过死亡人数，人口因此增长，促使人均收入下降，因而提高死亡率，直到死亡率再次赶上出生率为止。在这个新平衡下，人均收入变低了，人口增加了。在马尔萨斯时代，只要出生率增加，结果必定是人均收入下降。相反的，任何能限制出生率的事物必能提升人均收入。既然马尔萨斯时代的出生时平均预期寿命正是出生率的倒数，只要出生率居高不下，寿命就延长不了。因此，前工业社会可能借由节育来同时提高物质生活水准及寿命。

同样的，如果死亡率曲线一如图 2.4 呈现下降趋势，那么每一

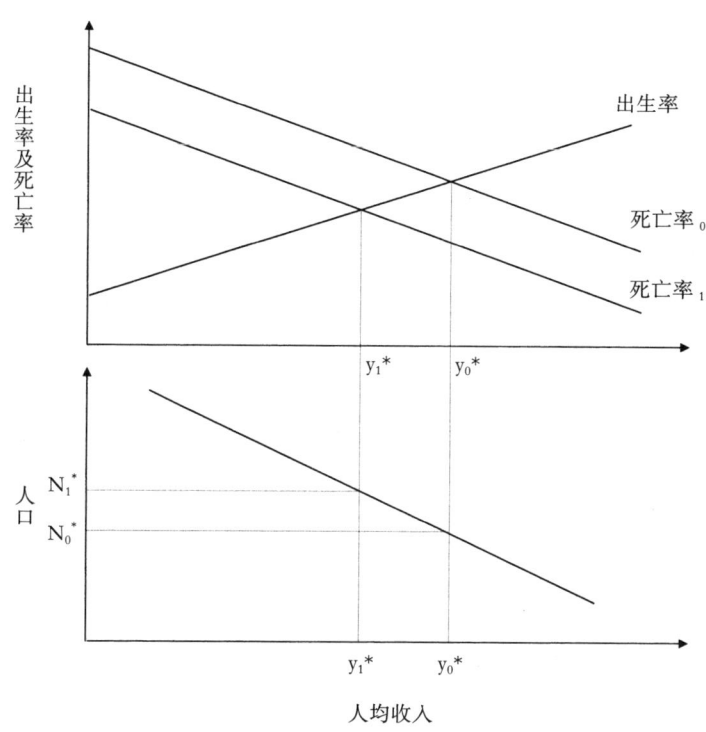

图 2.4 死亡率曲线的变化

收入水平对应的死亡率较低,在收入不变下,出生人数会超过死亡人数,于是人口增长。而人口增长又会压低人均收入,直到死亡率再次追上出生率为止。在这种新平衡下,人口增加,人均收入降低。但在这种创新低的出生率下,寿命却会延长。所以在前工业社会中,改善公共卫生或杜绝暴力犯罪、失序等降低死亡率的做法,的确可以提高寿命——但必须付出物质生活水准降低的代价。

马尔萨斯世界在此展现出一种反直觉的逻辑。任何能提高死亡率的事情——战争、动乱、疾病、公共卫生不良或者停止母乳喂养——都能提高物质生活水准。任何能降低死亡率的事情——医疗技术进步、个人卫生改善、公共卫生进步、作物歉收时的公粮供给、和平以及秩序——反倒会降低物质生活水准。

技术的变化

马尔萨斯经济体中的人均收入仅由出生／死亡率曲线决定。一旦收入确定，人口规模的发展就只取决于在既定土地面积与社会技术之下，有多少人的生活达到这种收入水准。每个社会都能绘出一张图表来呈现在土地面积与生产技术的影响下，人口数量与人均收入的关系。这就是所谓的"技术对应表"——因为这张表中的最重要变量就是技术发展。但其他因素也可能让它发生变化：可用资本的增加、贸易机会的提升、气候变化或者更好的经济制度等。

图2.5显示技术进步所造成的变化过程：从较差的技术（以曲线T_0表示）到较优越的技术（以曲线T_1表示）。由于人口变化速度不可能太快，技术发展的短期影响就是实际人均收入增加。但人均收入增加会降低死亡率，使出生人数多于死亡人数，人口便会增加。人口持续增加，到头来只会让人均收入回到维持生计所需。在这个新平衡下，技术变革只会产生一种影响：人口增加。生活水准并不会有持久的提升。

马尔萨斯模型和经济增长

在公元1800年以前的数千年中，生产技术其实有非常显著的进步，只不过进步得缓慢且零星。英国在1800年时的技术——包括便宜的钢铁和燃料煤、运送货物的运河、枪炮，以及复杂的帆船等——比起定居农业发展前旧石器时代狩猎采集者的技术有长足的进步。

技术发展的幅度在18世纪60年代欧洲人同与世隔绝的波利尼西亚岛民首次接触时凸显出来。例如英国水手1767年搭乘"海豚"号到达塔希提，发现这是一个没有金属的社会。欧洲人的铁器在塔

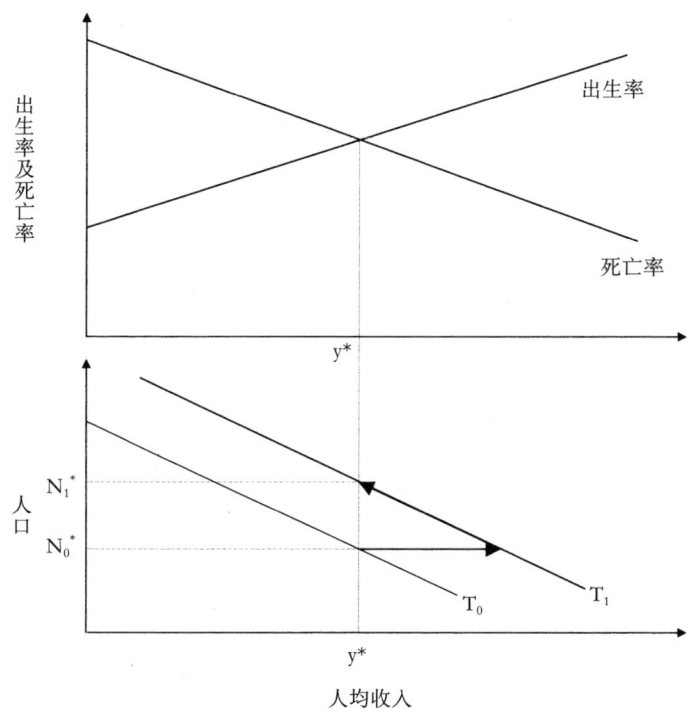

图2.5　仅有技术发展的影响

希提人的眼中宛如稀世珍宝,一开始连一根三英寸的钉子都可以拿来交换一头20磅重的猪,或一场鱼水之欢。但由于水手们实在太热衷于性交易,不出两星期"钉价"就跌了一半,同时"木匠过来告诉我,船上每条系绳栓都被拉开,所有钉子都被取走……吊床的钉子大半不见踪影,三分之二的人被迫睡在甲板上,因为缺钉子挂吊床"。[8] 当库克船长抵达同样孤悬海外的夏威夷,当地居民也逮到机会偷走小船,烧船取钉。

不过,尽管技术在公元1800年前已不断进步,但进步的速度始终不及1800年以后的世界。如图2.6即能显示1200至1800年间,马尔萨斯模型的技术曲线的确切落点。该图显示每十年的人均

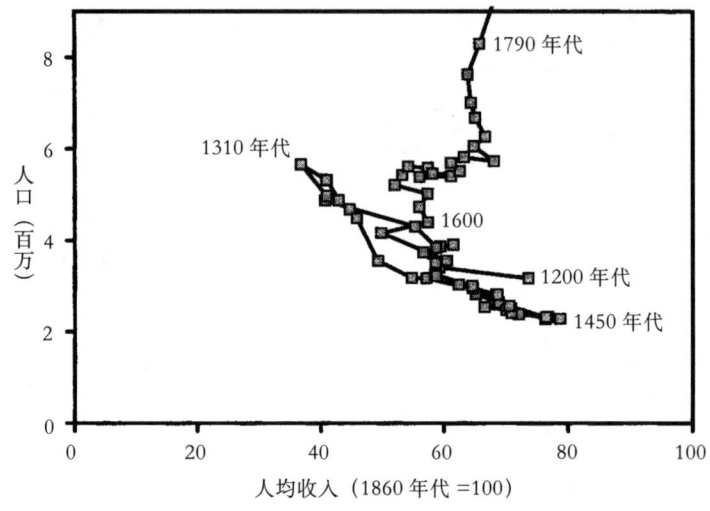

图 2.6 1200—1800 年间英国的技术发展

收入与人口的关系,然后将每十年的观察资料连起来,以显示人口与收入的变化。在前工业时代,英国人口数的波动剧烈。从 1200 至 1316 年的中世纪时期呈现增长;18 世纪初期之前的人口,以 1316 年的 600 万为最多。但 1348 年亚洲传来的鼠疫(即俗称之黑死病)引发长达百年的负增长,至 1450 年代为止。[9] 在当时,英国只剩下两百万人口。随着鼠疫慢慢销声匿迹,人口从 1540 至 1640 年再度增长。自 1200 至 1650 年间,随着人口受到疾病冲击,收入—人口曲线呈下滑趋势。这显示四百五十年来生产技术陷于完全停顿。1650 年后,技术曲线反转向上,但速度并未快到足以大幅提升人均收入,而是一如预期,技术发展主要只导致人口增长。特别是在 18 世纪末,所有技术发展只创造出更庞大的人口,而未增加任何收入。在 1800 年以前,所有经济体的技术发展率皆非常低落,使收入无法脱离马尔萨斯平衡。

因为我想证明同样的经济模型适用于公元 1800 年以前的所有社

会（甚至包括无劳动力市场的社会）以及所有动物族群，遂以人均物质消费为基础来发展马尔萨斯模型。不过，最早归纳出马尔萨斯模型及相关经济学说（即现在所称的古典经济学）的马尔萨斯和李嘉图，是以低技术性工人的工资为基础来思考的。[10] 因此李嘉图沿用类似的逻辑而主张：实际工资（而不是包含土地租金及资本收益的人均收入）最终一定会回到维持最低生计的水准。[11] 这个论点即为后人所称的"工资铁律"（Iron Law of Wages）。因此古典经济学认为低技术性工人的生活水准是不可能获得长久改善的。前文提过所有关于出生率、死亡率、人口和收入的理论，亦适用于工资。

以后续事件来看，古典经济学的基础——工资铁律似乎是个荒谬的论点。但我们必须了解，马尔萨斯模型正确描述了公元1800年前的所有社会。古典经济学的论点发展于1798至1817年，当时英国的实际工资已停滞或下滑了好几代人的时间。虽然与工业革命有关的创新自1760年代即已出现，但当时它们的重要性尚未为大众领略。在1820年以前，生产技术的进步似乎仍不起眼、零星且偶然。就一些群体而言——例如英国南部的农业劳工，马尔萨斯在撰写《人口论》（An Essay on the Principle of Population）时就是在当地担任牧师——实际工资在1760至1820年间大幅下滑。事实上，1780至1834年间英国的一大社会议题便是农村财产所有人越来越沉重的赋税，因为《济贫法》（Poor Law）规定他们必须缴钱扶养贫民。

因此马尔萨斯和李嘉图预测，只要生育率维持不变，经济增长就无法长久改善人类生存状况。经济增长只会造成更多人口以维持最低生计的收入过活。在马尔萨斯眼中，中国就是这类经济的具体例证。虽然中国在农业排水设备及水患控制上已经有长足的进步，每亩地的产出也达到相当高的水平，但由于人口密度太高，使得物质生活水准仍非常低。因此，马尔萨斯在描述中国时写道："如果我们手边的记述资料可以采信，那么低阶层的中国民众就是习惯以最少量的食物维生，甚至于接受腐肉。"[12]

在前工业世界中，零星的技术发展只会创造出更多的人口，而非财富。

人类经济与动物经济

我们在本章中为前工业时代人类经济引申的法则，完全适用于所有动物，甚至植物族群。公元 1800 年前，人类经济与其他动物与植物种群的经济并无根本性差异。这也是马尔萨斯所指出的一点："人类是因智力而成万物之灵，我们不该认为约束人类的物理定律，与我们所观察盛行于动物界其他部分的定律,有何实质上的差异。"[13]

因此马尔萨斯模型也主导了进化生态学。对动植物族群来说，平衡同样是靠出生率等于死亡率来维持。他认为，它们的出生及死亡率皆取决于栖息地的品质———一如技术水平之于人类社会——与密度。生态研究一般仅认为出生率、死亡率与族群密度有直接关系，而不考虑中间的环节——如我考虑的物质消费。但马尔萨斯分析人类社会的模型也可以用这种比较简化的方式建构。

至少有一些生态研究发现，种群密度影响动物死亡率的方式，与我们所假定人口影响人类死亡率的方式雷同：通过每个个体可得的食物供给。因此有一项研究显示，非洲牛羚在四十年间的死亡率主要取决于每只牛羚可获得的食物："最主要的死因（占研究案例的75%）是营养不良。"[14] 因此公元 1800 年后的工业革命代表人类社会率先突破自然的限制，人类经济率先脱离自然经济。

马尔萨斯时代的政治经济

马尔萨斯撰写论文有部分是为了回应其父的观点。他的父亲是 18 世纪空想主义作家威廉·葛德文（William Godwin）和马奎斯·孔多塞（Marquis de Condorcet）的追随者。葛德文和孔多塞认为，世界之所以出现那么多不幸、痛苦与邪恶，原因不是人类的本性，而是拙劣的管理。[15] 马尔萨斯想要证实：贫穷不是制度的产物，因此政治制度的变迁无法改善人类的命运。一如我们所见，在只有偶发性技术发展的世界中（例如1798年时的英国），他的观点可以服众。

当然马尔萨斯模型的一个使古典经济学略显严酷而缺乏爱心的推论，便是任何针对贫民（在当时的英国主要为低技术性的农业劳工）的收入再分配，长期来看只会造就更多贫民，或许还会压低他们的工资。诚如李嘉图1817年所说："济贫法明显而直接地违逆了这些显而易见的原理：虽然立意良善，但它无法改善贫民的状况，只会一起拖累贫富两方。"[16] 因为济贫法特别资助了有孩子的贫民，继而降低生育成本，提高出生率，它势必会造成工资下降。

马尔萨斯及其古典经济学同僚的论据不仅主张政府无法通过传统方式改善人类命运，也暗指许多古典经济学者抨击的政策——征税、垄断、诸如《玉米法案》等贸易限制、不经济的公共支出——长期来看同样不会影响人民福祉。但古典经济学者没有看到这点。

事实上，如果我们依循这里阐述的逻辑，现代观念中的好政府——稳定的制度、界定清楚的财产权、低通货膨胀率、自由市场、自由贸易、避免军事冲突等——对马尔萨斯时代的物质生活水准不仅不会构成任何差异，甚至会使之降低。

举个例子，假设某位前工业时代的国王或皇帝对其经济体中的每个人征收相当于其平均收入10%的人头税；再假设——一如那些君主的习性——这些税收都浪费在兴建宫殿、教堂、清真寺或庙宇，扩充军备或后宫佳丽上。就算这般挥霍，长期来看这种做法对于人民的平均福祉也没有任何影响。

要了解个中道理，请回顾图2.1。这种税制就像是对技术水平的冲击，让下图中的曲线整体向左移10个百分点。起初，在人民惊魂未定之际，这项税制会让人均收入降低10%，因此将死亡率提高至出生率之上。但长期来看，税后收入势必会回到之前的水准，再次让人口趋于稳定。到这个时候，人口会减少到足够的程度，让每个人能赚取足够高的工资，在缴完人头税后，所剩的资金将相当于从前的税前收入。长久观之，国家的苛捐杂税对于马尔萨斯经济体内的人民福祉和平均寿命毫无影响。君主的铺张浪费和好大喜功，长期而言对平民并也无任何影响！贸易限制与阻碍性的基尔特规则（guild，指为了互助及保护行业利益而组成的行会）也同样没有代价。

因此，在《国富论》于1776年出版之际，马尔萨斯经济仍支配英国的人民福祉，亚当·斯密呼吁限制政府征税与非生产性支出的做法其实没什么意义。好的政府无法让国家长期富足，因为人口增长终究会恢复马尔萨斯均衡。[17]

到目前为止，我们考虑的政府措施都是实际改变社会消费行为的做法。但政府也可以通过政策直接影响出生率和死亡率。战争、盗匪活动及动乱都可以在维持既有收入的前提下提高死亡率（在战争造成的死伤中，疾病传播的因素通常大于直接的暴力行为）。但死亡率一提升，社会就会更富裕。"坏"的政府确实会让人民的物质生活更优渥，只是平均寿命会缩短。而"好"的政府——比如那些会贮存公粮预防歉收的政府，如罗马帝国的一些时期及中国帝制末期——却只会让人们更悲惨，因为他们一面维持既有物质生活水准，一面降低了饥荒造成的周期性死亡率。[18]

这就造成了一个充满讽刺的结果：尽管古典派经济学者——尤以亚当·斯密为最——被近代有限政府的拥护者尊为智慧之父，但他们的观点在他们所属的世界中实在没什么道理。

收入不均与生活水准

前工业社会收入不均的程度各不相同。以现今证据来看，在狩猎采集者的社会，人人消费能力平等。这类社群中没有所谓的私有土地或私人资本，但在定居农业社会里，高达半数的收入来自资产的所有权。进一步说，狩猎采集者的社会最大的特色是要求分享的社会伦理。因此，打个比方：最厉害的狩猎者得为最不成功的狩猎者纳税。

农业社会从滥觞之初便较过去不平等得多。社会中最富有成员的收入是成年男子平均收入的数千倍。如1798年英国贝德福德公爵（Duke of Bedford）等贵族，其宅邸之奢华，远超乎他辽阔庄园上的农工所能想象。

马尔萨斯模型并未述及收入分配之事。不过，通过探讨赋税和生活水准的类比，我们可以看出再大的收入不均也不会对无土地的工人，即多数人口构成什么影响。愈是要将土地租金与资本收入公平地分配给大众，这些收益就会愈轻易地消散在更广大的人口中。如果这些收益全为某权贵占用，一如许多前工业社会的情况，那么在他们享受的同时，其余人口并不必付出什么代价。因此，在马尔萨斯时代，收入不均不会让收入中等的民众更富裕，却会提高有产精英的收入而使人均收入上升。

因此，公元1800年的英国、法国或意大利的人均收入，是有可能高于原始的狩猎采集者，但那是因为他们达成了比早期社会更严重的收入不均。而通过收入不均提升的人均收入，增加幅度有限。在定居农业社会中，土地租金和资本收入差不多占总收入的一半。若这些收入全由一名权贵接收，人均收入会是一个完全不平等国家的两倍。

表2.2归纳了马尔萨斯时代的"善"与"恶"。但在这里，衡量善恶的标准端看这种做法是提高还是降低人均物质收入。[19]

表 2.2　马尔萨斯的"善"与"恶"

善	恶
节育	多产
不良卫生状况	洁净
暴力	和平
歉收	公粮
弑婴	父母的关怀
收入不均	收入平等
自私	慈善
怠惰	勤奋

新石器革命与生活水准

前工业时代的一大经济转型是新石器革命：从狩猎采集社会转型成以耕种作物和驯养动物为经济基础的社会。让人类学家和考古学家争论良久的是这个转型对于生活水准有何影响，而其中许多人相信，农业会降低生活水准。贾雷德·戴蒙德甚至极端地主张："我们被迫在限制人口与试图增加食物生产中择一，我们选了后者，结果得到饥饿、战乱和暴政。"[20]

实证资料并无定论。我们将在第三章至第五章谈到，总的来说，证据显示在定居农业社会扩张后，广义的生活水准（消费、休闲、寿命）的确呈现下降趋势，但各社会的差异甚巨。我们会在后面几章探讨，这种小幅度的下滑可以如此解释：狩猎采集社会和定居农业社会的出生率大致相同，相同收入水准的死亡率也相差无几。但定居农业社会有能力贮存食物——使人民在收成不好的时节得以生存，继而降低死亡率——却会降低生活水准。但另一方面，因人口密度较大而提升的疾病死亡率，则有助于提升物质生活水准。以上效应的"净结果"可能倒向任何一方。因此在马尔萨斯时代，定居农业对于生活水准的影响，并不明确。

定居社会无法提升生活水准,以及生活条件可能随农耕生活出现而变差的事实,让一些经济学家、人类学家及考古学家百思不解:为什么人类要放弃较优良的狩猎采集生活,而追求较拙劣的农业社会?[21] 如果从马尔萨斯模型的架构来看,那就不是个谜了。之所以采行农耕生活,是因为它原是较好的技术,可以创造更高的收入。但这些多出来的收入不可避免地造成人口扩张,继而让生活水准降低至新的马尔萨斯平衡——看似比以往狩猎采集社会的平衡更不讨喜。

物质条件:从石器时代到简·奥斯汀

本章说明了绪论中的第一个论点:公元1800年时的生活水准,即便是在英国,也可能不比我们非洲大草原的祖先高。既然前工业时代的生活水准仅取决于出生率和死亡率,要提高1800年时的生活水准,唯有一个方式:在维持实际收入的同时提高死亡率,或者降低出生率。

从图1.1来看,这个结论可能太武断。但简·奥斯汀等作家刻画的上层阶级,只是英国社会的一小群人而已。《理智与情感》(Sense and Sensibility) 中的一个角色,在提到年收入300英镑的教区牧师一职时说:"这个小教区只能让费华士先生当个无忧无虑的光棍,没办法让他成婚。"[22] 相较之下,1810年英国农场劳工的年收入大多不到36英镑。

就算英国曾是世上最富有的经济体之一,以现今标准来看,其人民生活仍属拮据。受雇者一年要劳动三百天,只能在星期天及偶尔的短假休息。冬季的工作日是整个白昼都得上工。他们的饮食包含面包、一点乳酪、培根和薄茶,成年男子还会配啤酒。以他们沉重的体力劳动来看,饮食的热量很低,因此他们一定常处于饥饿状态。这种单调的日子在丰收的季节可获得某种程度的舒缓,工作日还是很长，但农人一般会供应充足的食粮。因为烹煮的燃料昂贵，餐点大多是冷的。劳工通常天一黑就入睡，因为照明用的蜡烛亦非他们的财力所能支付。他们会期待一年能换一套新衣裳。一家五六口人住在一栋两室农舍，烧木柴或煤炭取暖。[23] 他们的消费品——食物、衣着、照明、取暖和住所——无一不是古美索不达米亚人所熟悉的。要是公元前8000年的消费者有办法取得更充足的食物，1800年的英国工人会更喜欢他们的生活。

在接下来的三章中我将证明，马尔萨斯模型的所有主要实证意涵在公元1800年以前的世界皆成立。

第三章

生活水准

〔火地岛，1832〕这些可怜虫发育不良……就连杀了一只海豹，或是发现一具腐臭的鲸鱼浮尸，都算是盛宴；而且这么糟糕的食物还要搭配无味的野莓和蕈类一起吃。

——查尔斯·达尔文（Charles Darwin），1839[1]

〔塔希提，1769〕这些快乐的民众简直可说是摆脱了我们祖先的诅咒；几乎不能说他们是用额头的汗水来换取食物，因为他们只消爬到树上摘下面包果就能维生了。

——约瑟夫·班克斯（Joseph Banks），1769[2]

马尔萨斯经济的逻辑相当明确。平均而言，在史前人类与公元1800年，即工业革命前夕的世界之间，各社会的生活水准理应没有经常性的提升。虽然疾病、战争、弑婴，以及限制婚姻、性事的习俗都可能提升物质生活水准。但总的来说，1769年塔希提岛的欢乐与1832年火地岛的不幸，在公元1800年出现的机会都不比公元前十万年高。这是马尔萨斯社会模型的第一个重要论点，我将在本章中探讨其实证。公元1800年的平均物质生活水准真的不比公元前一万年甚至前十万年好吗？

公元1800年以前的实际工资

既然占社会半数的最贫穷的人基本上都只能仰赖工资维生而没有任何财产收入，实际收入自然可作为任何社会生活水准的指标。

但在公元1800年前，仅有少数社会全面性地记录了工资，而早至公元1200年的数据就更少了。

但前工业时代的英国却有一份独一无二、记录详尽的工资及物价史。在1066年诺曼征服（Norman Conquest）后英国的制度即相对稳定，加上很早即发展市场机制，许多与工资和物价有关的文献都得以保存。我们可以运用这些资料来估算名义工资（nominal wages）、消费品物价，以及1209年以后的英国实际工资。〔在此略述1209年的背景：1209年时值著名的"坏"约翰王（"bad" King John）当权期间，六年后他被男爵胁迫，将他们的权利载入1215年的《大宪章》（Magna Carta）。〕

图3.1显示1209年至1809年间英国建筑工人与农场工人的实际工资，以每十年一计，并将1800年至1809年，即马尔萨斯时代尾声的农场工人工资设为100。实际工资单纯指这600年内的劳工可用一日收入购买的标准消费品的组合。[3]

"消费品组合"中的物品列于表3.1，判定的依据是数份以1790年代农场工人及其他工人为对象所进行的消费研究；在那个年代，这些工人的贫困已经成为议题，《济贫法》的负担愈趋沉重是原因之一。[4]这些研究显示，就算在1800年前后，英国农场工人有四分之三的收入花在食物上，而面包等淀粉类食品又占了食物消费的大部分比例，相当于总预算的44%。剩下四分之一的支出则花在住屋、取暖、照明、肥皂、衣物及寝具上。虽然1790年之际，英国工人的收入比多数其他欧洲经济体的工人多，更远多于中国、印度和日本的工人，但消费比例仍是如此。

自1200至1800年的600年内，英国实际工资的增长微乎其微。而这段期间内的波动比任何长期上升趋势都要剧烈。在这600年当中的390年，农场工人的实际收入据估在1800年的水准之上。最高的实际收入出现在1400至1549年间——早在1800年以前。1300年前后，即英国1349年爆发黑死病之前，工资确实低于1800年。

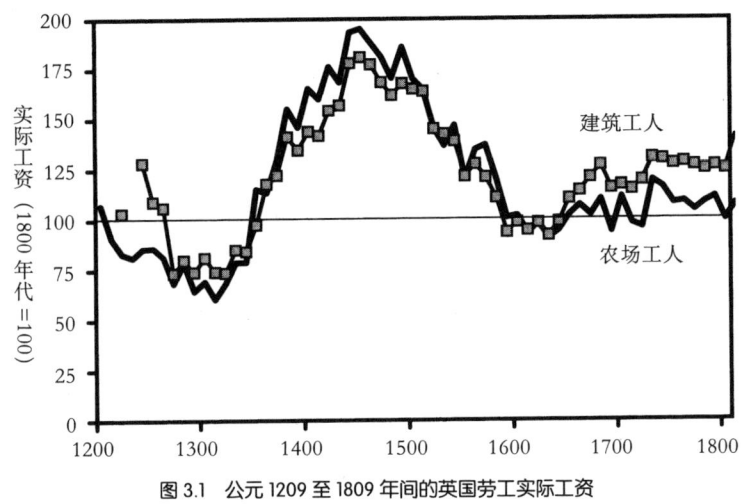

图 3.1　公元 1209 至 1809 年间的英国劳工实际工资

表 3.1　公元 1800 年以前的工人消费比例

消费类别	所占百分比（%）
饮食	75
谷类及淀粉类	44
乳品	10
肉类	9
饮料	8
糖及蜂蜜	3
盐及胡椒	1
衣物及寝具	10
住屋	6
取暖	5
照明及肥皂	4

但 13 世纪初期的工资就相当接近于 1800 年的水准。

我们应特别强调，这个工资指数包含新物品（如糖、胡椒、茶叶、咖啡和烟草）的引进。就算考虑到 1500 至 1800 年间的实际收入会因所有新物品价格下跌而增加，中世纪晚期的工人仍富裕得多。他们会得到额外的牛肉和啤酒作为部分工资，这些东西的价值拿来买茶叶或糖绰绰有余。

英国的经验也显示，尽管马尔萨斯经济呈现物质生活水准停滞的现象，但这不代表当时的生活水准低落，就算以现今许多经济体的标准来看也一样。虽然英国工人在1800年左右的前工业时代的消费模式看起来颇为原始，但依照今天第三世界的标准，当时消费物品的多样性其实意味着相当高的生活水准。例如当时有超过40%的食物消费用于肉类、牛奶、乳酪、啤酒、糖和茶叶等（见表3.1），以上这些都是非常昂贵的热量和蛋白质来源，而热量和蛋白质是工作及维持身体运作的必需品。穷苦人家是不会买这些东西的。

前工业时代英国工人的相对富裕情况可从两方面阐述。首先我们可以比较公元1800年之前英国的农场及建筑工人，与现今一些较贫穷国家工人的日薪。[5] 表3.2显示2001至2002年马拉维建筑工人的工资以及当地主要消费品的价格，与1800年英国建筑工人的数据做比较。

我们只能取得马拉维的食物价格，但食物既然占了英国农场工人75%的消费，应能代表生活水准。第二栏显示英国的日薪和物价；第四栏提供2001—2002年马拉维的同类数据；第三栏及第五栏显示两国人民可以用日薪购买几件该品项的物品。因此1800年英国的日薪可以购买3.2千克的小麦粉，而马拉维的日薪只能买到2.1千克品质较差的玉米粉。

就大部分物品而言，1800年的英国工人能买到的量远多于现今的马拉维工人。最后一列是以便士计价的英国一篮子食物价格（假设全部收入都花在食物上）及换算成马拉维克瓦查的售价。如果一个马拉维人想购买1800年英国工人的消费品，他只付得起40%。因此1800年英国的生活水准可能是当今马拉维的2.5倍。但以马拉维在健全现代条件下的经济来看，该国人民微薄的工资仍在维持生计水准之上，因为马拉维的人口持续快速增长。

我们还有更多国家在2000年时的人均实际收入数据。我们也能

表 3.2　2001—2002 年马拉维及 1800 年英国的工资和物价

	英国，1800 年（便士）	英国，1800 年（平均每日）	马拉维，2001—2002 年〔克瓦查（kwacha）〕	马拉维，2001—2002 年（平均每日）
工资	23.9	—	69	—
物价				
面粉（千克）	7.5	3.2	33	2.1
面包（千克）	5.9	4.0	46	1.5
马铃薯（千克）	1.2	20.4	16	4.2
牛肉（千克）	17.4	1.4	123	0.6
蛋（12 个）	11.1	2.1	84	0.8
牛奶（升）	2.4	9.9	48	1.4
糖（千克）	26.3	0.9	42	1.7
啤酒（升）	4.1	5.8	93	0.7
茶叶（千克）	219.5	0.1	248	0.3
盐（千克）	9.1	2.6	24	2.8
英国一篮子食物的售价	23.9	1.0	178	0.4

资料来源：英国：Clark, 2007b；马拉维：International Labour Organization, Bureau of Statistics, 2006a。

够估计英国在 1200 年时的人均实际收入，所以我们可以用前工业时代英国的人均收入与当今世界各国相比。表 3.3 即呈现比较的结果。英国在公元 1200 至 1800 年间的人均收入，和当今世界大部分地区一样，甚至更高。2000 年时，有多个国家的人均收入低于前工业时代的英国，其总人口超过 7 亿。印度 10 亿多人口的平均收入只比工业革命前夕的英国人高 10%。有些现代国家则贫穷得多，有数以亿计的非洲人正以不及前工业英国 40% 的收入过活。

自 1950 年起，现代疫苗、抗生素及公共卫生措施降低了这些穷国的死亡率，这理所当然地被誉为国际援助工作的重大胜利。1950 年发展中国家的平均寿命是 40 岁，到 2000 年已延长为 65 岁。[6] 表 3.3 也显示当今各国人口的平均寿命，以相同收入水平来看，那比前工业社会高出许多。但这些进展已经产生一个副作用：尽管工资水

表 3.3　各国人均收入比较，2000 年

国家	2000 年人口（百万）	人均收入（2005 年，美元）	相对收入（%）	人口增长率（%）	出生时平均预期寿命，2003 年
坦桑尼亚	34	569	20	2.1	46
布隆迪	7	717	25	2.9	44
埃塞俄比亚	64	832	29	2.3	48
塞拉利昂	5	849	30	2.3	41
马拉维	10	935	33	2.4	40
尼日利亚	127	956	34	2.4	43
赞比亚	10	972	34	2.1	38
马达加斯加	16	1014	36	3.0	55
卢旺达	9	1129	40	2.4	44
布基纳法索	11	1141	40	3.0	48
马里	11	1150	41	2.3	48
贝宁	6	1417	50	2.7	54
肯尼亚	30	1525	54	2.6	47
加纳	19	1590	56	2.1	57
尼泊尔	23	1809	64	2.2	62
塞内加尔	10	1945	69	2.3	56
孟加拉国	131	2052	73	2.2	63
尼加拉瓜	5	2254	80	2.0	70
科特迪瓦	16	2345	83	2.0	46
巴基斯坦	138	2497	88	2.2	63
洪都拉斯	6	2505	89	2.3	68
摩尔多瓦	4	2559	90	0.3	68
喀麦隆	15	2662	94	2.0	46
公元 1800 年前的英国	—	2828	100	0.1	37
津巴布韦	13	3016	107	0.6	37
印度	1,016	3103	110	1.4	63
玻利维亚	8	3391	120	1.6	64
中国	1259	4446	157	0.6	72

资料来源：Income: Heston et al., 2006. Population: United Nations, 2006. Life expectancy: preindustrial England, table 5.2; others, United Nations, Development Program, 2005, 220–22.

准低于前工业时代的英国，这些国家的人口仍以前工业世界未曾出现的速度迅速增长，一如表 3.3 所示。因此，在当今世界能让人口增长停止的维持生计工资，比前工业时期低了好几倍。这是导致收入大分流的因素之一，本书后半段也会讨论。由于许多撒哈拉以南的非洲国家仍持续极度仰赖农业，而农业用地的供给是固定的，医疗进步就不是天赐之福，反倒迫使人们付出物质收入降低的代价。

尽管现代医疗技术发达，但近年来艾滋病在撒哈拉以南非洲地区肆虐，亦使一些国家的平均寿命下滑至只比前工业世界略高的程度（参见表 5.2）。马拉维不仅在物质收入方面大幅落后于前工业时代的英国，平均寿命也仅略高于公元 1800 年前的英国：40：37。事实上，以目前撒哈拉以南非洲地区的死亡趋势来看，马拉维 20 岁民众的预期寿命甚至不如前工业时代的英国。

从上述有关公元 1800 年以前英国生活水准的资料，我们可以了解，在陷于马尔萨斯模型约束条件下的任何社会中，工资与生活水准可能波动得十分厉害。而且，受马尔萨斯理论支配的社会不见得特别贫穷，就算依照今天的标准也一样。

图 3.2 将英国建筑工人日薪的长期变动情形，与意大利中北部及荷兰的建筑工人做比较。意大利及荷兰在公元 1800 年以前的工资明显比 1800 年高出许多，而且通常比英国的工资高。但同样的，实际工资并没有持续性的增长。

有关公元 1200 年以前社会实际收入的信息较为零散、残缺。但表 3.4 显示一种非常单纯、测量许多早期社会（可追溯至耶稣诞生前两千年的古巴比伦尼亚）工资的方式：将小麦的重量视为工资。1780 至 1800 年的英国数据也采用同样的工资换算方式。早期工资的变动情形相当可观，但它们很容易便达到英国在工业革命前夕的水准——就连 3000 年前的社会也不例外。

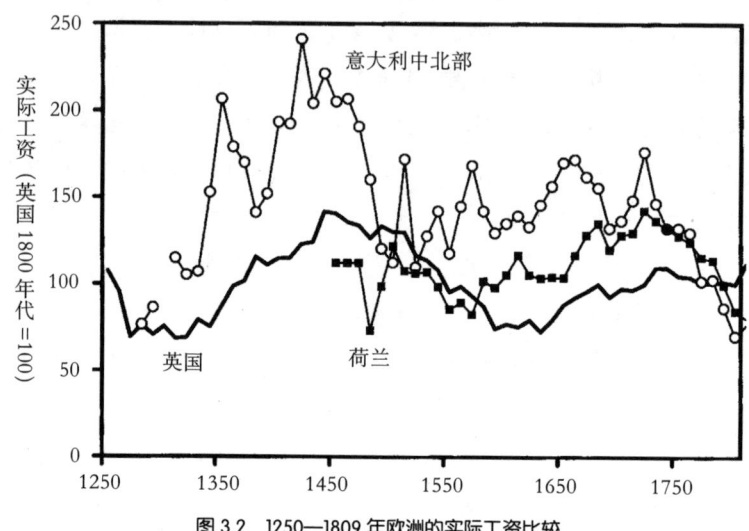

图 3.2　1250—1809 年欧洲的实际工资比较

资料来源：意大利中北部的工资资料取自 Federico and Malanima, 2004, appendix。荷兰的工资资料则引用 de Vries and van der Woude, 1997, 609-28。意、荷两国工资与 1800 年英国工资的对应关系，是通过以下假设修订：意、荷两国工资占国内人均实际 GDP 的比例，是与 1910 年及 1810 年英国相同成比例。

表 3.4　以小麦重量换算的劳工工资

地点	时代	日薪〔小麦重量（磅）〕
古巴比伦尼亚 [a]	公元前 1800—前 1600 年	15*
亚述 [b]	公元前 1500—前 1350 年	10*
新巴比伦尼亚 [a]	公元前 900—前 400 年	9*
古雅典 [c]	公元前 408 年	30
	公元前 328 年	24
罗马时代的埃及 [d]	约公元 250 年左右	8*
英国 [e,f]	公元 1780—1800 年	13
	公元 1780—1800 年	11*

资料来源：[a]Powell, 1990,98; Farber, 1978, 50-51. [b]Zaccagnini, 1988, 48. [c]Jevons, 1895, 1896. [d]Rathbone, 1991, 156-58, 464-45. [e]Clark, 2005. [f]Clark, 2001b.
注：* 代表农场工资。

表 3.5　公元 1800 年前后以小麦重量换算的劳工工资

地点	年代	日薪〔小麦重量（磅）〕
阿姆斯特丹 [a]	1780—1800	21
伊斯坦布尔 [b]	1780—1800	18
伦敦 [c]	1780—1800	16
安特卫普 [a]	1780—1800	16
开罗 [b]	1780—1800	15
英国 [c]	1780—1800	13
华沙 [a]	1780—1796	13
莱比锡 [a]	1780—1800	13
但泽（格但斯克）[a]	1780—1800	11
英国 [d]	1780—1800	11*
维也纳 [a]	1780—1800	10
巴黎 [e]	1780—1800	10
马德里 [a]	1780—1799	9.0
那不勒斯 [a]	1780—1800	7.6
巴伦西亚 [a]	1780—1785	6.8
中国（长江三角洲）[f]	1750—1849	6.6*◊
朝鲜 [g]	1780—1799	6.0◊
米兰 [a]	1780—1800	5.6
南印度 [f]	1750—1790	5.1◊
日本（京都）[h]	1791—1800	4.5◊

资料来源：[a]Allen, 2001, 411, note 1. [b]Pamuk, 2005, 224. [c]Clark, 2005. [d]Clark, 2001b. [e]Van Zanden, 1999, 181-85. [f]Broadberry and Gupta, 2006, 17, 19. [g]Ho and Lewis, 2006, 229. [h]Bassino and Ma, 2005, appendix table 1. 假设每 60 磅重的小麦可产生 45 磅重的面粉。
注：1780—1800 年欧洲以白银计价的工资按 Allen-Unger 数据中的小麦价格进行了换算。
* 代表农场工资，◊ 代表换算成小麦的稻米工资，以米、稻的相对热量换算。

表 3.5 呈现的是 1800 年前后世界各地的工资，同样以小麦重量代表。这里有两个现象引人注目：其一，公元 1800 年前后工资水准差异极大，相差约 4 至 5 倍。在马尔萨斯架构下，工资差异和社会技术发展的复杂度无关，而应以各社会的出生和死亡情形来解释。这些取自 1780—1800 年的资料似乎可以证实，技术复杂度并非工资

的决定因素。例如英国的工资虽然在表中高于平均值，却逊于伊斯坦布尔、开罗和华沙等1800年时技术落后的地区。[7]纵使经过数千年的大幅技术进步，英国在1800年的工资仍与古巴比伦尼亚及亚述相仿。我们将在下面两章探究出生及死亡情形是否与这些工资差异趋于一致。尤其是在公元1800年时，日本等亚洲社会和英国的差距为何这么大？

其二，值得注意的地方是，人类定居农业社会一路发展到公元1800年，物质条件并未出现任何进步的迹象。在公元前1800年与公元1800年这长达3600年的光阴之间，物质条件完全不见提升。相较于古巴比伦尼亚、古希腊及罗马时代的埃及，公元1800年的东亚、南亚及南欧地区显得水准低落。这个有关前工业时代工资的实证，与前一章提到的马尔萨斯的解释相吻合。

热量、蛋白质与生活水准

今天有两种社会的生活水准近似于远古时代的生活水准：幸存的狩猎采集社会与简单农业社会。不过，由于这些社会并无给付工资的劳动力市场，我们必须另寻指标来比较它们与公元1800年之前工业社会的物质条件。

其中一个指标是平均每人的食物消费量，可以每人每天摄取多少热量或蛋白质来衡量，如表3.6所示。贫穷社会若收入提升，每人摄取的热量一般也会提升。1800年时英国和比利时等富裕社会的热量摄取情形与早期社会比起来如何？

表中的英国实证数据来自1787至1796年针对较贫穷家庭（主要是农场工人家庭）所做的普查，当时这些普查是用来讨论《济贫法》成本日益高涨的问题。[8]贫民每天平均消费的热量仅1508大卡。不过,这些家庭的人均收入（4.6英镑）只有英国人均收入（15英镑）的30%。我们可以运用普查资料所述热量和蛋白质消费与收入的关系来估算英国全体人口的平均热量消费。这也显示在表3.6上[9]，英国总人口的平均数值与1812年比利时的平均消费量相近。

表3.6 热量及蛋白质的平均摄入量

群体	年代	热量（大卡）	蛋白质（克）
英国农场工人[a]	1787—1796	1508	27.9
英国全体人口[a]	1787—1796	2322	48.2
比利时全体人口[b]	1812	2248	—
巴拉圭亚契人（Ache）[c]	1980年代	3827	—
坦桑尼亚哈扎人（Hadza）[d]	—	3300	—
澳大利亚阿莱维尔人（Alyware）[d]	1970年代	3000	—
安达曼群岛昂格人（Onge）[d]	1970年代	2620	—
新几内亚阿鲁尼人（Aruni）[e]	1966	2390	—
博茨瓦纳孔桑人（!Kung）[c]	1960年代	2355	—
巴拿马巴亚诺库纳人（Bayano Cuna）[f]	1960—1961	2325	49.7
刚果姆布蒂人（Mbuti）[d]	1970年代	2280	—
澳大利亚安巴拉人（Anbarra）[d]	1970年代	2050	—
委内瑞拉希维人（Hiwi）[c]	1980年代	1705	64.4
秘鲁希皮博人（Shipibo）[g]	1971	1665	65.5
巴西亚诺马米人（Yanomami）[h]	1974	1452	58.1

资料来源：[a]Clark et al., 1995, 223-24. [b]Bekaert, 1991, 635. [c]Hurtado and Hill, 1987, 183; Hurtado and Hill, 1990, 316. [d]Jenike, 2001, 212. [e]Waddell, 1972, 126. [f]Bennett, 1962, 46. [g]Bergman, 1980, 205. [h]Lizot, 1977, 508-12.

至于早期社会的资料则引用自多份以当今狩猎采集社会及游耕社会为对象的研究。资料显示各群体间的热量消耗情形差异颇大，从最低微的每人每天1452大卡（巴西亚诺马米人）到如王公贵族的3827大卡（巴拉圭亚契人）。其中有些无疑是误算食物消费量的结果。但其中位数为2340，就表示狩猎采集者和勉强自足的农耕者摄取的热量与公元1800年前后英国或比利时的中位数差不多。相较于1800年最富裕的社会，原始人的饮食毫不逊色。事实上，英国农场工人的热量摄取要至1863年才达到狩猎采集者及生计社会的中位数。

此外，英国人在 1790 年代的饮食，蛋白质所占的比例尚不及这些生产技术较简单的社会。既然有半数以上的狩猎采集者吃得跟英国人一样好，他们在热量及蛋白质方面的摄取一定远优于更贫穷的亚洲社会。

饮食的多元化是人类物质福祉的另一项要素。1800 年时，欧洲的饮食因分别从亚洲及新世界引进香料、糖、茶叶、咖啡及马铃薯和番茄而更加丰富。但对平民百姓而言，丰富的程度十分有限。1800 年的英国，日常饮食平均增添 0.85 盎司糖、0.07 盎司茶和 0.004 盎司咖啡（译注：1 盎司约为 28.35 克）。[10] 绝大多数人的主食仍和过去一样单调：只有面包，加上少许牛肉、羊肉、乳酪和啤酒。相形之下，狩猎采集与生计农耕者的饮食就显得多彩多姿。例如亚诺马米人的饮食就包括猴子、野猪、貘、犰狳、食蚁兽、短吻鳄、美洲豹、鹿、啮齿目动物、多种鸟类、昆虫、毛虫、鱼、幼虫、淡水蟹、蛇、蟾蜍、青蛙、各种棕榈果实、棕榈核仁、阔叶树木的果实、巴西坚果、块茎类、薯类、大蕉、木薯、玉米、香蕉和蜂蜜。[11]

恩格尔法则与生活水准

当普鲁士统计学家恩格尔（Ernst Engel, 1821—1896）——别将他和同时代那位恩格斯（Friedrich Engels, 1820—1895）搞混了——针对德国劳工消费预算进行研究时，他发现一个简单却有力的实证关系，现称"恩格尔法则"：家庭愈穷，花在食物上的费用比例就愈高。在最贫穷的社会中，食物可以占所有支出的 80% 以上，而对最富裕的人而言，餐点中实际花在食物上的费用可能仅占总收入的 5% 至 10%。

就算仅探讨食物的支出，恩格尔法则也衍生出多种版本。当人们非常穷困（所以始终有饥饿感）的时候，他们会买市面上最廉价的热量来源，如小麦、大米、黑麦、大麦、燕麦或玉米等谷物，以及豆类或马铃薯,且会以最便宜的方式摄取,如做成粥、糊或面包。他们的饮食也索然无味,在调味料上的花费少之又少。因此,在饥荒发生前的爱尔兰农场工人,赖以维生的饮食几乎全是马铃薯。在最低收入的人家,最便宜的热量来源占收入比重非常大。但随着收入增加,便有愈来愈高的食物消费会花在较昂贵的热量来源——例如牛奶、乳酪、黄油、蛋、肉、鱼、啤酒和葡萄酒——抑或是香料及无热量价值的饮料,如胡椒、茶和咖啡。

在最贫穷社会的百姓眼中,肉类似乎是最显著的奢侈品。据报道,秘鲁东部沙兰纳华族(Sharanahua)的狩猎采集者心中就"始终萦绕着'肉'这个话题,男人、女人和小孩一天到晚都在讲肉的事情,计划着拜访有肉的人家,还隐瞒自己家里肉量的多寡"。在沙兰纳华及其他狩猎采集社会中,猎人可以拿肉类和女性进行性交易,"最成功的猎人通常最受女人欢迎"[12]。

这些消费模式可绘成恩格尔曲线,如图3.3所示。恩格尔曲线显示在相对物价维持不变的情况下,物品消费与收入的关系。诸如食物等物品称为必需品,它们在穷人消费中所占的比重远高于富人消费;花在这类物品(如基本淀粉类食物)上的金额会随收入提高

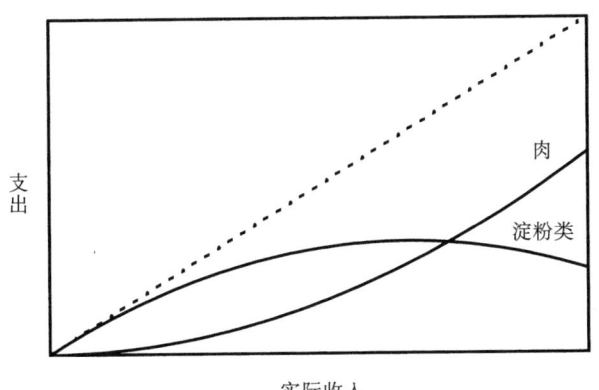

图3.3　恩格尔曲线

而降低。其他物品则为奢侈品，它们在消费支出中所占的比重会随收入增加，至少在一定收入范围内如此。

相对物价的改变会使恩格尔法则的规律性出现偏差，因此好的生活水准指标是花在食物上的收入比例，或者食物费用中花在基本淀粉类而非肉类、酒和精糖的比例。

表 3.7 农场工人食物消费在各种产品所占的比例

地区	年代	谷类及豆类（%）	糖（%）	动物制品及油脂（%）	酒（%）
英国[a]	1250—1299	48.0	0.0	40.2	11.8
	1300—1349	39.7	0.0	43.0	17.0
	1350—1399	20.8	0.0	55.3	24.0
	1400—1449	18.3	0.0	46.4	34.3
英国[b]	1787—1796	60.6	4.7	28.4	1.3
日本[c]	1750 年左右	95.4	0.0	4.6	0.0
印度[d]	1950	83.3	1.6	5.4	0.8

资料来源：[a]Dyer, 1988. [b]Clark et al., 1995. [c]Bassino and Ma, 2005. [d]Government of India, Ministry of Labour, 1954, 114, 118.

表 3.7 显示 1790 年代英国农场工人的食物支出花在这些类别的比重。他们在基本淀粉类的花费仅为 61%，表示他们的日子过得不错——比 1950 年左右的印度农场工人还好。他们的景况似乎也远胜于 18 世纪的日本工人。由于英国向来有为收成劳工提供餐食的习俗，有关农业劳工消费模式的资料可追溯至 13 世纪。从这些工人在 1250 至 1449 年间的饮食来看，英国早期的生活水准比 1790 年代还高。在 1348 年黑死病暴发而导致实际工资上涨后，基本谷物仅占收成劳工饮食费用的 20%，其他 80% 则为乳制品、鱼和啤酒。

恩格尔法则虽仅是简单的实证关系，在诠释世界史方面却有深远的影响。在马尔萨斯时代，收入注定无法提升，因此消费支出注定以食物为大宗。公元 1800 年以前食物支出比例之高，除了让吃成为人们的话题，也使这些早期社会的人民散居各地，且格外着重农业。如果前工业世界有80%的收入花费在食物上，就会有80%的人口从事农业、渔业或狩猎等工作。[13] 农业生产也会迫使一群人住在农田附近，因此史前社会是农业社会，都市人口稀少。1450年时英国的地方行政区平均仅有220位居民。[14] 人们很少会碰到陌生人，这也不同于现代高收入经济体的情况。

如果收入的绝大部分都花在食物上，那么能用来创造建筑、服装、物品、娱乐和展览物等"文化"的余裕便所剩无几。只要马尔萨斯陷阱凌驾一切，所有社会的首要之务都是生产食物。

但消费与生产的关系衍生了另一个衡量生活水准的指标，至少适用于贸易机会有限的社会，那就是农业人口的比例。同样的，资料显示相对繁荣的早期英国有相当高比例的人口从事农业之外的工作，如服装制造或建筑。1620至1635年英国萨福克郡（Suffolk）只有63%的男性从事农渔业。[15] 与之对照，2000年时坦桑尼亚有83%的男性从事农渔业工作。[16]

人类身材与物质生活水准

在所有前工业社会中，我们只能取得小部分社会有关实际日薪、食物消费或职业等信息。早期社会并没有受薪工人，之后有劳动力市场的社会也通常没留下记录。要测度前工业时代大部分社会的生活水准，我们必须诉诸比较间接的方式。其中一个指标是平均身高。高物质生活水准最明显的效果就是使人们长高。即便是今天，如果到印度等贫穷国家旅行，你马上会大吃一惊：他们的个子怎么这么矮啊！当代富裕社会中，有显著欧洲血统的年轻男性平均身高在177至183厘米之间，年轻非裔美国男性的平均身高为178厘米。[17] 相较之下，1988至1990年代印度南部的男性平均身高只有164厘米，比年轻荷兰男性足足矮了19厘米。[18] 现代印度较贫穷的群体就更矮了。1994年印度西孟加拉邦的种茶工人平均身高只有161厘米。[19] 类似的情况也发生在马拉维，1987年马拉维乡村男性的平均身高为165厘米，比年轻美国非裔男性矮了13厘米。[20]

在现代人口中，除了中非某些少见的俾儒族，几乎没有基因决定身高的征象。但饮食似乎就会影响身高了。东亚富裕国家的年轻男性身高不如欧洲人（日本男性平均身高仅171厘米），或许也是饮食差异所致。而在各社会之内，健康与身高呈正比的关系就证据确凿了。[21] 身高取决于儿童时期的营养和幼年疾病的影响。如果发育阶段身体不好，成长就可能会停滞，此后便再也赶不上进度。而营养和疾病的影响双双取决于物质生活水准。

我们手边只有少许前工业社会的身高资料，而且大多距公元1800年不远。但通过测量骨骸中的长骨，我们也能推算出更早期社会的身高。

表3.8是1800年前后各国男性平均身高的数据，从高到矮排序。这些数据取自各个群体：军人、囚犯、获释的奴隶和契约雇工。例如1843年印度人的身高就是取自被募往毛里求斯服劳役的契约雇工。既然这些印度工人是被选去海外从事沉重的体力劳动，我们没有理由认为他们比一般人口更矮，但这些印度契约雇工的身高却明显不及18世纪英国募往北美劳动的契约雇工。同样的，表内中国人的身高资料取自移民澳大利亚、后来遭到拘禁的华人，他们的身高也明显不如18世纪运往美洲或澳大利亚的英国囚犯。非洲人则是被英国船只运往美洲途中获释的奴隶。以奴隶为总人口样本造成的两种偏差可相互抵消：一般认为奴隶比一般人穷，因此个子也较小；但被送往新世界从事开垦工作的奴隶，基于成本考量，应该是以力气及健康等条件筛选过的。

显而易见的，工业革命初期欧洲男性的身高，介于现今欧美男性及现今印度、非洲男性之间。当时任乡村教区牧师的马尔萨斯知道，1800年前后英国劳动阶级的生活条件之差足以妨碍发育："长期

表 3.8 前工业社会世界各地成年男性的平均身高估计

年代	地点	类别	年龄	平均身高（厘米）
1830 年代	瑞典 [a]	军人	成人	172
1710—1759*	英国 [b]	囚犯	23—60	171
		契约雇工	23—60	171
1830 年代	英国 [a]	军人	成人	169
	意大利北部 [a]	军人	25—40	167
	巴伐利亚 [a]	军人	成人	167
	法国 [a]	军人	成人	167
	荷兰 [a]	军人	成人	167
1770—1815	英国 [c]	囚犯	23—49	166
1830 年代	匈牙利 [a]	军人	成人	166
	奥地利 [a]	军人	成人	164
1819—1839	西非（优鲁巴人）[d]	奴隶	25—40	167
	莫桑比克 [d]	奴隶	25—40	165
	西非（伊博人）[d]	奴隶	25—40	163
1800—1829*	中国南部 [e]	囚犯	23—59	164
1843	印度南部 [f]	契约雇工	24—40	163
1842—1844	印度北部（比哈尔人）[f]	契约雇工	24—40	161
1883—1892	日本 [g]	军人	20	159

资料来源：[a] A'Hearn, 2003, table 3. 调整为成人身高。[b] Komlos, 1993, 775. [c] Brennan et al., 1997, 220. [d] Eltis, 1982, 459-60. 从运送他们的船上获释的奴隶。[e] Morgan, 2006, table 4a. [f] Nicholas and Steckel, 1991, 946. [g] Yasuba, 1986, 223. 调整至 20 岁及成人身高。
注：* 表出生年。

住在乡下的人会发现，劳工的儿子往往发育迟缓且很晚熟。"[22]

乍看之下，前工业时代亚洲人的身高比同期欧洲人矮了不少。如前文所述，饮食习惯或许能解释其中一些差异。但日本人自前工业时代迄今长高 12 厘米，多于英国人的 7 厘米，这暗示以饮食因素考量，前工业时代的日本较前工业时代的英国贫穷。而尽管非洲被认为是技术最落后的地区，非洲人平均 165 厘米的身高并不比欧洲人逊色多少。

在热带非洲,自然力通过高疾病致死率,赐予当地颇高的物质生活水准。对欧洲人来说——其实对大部分非洲本地人而言也是如此——热带非洲真的要命。18世纪驻守西非沿岸的英国军队,半数人在驻防一年内死亡。[23] 当新闻记者亨利·莫顿·斯坦利(Henry Morton Stanley)在世纪末期展开著名的横跨赤道的非洲之行,他之所以能够有所见闻,不是因为他是神枪手或语言天才,而是他有办法抵抗许多让他的白人同伴死于非命的疾病。

前工业时代的人类身高,和早期社会比起来如何呢?我们可以用现代狩猎采集社会的平均身高来比拟定居农业社会形成前可能的生活条件。弗朗茨·博厄斯(Franz Boas)特别搜集了19世纪末数百个美洲原住民部落的身高资料。如表3.9所示,有些狩猎采集者明显比19世纪的中国人、印度人、日本人及许多欧洲人高得多。这些狩猎采集社会身高的中位数是165厘米,仅比1800年时的欧洲略矮,而明显高于1800年前后的亚洲人。

1760年代的塔希提人虽然仍处于石器时代,身高却似乎不下于掌握欧洲先进技术的英国访客。英国探险者一定觉得他们很高,尤其1769年"奋斗"号远征队中的科学家约瑟夫·班克斯(Joseph Banks)还帮一个特别高的塔希提人量了身高,结果有192厘米。1800年的英国,每2500个成年男子中只有一人身高在192厘米以上。[24] 班克斯可能只见到几百名塔希提男性——因为他停留时间短促,而且塔希提人口稀少——但塔希提男性的平均身高极可能高于18世纪的英国男性。

因此,人类从狩猎采集社会来到1800年左右的定居农业社会,虽已经过数千年的发展,物质生活条件却不见有大幅进步的迹象。

若要看历史过往真正的生活条件,而非拿当代社会做对照,我们可以参照从骨骸推算的男性身高。图3.4概括呈现出公元1年至1800年的欧洲人平均身高,数据是由骨骸推算而出。每世纪的平均值概述了9477副骨骸的资料,在1800年以前没有趋势可言。表中

表3.9 现代狩猎采集及生计社会成年男子的身高

年代	群体	地点	年龄	身高（厘米）
1892	平原印第安人 [a]	美国	23—49	172
1970年代	安巴拉人（Anbarra）[b]	澳大利亚	成人	172*
	伦巴兰加人（Rembaranga）[c]	澳大利亚	成人	171*
1910	阿拉斯加因纽特人（Inuit）[d]	美国	成人	170*
1890	北太平洋印第安人 [e]	美国	成人	167*
1944	桑达威人（Sandawe）[f]	坦桑尼亚	成人	167*
1891	修修纳人（Shoshona）[g]	美国	20—59	166
1970年代	福克斯湾因纽特人 [c]	加拿大	成人	166*
1880年代	所罗门群岛居民 [h]	所罗门群岛	成人	165*
1906	加拿大因纽特人 [d]	加拿大	成人	164*
1969	孔桑人 [i]	博茨瓦纳	21—40	163
1980年代	亚契人 [j]	巴拉圭	成人	163*
1970年代	哈扎人 [c]	坦桑尼亚	成人	163*
1985	希维人 [j]	委内瑞拉	成人	156*
1980年代	巴塔克人（Batak）[c]	菲律宾	成人	155*
	阿格塔人（Agta）[c]	菲律宾	成人	155*
	阿卡人 [c]	中非共和国	成人	155*

资料来源：[a]Streckel and Prince, 2001. [b]Kelly, 1995, 102. [c]Jenike, 2001, 223. [d]Hawkes, 1916, 207. [e]Boaz, 1891, 327. [f]Trevor, 1947, 69. [g]Boaz, 1899, 751. [h]Guppy, 1886, 207. [i]Truswell and Hansen, 1976, 172. [j]Hurtado and Hill, 1987, 180-82.

注：* 表示调整至21—40岁的身高。全体男性孔桑人的平均身高比21至40岁的男性孔桑人矮2厘米。

也绘出1820年以后（以出生年次计）瑞典男性军人的身高，以及1710年美国出生男性的身高。1800年后提升的收入显然也提升了人类的身高。

表3.10显示公元1800年以前，许多前工业地区从骨骸推算的男性平均身高，最早溯至欧洲的中石器时代（公元前8000至前5000年）。由于骨骸出土数量不多，加上这些骨骸不见得能代表整体经济情况，且由长骨推论身高可能会推算错误等因素，故以这些

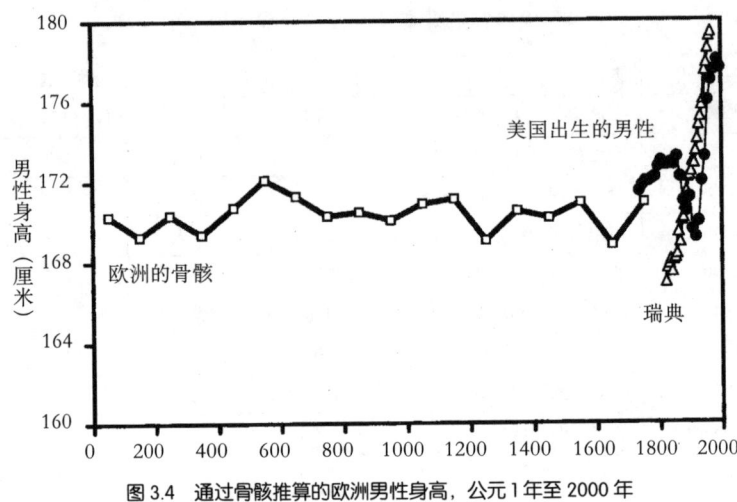

图 3.4 通过骨骸推算的欧洲男性身高，公元1年至2000年

资料来源：Steckel, 2001, figure 3 and 4; Koepke and Baten, 2005.

样本推算某群体的身高可能产生严重的谬误。但整体形态相当明确，在欧洲、印度和日本，早期平均身高比起1800年代的平均身高有过之而无不及。尤其，比起1800年英国、荷兰等当时世界最富裕的社会，欧洲中石器时代与新石器时代的人身高还略胜一筹。

身高以及其蕴含的生活水准，在公元1800年以前确实有些波动。但一如马尔萨斯模型所预期，这些波动与技术发展毫无关联。

因此部分中世纪时期的欧洲人，似乎比古希腊、古罗马时期或18至19世纪初期高。据班克斯的说法推断，以前工业时代的标准评判，尚未与外界接触的波利尼西亚人也算人高马大。但毫无疑问，波利尼西亚人的技术落后欧洲人甚远；那里仍只是个没有金属的新石器经济体。鱼钩是以骨头或珊瑚煞费苦心制成；最好的作战武器是木棍；制作独木舟得用火和石斧处理树干。虽然有的独木舟会装上帆，但装载的方式却无法让舟乘风而行，因此漫长的越洋旅程是很危险的。他们鲜有陶土制品，没有文字，穿着树皮，不过热带气

表 3.10 由骨骸所推算出的各时代的男性平均身高

时代	地点	骨骸数	平均身高（厘米）
中石器时代 [a]	欧洲	82	168
新石器时代 [a,b]	欧洲	190	167
	丹麦	103	173
1600—1800 [c]	荷兰	143	167
1700—1800 [c]	挪威	1956	165
1700—1850 [c]	伦敦	211	170
前王朝时代 [d]	埃及	60	165
王朝时代 [d]	埃及	126	166
公元前 2500 年 [e]	土耳其	72	166
公元前 1700 年 [f]	希腊勒纳	42	166
公元前 2000—1000 年 [g]	印度哈拉帕	—	169
公元前 300—250 年 [h]	日本（弥生时代）	151	161
1200—1600 [h]	日本（中世纪）	20	159
1603—1867 [h]	日本（江户时代）	36	158
1450 [i]	马里亚纳，陶马科	70	174
1650 [i]	复活节岛	14	173
1500—1750 [i]	新西兰	124	174
1400—1800 [i]	夏威夷	—	173

资料来源：[a]Meiklejohn and Zvelebil, 1991, 133. [b]Bennike, 1985, 51-52. [c]Steckel, 2001. [d]Masali, 1972. [e]Mellink and Angel, 1970. [f]Angel, 1971. [g]Houghton, 1996, 43-45. [h]Boix and Rosenbluth, 2004, table 6. [i]Dutta, 1984.

候的确不需要什么衣物。

波利尼西亚的自然环境颇为宜人。热带的头号大患——疟疾——原本不存在于岛上，但白人水手带来蚊子，也带来了这种瘟疫。但就算自然辜负了他们，波利尼西亚人似乎也已发展出他们自己的死亡率。一如我们将在第五章所探讨，他们能维持那么高的生活水准，似乎是得利于弑婴、内战及人祭促成的高死亡率。波利尼西亚是生者的天堂——只是必须付出代价。

勤勉革命

从通过骨骸了解的早期狩猎采集社会，辅以当代残存的狩猎采集社会的情形，我们明白，这些社会的物质生活条件只会比工业革命前夕的定居农业社会更好，不会更坏。

但生活条件还有一个面向，就是人们一天得花多少时间劳动以赚取他们日常所需的食物，以及他们从事的劳动的类别。从这两方面来看，定居农业社会的来临或许有损人类福祉。在工业革命前夕，早期狩猎采集者已将他们优哉游哉的天地拱手让给一个必须不停劳动的世界。这种劳动不仅要持续进行，也比狩猎采集者的工作单调得多。而在这个量与质的转变发生很久之后，现代技术才姗姗来迟。

在工业革命前夕的英国，一般男性一天要工作 10 小时以上，一年则要工作至少 300 天，也就是说，每年的劳动投入超过 3000 小时。就建筑工人而言，我们可以从雇主付给他们多少时薪及日薪，得知他们一天工作多久。日薪除以时薪即为他们平常一日的工时。统计资料显示于表 3.11。这些受薪工人每年每天的平均工时超过 8 小时。农工每年的工时与建筑工人差不多。比较按日计酬工人的酬劳与受

表 3.11　英国建筑工人的日均工时

年代	镇	工时
1720—1739	1	10.4
1740—1759	1	8.3
1760—1779	1	11.0
1780—1799	2	11.1
1880—1819	5	10.4
1820—1839	9	10.1
1840—1859	10	10.0
1860—1869	8	10.0

资料来源：Clark, 2005.

雇全年工人的工资，可以算出他们一年要整整工作300天。[25]即便在冬季，工人也会受雇进行打谷、掘沟、筑篱以及混肥、施肥等工作。

汉斯－约阿希姆·沃斯（Hans-Joachim Voth）在一份针对工业革命期间英国的时间运用情形所做的有趣研究中，使用了刑事审判中的目击者证词概要（往往包含目击者的职业）来估算1760、1800和1830年的工作时数。他的资料以伦敦最为完整，结果呈现于表3.12。资料显示1800年时伦敦的男性每天平均工作9.1小时。[26]因此，仅就受薪劳工而言，每天8至9小时的劳动时长在1800年时的英国似乎是标准值。

若将学习、家务、照顾儿童、个人护理、购物及通勤等时间列入考量，研究报告显示，现今英国成人男子（16至64岁）每年的劳动时间为3200小时，即平均每天8.8小时。因此，1800年时的工作量已臻现代水准。

"勤勉革命"（Industrious Revolution）一词是由扬·德弗里斯（Jan de Vries）所创，他认为工业革命英国的长工时是一种新的现象，成因是消费品种类增加。[27]沃斯支持他的论点，并找出伦敦在1760年的工时远比之后少的证据。不过，从表3.11的建筑工人工时表，我们并未发现18世纪有任何工时增加的情况。英国农场的资料也显示工时只有非常缓慢且微幅的增加。农业工时在1770年时就已经很高了。[28]尽管世人普遍认为是工业革命迫使原本乐天知命的农夫到阴暗的工厂从事繁重的劳动，但这种转变似乎在工业革命之前即已大规模发生，而非工业革命所造成。

长久以来，人类学家一直在争论前工业社会的人类必须做多少工作以维持生计。[29]1960年代以前的人类学家普遍想当然地认定：狩猎采集者必须胼手胝足、不懈奋斗才能勉强度日。新石器农业革命增加了食物生产的劳动生产率，因而减少了维持生计所需的时间，所以人们有余暇创作手工艺品、行宗教仪式，以及发展其他文化表现形式。

表 3.12　男性劳工平均每日工时

群体或地点	群体或活动	时间（小时）
塔土优人（Tatuyo）[a]	游耕、狩猎	7.6
米其雅人（Mikea）[b]	游耕、采集	7.4
亚契人[c]	狩猎	6.9
阿贝拉姆人（Abelam）[d]	生计农业、狩猎	6.5
孔桑人[e]	采集	6.4
马基古恩加人（Machiguenga）[f]	游耕、采集、狩猎	6.0
沙凡提人（Xavante）[g]	游耕、狩猎	5.9
阿鲁尼人[h]	生计农业	5.2
梅克拉诺提人[g]	游耕、采集、狩猎	3.9
希皮博人[i]	生计农业、捕鱼	3.4
班加人[j]	游耕、狩猎	3.4
希维人[k]	狩猎	3.0
亚诺马米人[a]	游耕、采集、狩猎	2.8
中位数		5.9
英国，1800年[l,m]	农场工人、受薪劳工	8.2
	建筑工人、受薪劳工	8.2
伦敦，1800年[n]	所有工人、受薪劳工	9.1
英国，2000年[o]	所有16至64岁的工人	8.8

资料来源：[a]Lizot, 1977, 514 (food only). [b]Tucker, 2001, 183. [c]Kaplan and Hill, 1992. [d]Scaglion, 1986, 541. [e]Gross, 1984, 526. [f]Johnson, 1975. [g]Werner et al., 1979, 311 (food only). [h]Waddell, 1972, 101. [i]Bergman, 1980, 209. [j]Minge-Klevana, 1980. [k]Hurtado and Hill, 1987, 178-79. [l]Clark and van der Werf, 1998. [m]Clark, 2005, 1322. [n]Voth, 2001. [o]United Kingdom, Office of National Statistics, 2003.

不过，自1960年以降，针对狩猎采集者及生计耕作群体的时间分配情形所做的系统研究却显示，这些社会的劳动时长少得令人咋舌。比方说，以狩猎维生的委内瑞拉希维人，虽然每天摄取的热量仅1705大卡且时常喊饿，但男性每天出去觅食的时间通常不到2个小时，就算每小时的收获很高也是如此。[30]

这些社会的工时确实比定居农业社会少了许多。表3.12也显示了一些仍以采集与狩猎为主要活动的现代社会,每日男性的估计劳动时长。就这些社会而言,包括做饭与育儿在内的男性每日工时仅 5.9 小时,或每年 2150 小时。这些生计社会中的男性,每年比现今富裕的欧洲地区的男性多出 1000 个小时的空档。

对狩猎采集者来说,这么低的劳动投入并不会难以适应。生态学家已统计过多种鸟类及哺乳动物一天要花多少时间在"工作"——包括觅食、迁移、捍卫地盘,甚至从事社交——与休息上。就以与人类血源最近的物种猿和猴来说,它们平均每天只需工作 4.4 小时。[31]

生计社会劳动付出普遍不高的事实,有助于解释欧洲水手何以觉得波利尼西亚洋溢着田园风情,以及在塔希提逗留一阵子后,布莱思船长(Captain Blyth)为什么很难叫他的水手们回到船上。波利尼西亚的主要食物来源是面包树和椰子树,也有猪肉和鱼可以吃。而面包树和椰子树所需的劳力就只有种树、照料它,直到它长得够高,然后把成熟的果实采下来而已。一如表 3.12 中的生计社会,波利尼西亚人显然不必从事什么劳动。

勤勉革命与人民福祉

假设一个马尔萨斯经济体(每名工人一年只要工作 2100 小时)经历了一场"勤勉革命",使每人劳动投入增至每年 3000 小时,相当于工业革命时期的英国劳工。这个发展会对生活水准造成何种长期影响?图 2.5 除了呈现出马尔萨斯时代技术进步的影响,也解释了这个问题。劳动投入增加会提高每年物质产出,因此短期来看也会促使出生率超过死亡率而带动人口增长。最后,等人口增至足够的数量,这个经济体会达到新的平衡:工人的实际收入一如以往,但现在他们得劳动 3000 小时来换取这份年薪,而非以往的 2100 小时了。

事实上,拥有文化规范阻止人们每年工作超过 2100 小时的社群,日子会过得比允许人们工作 3000 小时的社群优渥。天主教禁止人们在星期日和宗教节日工作，犹太教禁止信徒在安息日工作，皆增进了前工业时期的人民福祉。强制性的休假愈多，生活条件就会愈好。

要比较狩猎采集者的生活水准与工业革命前夕的生活水准，我们必须先校正工时的差异。还有一个方式可衡量 1800 年与史前时代生活水准的差距，就是考量这些社会每小时用以生产主要粮食作物的劳务可产生的热量。这种测量方式旨在推算他们的消费可能性，而非实际消费情形（这当然也取决于工时）。

出人意表的是，尽管诸多狩猎采集与游耕社会之间存在着相当大的差异，但多数社会的食物生产方式可让每小时的劳动产出远高于 1800 年英国农业产出的热量，而当时英国农业的劳动生产率可能冠绝全欧洲。1800 年时，英国农业每人每小时的产值为 6.6 便士，可购买 3600 大卡的面粉，但只能买 1800 大卡的油脂和 1300 大卡的肉类。假设当时英国农场的产出有二分之一为谷物，油脂及肉类各占四分之一，这代表每名工人平均每小时的产出为 2600 大卡。[32] 既然每人每天平均摄取 2300 大卡（表 3.6），那么每名工人可以供粮给 11 个人，因此英国的劳动生产率是相当高的。

表 3.13 显示狩猎采集与游耕社会每名劳动力每小时的产能。表中劳动生产率的落差很大，但平均最低的生产率（巴拉圭亚契人）也有每小时 1985 大卡，仅略逊于 1800 年的英国，而所有产能的中间数为 6052 大卡，是英国的两倍有余。

表中有些劳动生产率高得吓人，例如马达加斯加米其雅人的玉米游耕。这些大多使用原始耕作技术的社会，潜在的物质产能（至少在食物生产方面）多半优于工业革命前夕的英国。举例来说，秘鲁希皮博人的主要作物（提供他们 80% 的热量来源）是耕种在森林游耕地上的香蕉。这种耕作技术非常简单：放火焚林，砍倒较高大的树木，把香蕉幼苗种在倒塌的树木和残干间，定期除草以免野草妨碍香蕉树生长。在热带环境下，每小时的劳力可生产超过 60 磅的

表 3.13　每名工人每小时可生产的热量：
狩猎采集及游耕社会与 1800 年英国之比较

群体	地点	主食	每小时生产的热量（大卡）
米其雅人 [a]	马达加斯加	玉米	110000
		薯类	1770
梅克拉诺提人 [b]	巴西	木薯、红薯、香蕉、玉米	17600
希皮博人 [c]	秘鲁	香蕉、玉米、豆类、木薯	7680
沙凡提人 [b]	巴西	稻米／木薯	7100
马基古恩加人 [d]	秘鲁	木薯	4984
坎图人（Kantu）[e]	印度尼西亚	干稻	4500
希维人 [f]	委内瑞拉	猎物（男人）	3735
		根菜类（女人）	1125
亚契人 [g]	巴拉圭	棕榈须根、幼芽（女人）	2630
		猎物（男人）	1340
1800 年的英国人		小麦、牛奶、肉类	2600

资料来源：[a]Tucker, 2001, 183. [b]Werner et al., 1979, 307. [c]Bergman, 1980, 133. [d]Johnson, 1975. [e]Dove, 1984, 99. [f]Hurtado and Hill, 1987, 178. [g]Kaplan and Hill, 1992.

香蕉（相当于 15000 大卡）。这是边际收益递减法则的另一个例证。拥有如此广大、任其运用的土地，即便是只具原始农业技术的狩猎采集者也可以创造非常高的人均产出。

倘若这些狩猎采集及游耕社会的工作时数像 1800 年的英国那么高，他们的人均产能将远胜英国人。不管英国在 1800 年时有多繁荣，那都是靠着辛苦而长时间的工作和土地挣得的。马歇尔·萨林斯（Marshall Sahlins）曾表示狩猎采集和游耕社会拥有一种"原始的富足"（指空闲时间充足而非物质丰饶）[33]而引发争议，但从上述证据来看，他的论点颇为正确。

因此，如果狩猎采集的劳动时长真如人类学家所说的那么低，那么尽管我们认为公元前 1 万年至公元 1800 年的物质生活水准相同，实际生活水准却可能随着定居农业到来而降低——因为农业社会的工时较长。新石器革命并未带来更多余暇，反而导致更多的工作量却无更高的物质报酬。

亚洲与欧洲的比较

17 及 18 世纪的欧洲旅人总说中国和印度的生活条件不如西北欧。亚当·斯密和马尔萨斯的著作都有如此论调。尽管最近有一群历史学者——加州学派（California School）——主张亚洲的生活条件和西北欧相仿，但前文提及的资料却与这种说法相悖。[34] 无论从工资、身高、饮食和职业等各方面来看，日本、中国和印度在公元 1800 年以前似乎比欧洲贫穷。英国及日本发生饥荒的次数支持了这个论点。英国最后一次发生严重的全国性饥荒是在 1315 至 1317 年，当时整个欧洲北部的谷物连续两年歉收。在此之后，虽有地区性的死亡，但因饥荒所致的全国性死亡趋近于零，即便中央政府并未推行为歉收年贮粮的政策。相较之下，日本江户时期至少发生过七次全国性饥荒。1783 至 1787 年及 1833 至 1837 年的饥荒据估计皆夺走 4% 的人的生命。[35]

遗传学资料暗示，欧洲与东亚生活水准的差异或可回溯至数千年前。狩猎采集者会吃肉但不喝动物的乳汁，因此当定居农业造就驯养动物的习惯，人类第一次有机会从动物身上取用大量的奶水。不过，收入非常低的人民一般不会消费太多乳制品。奶、奶油和乳酪都是昂贵的热量补给品，是有钱人的偏好。谷物和淀粉类食物是便宜得多的热量来源，有些地理因素会影响动物与适合耕种的农作物的相对价格，这会影响乳品的消费，但总的来说，前工业时代只有较富有的农业经济会时常消费乳品。

因此，从未发展过定居农业的人口，例如澳洲原住民，成人体内普遍缺乏可消化乳糖的基因突变。虽然中国从事定居农业的历史悠久，国土也涵盖多种气候区，但中国成人并非普遍具有消化乳糖的能力，这表示乳品从来不曾在中国人的饮食中扮演要角，也暗示中国在前工业时代的生活水准大致较低。[36]

马尔萨斯模型的成就

马尔萨斯模型的关键论点有充分的历史证据及骨骸记录为后盾。公元1800年以前一个社会的生活条件与其技术发展程度无关，但公元1800年前各社会的生活水准确有显著差异。例如中世纪的西欧，在1347年黑死病暴发至1550年人口再增长期间就格外富裕，即便以当今世界最贫穷经济体的标准来看仍然如此。与欧洲人接触前的波利尼西亚人，似乎也繁荣富足。相较之下，18、19世纪的中国、印度和日本就显得非常贫穷。第四章和第五章将探讨导致这些差异的成因：出生与死亡的决定因素。

第四章
生育力

在当代欧洲，几乎所有较发达的国家将人口控制在能够维持生存水平的首要措施就是谨慎地节制婚姻。

——马尔萨斯，1830[1]

既然公元1800年前的社会都是马尔萨斯社会，人类只有两个方法能提高生活水准：降低出生率或提高死亡率。降低出生率在马尔萨斯经济中会产生两个影响：一是提高生活水准，二是延长平均寿命。假设出生率达到生物极限的60‰，那出生时预期寿命就只剩下17年；如果出生率能降至25‰，那平均寿命就会延长到40岁。

西北欧在公元1800年以前的人口统计学已广为后人研究。英、法教区对洗礼、葬礼及婚礼的记录让人口统计学家得以推算出1540年以后的出生率及死亡率。从这些早期记录来看，西北欧的出生率远低于生理可能性。例如英国1650年代的出生率是27‰，不到生理极限的一半，而这也是前工业时代的最低点。当时平均每位英国女性只生3.6个孩子。[2]

过去的学者普遍认为，这种程度的节育是西北欧独有，也是17及18世纪西北欧能比其他前工业经济体繁荣的主因。公元1800年前西北欧的婚姻模式是独一无二的：女性晚婚，甚至有很多女性终身不婚。[3] 事实上,马尔萨斯自己就在《人口论》第二版及之后的版本中主张,西北欧的繁荣是以其对婚姻选择的"预防性节制"为基础。这些学者也认为,西北欧的节育反映出一个较个人主义也较理性的社会,两性都明白高繁殖力的代价而采取预防之道;欧洲最终能经历工业革命,正是数百年来采取近代婚姻模式及家庭结构(强调个人选择及自我约束)的荫庇。[4]

然而,较近期的研究却显示,公元1800年之前,和西北欧一样严格节制生育的社会其实不在少数,只是方式不同而已。这些研究也指出,西北欧的节育和个人理性考量没什么关系,而是社会风俗所致。

欧洲的生育力

让西北欧出生率远低于生理可能性的婚姻模式令人费解。公元1800年以前,没有迹象显示这些国家的民众曾刻意避孕。[5] 婚姻关系内的生育水准始终颇高。表4.1就举出1790年以前欧洲各国的婚内出生率,并与哈特莱特(Hutterite)教派的水准做比较。[6]

表 4.1　1790 年以前欧洲已婚妇女的年出生率

国家或群体	各年龄层的出生率					每人生育数 (20—44)
	20—24	25—29	30—34	35—39	40—44	
哈特莱特教派	0.55	0.50	0.45	0.41	0.22	10.6
比利时	0.48	0.45	0.38	0.32	0.20	9.1
法国	0.48	0.45	0.40	0.32	0.16	9.1
德国	0.45	0.43	0.37	0.30	0.16	8.6
瑞士	0.45	0.38	0.34	0.22	0.16	7.8
斯堪的纳维亚	0.43	0.39	0.32	0.26	0.14	7.7
英国	0.43	0.39	0.32	0.24	0.15	7.6

资料来源:Flinn, 1981, 86.

西北欧国家的婚内出生率低于哈特莱特教派,但各国间也有差异。英国的出生率是最低的,比利时和法国则最高。1790 年以前,每名 20 至 44 岁的英国已婚女性平均要生 7.6 个子女,比利时和法国妇女则是 9.1 个。相较之下,平均每位哈特莱特教派的妇女会在这 25 年间生 10.6 个孩子。但欧洲人与哈特莱特教派的差异,主要因为健康及营养状况有别,以及信守不同社会习俗所致,而非个人意欲节育所造成。

表中并未呈现有意识的节育行为应呈现的生育模式,这或可部分证明当时欧洲民众并未刻意避孕。若有刻意避孕,较年长女性的生育率应该明显低于哈特莱特教派的水准,因为那时许多家庭应已达到计划中的规模而停止生育。但表 4.1 却显现出早期欧洲的出生率,在所有年龄层都与哈特莱特教派相差无几。

同样的,假如各个家庭有目标子女数量,那么我们或许会看到,过了某个年纪而已经有许多孩子的女性,会降低往后的生育率。[7] 或者,如果有既定目标的话,一个孩子的死亡应该会增加后续几年的生育概率——因为这个家庭现在离目标子女数量更远了。然而,这样的趋势并未出现在公元 1800 年前的欧洲婚姻关系中。

关于节制生育一事尚有其他事证可供参考,如日记、信件和文学作品。例如萨缪尔·佩皮斯(Samuel Pepys)的日记就为 1660 至 1669 年伦敦上层阶级的习俗提供了鲜明的案例。当时他有多段婚外恋情,甚至滥用他海军大臣的职权和同僚及承包商的妻子发生关系。他虽然害怕让对方怀孕,却没有采取任何避孕措施,而是喜欢和已婚妇女发生关系——若真的怀孕也可以赖给她们的丈夫。或者,他只能忍住不与情妇发生关系,这让他十分沮丧。[8]

不过,尽管不见避孕行为,前工业时代西欧国家的出生率大多不高,约在 30‰ 至 40‰ 之间。这可归因于"欧洲婚姻模式"的其他特点:

1. **女性初次结婚的平均年龄较高**:通常在 24 至 26 岁之间。

2. 许多女性决定终身不嫁：通常占全部女性人口的 10% 至 25%。

3. 非婚生育率低：通常占总出生数的 3% 至 4%。

非婚生育率低暗示婚外性行为遭到大规模的禁止，因为生育期女性大多未婚。

光靠婚姻模式的这些特点，就可避免半数以上的可能生育人数，如图 4.1 所示。横轴为女性人数，纵轴为她们的年龄。灰色长方形指每一百位女性的总生育年数（假定女性的生育期为 16 至 45 岁）。

晚婚就可以避免可能出生人数的三分之一。在剩余的三分之二

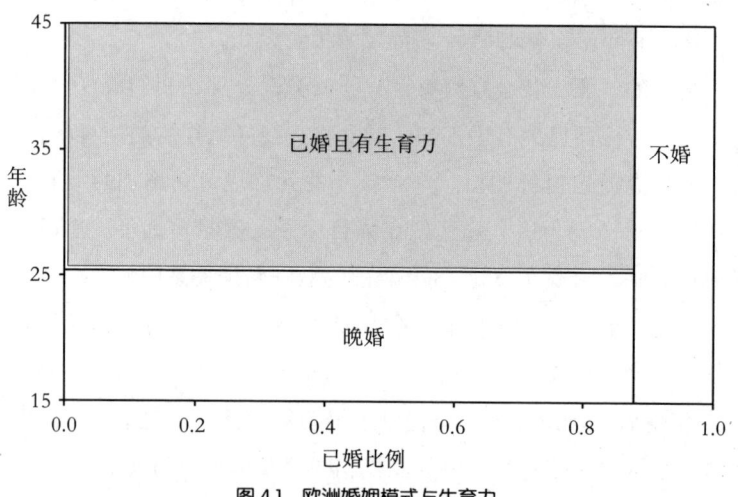

图 4.1 欧洲婚姻模式与生育力

中，不婚又可再避免 10% 至 25%。因此这种婚姻模式可削弱三分之一至二分之一的繁殖力。何况，既然 16—25 岁是女性生殖力最高的时期，真正避免的出生数理应高于这种算法的结果。

表 4.2 显示 1790 年以前许多欧洲国家女性初次结婚的平均年龄，也显示在这个平均年龄初次结婚的女性，如果能活到 45 岁，会生几

表 4.2　1790 年以前欧洲女性平均初婚年龄以及婚生子女数

国家或群体	初婚平均年龄	已婚女性平均生育数	不婚的比例	总出生率
比利时 [a]	24.9	6.8	—	6.2*
法国 [a,b]	25.3	6.5	10	5.8
德国 [a]	26.6	5.6	—	5.1*
英国 [a]	25.2	5.4	12	4.9
荷兰 [c]	26.5	5.4*	—	4.9*
斯堪的纳维亚 [a]	26.1	5.1	14	4.5

资料来源：[a]Flinn, 1981, 84. [b]Weir, 1984, 33-34. [c]De Vries, 1985, 665.
注：* 因资料不齐而依欧洲平均值推算之值。

个孩子。最后再考虑非婚生育率及不婚女性可能所占的比例，概略计算出总出生率，以及能活到 50 岁女性的平均生育子女数。1790 年前，能活到 50 岁的西北欧女性，平均会生下 4.5 至 6.2 个子女，中位数为 4.9。这个中位数与 32‰ 的粗估出生率相呼应。比利时及法国反映的出生率则在 40‰ 左右。

东亚的生育力

马尔萨斯在撰写不同版本的《人口论》时，都认定中国表现了马尔萨斯陷阱的一切不幸，而东方人的生活之所以悲惨，正是高出生率所致。但过去 30 年来的研究显示，中国和日本一如前工业时代的西欧社会及许多狩猎采集社会，其实已经避免了许多潜在的生育。亚洲的出生率很可能和西北欧的出生率一样低，只是抑制的手段迥异。

诚如马尔萨斯所了解，亚洲加诸女性的规范是早婚，而且非结婚不可。近来有关家族及地方人口登记的研究结果显示，公元 1800 年前后，中国女性平均在 19 岁就出嫁，而且在全体人口中，有高达 99% 的女性结婚。[9] 男人也很早婚，平均初婚年龄为 21 岁。但男性结婚的比例就低得多，大概只有 84%。中国男性不婚的比例不比欧

表4.3 欧洲以外国家或群体各年龄的婚内生育率

国家或群体	各年龄					全体 (20—44)
	20—24	25—29	30—34	35—39	40—44	
哈特莱特教派 [a]	0.55	0.50	0.45	0.41	0.22	10.6
西北欧 [a]	0.45	0.42	0.35	0.28	0.16	8.3
中国 [b]	0.24	0.25	0.22	0.18	0.10	5.0
日本 [b]	0.29	0.25	0.22	0.15	0.12	5.2
罗马时代埃及 [c]	0.38	0.35	—	—	—	7.4

资料来源：[a] table 4.1. [b] Lee and Feng, 1999, 87. [c] Bagnall and Frier, 1994, 143-46.

洲男性低，这是因为中国较高的女婴死亡率使男性过剩，而男性比女性更可能在配偶死亡后再婚。[10] 类似证据也显示19世纪的日本人比前工业时代的欧洲人早婚，而且女性几乎都会结婚。

但无论在日本或中国，婚生子女的出生率都比西北欧低。表4.3显示的是中国及日本不同年龄层已婚女性的估计生育率，并与西北欧的资料对照。在中国及日本，所有已婚女性不分年龄，平均每年的生育人数都较少。因此，从20到45岁的中国和日本已婚女性，每人平均只生5个子女，远少于西北欧的8个。综观中国上下阶层，女性生最后一胎的平均年龄在34岁左右，而欧洲女性是近40岁。[11]

我们不知道东亚的婚内生育率为什么会这么低。一如前工业时代的西北欧，东亚早年也没有显示出计划生育迹象的削减生育。中国和日本所有年龄层的生育率都约为哈特莱特教派的一半。前工业时代亚洲人的低收入或许是一大关键因素，原因容后讨论。或者，低生育率也可能是遵守某种社会风俗所致，而非出于个人有意识的节育。[12]

这些模式显示，尽管公元1800年时的中国和日本女性普遍早婚而且几乎都会结婚，但她们平均生不到5个孩子，还不及生理潜力的一半，这使得中国与日本的出生率与18世纪的欧洲相近。

还有一个附加因素会压低出生率（当然也会提高死亡率），就是中国较高的女婴死亡率。例如，根据男性与女性出生率失衡的情况推估，辽宁约有 20% 至 25% 的女孩死于人为因素。我们如何得知那是有意识的人为行为所致？证据来自两性出生率的失衡与其他因素之间的关联。例如当谷物价格高涨，"失踪"的女孩便愈多；头胎是女孩的可能性比后面几胎高；后面几胎（登记）是女孩的比例，也随家中（已登记的）女孩人数增多而降低。以上种种均显示女婴死亡是有意识且蓄意的行为。[13]

女婴死亡率高的习俗会改变成人性别比例，继而限制后代的整体出生率。女婴死亡率高的现象也意味着，尽管几乎全部女性都会成婚，却有 20% 的男性找不到新娘。因此整体来看，人均出生率会降低（这会决定寿命）。按照这项研究提供的资料，18 世纪中国的整体出生率并不明确，但在人口停滞的 1860 年代，其出生率大约为 35‰，和前工业时代的欧洲差不多，而低于当今许多贫穷国家。中国女性比欧洲女性早婚且成婚率较高的效果，完全被较低的婚内生育率及较高的女婴死亡率抵消，导致双方整体的出生率不相上下。

日本在节育方面也有类似的"亚洲"模式。经推算，日本的出生率和西北欧一样低。日本的人口统计资料有一个特别的来源：佛寺的死亡记录。其中记载了寺方为信众举行的纪念仪式，显示日本中部飞驒地区在 1800 年前后的出生率只有 36‰，略高于前工业时代的英国。[14] 该地区之所以出生率偏低，可归因于和中国辽宁类似的婚姻和生育模式。

罗马时代埃及的生育力

我们还有一个更早期社会的人口统计资料：公元 1 至 3 世纪罗马统治下的埃及。一如前工业时代的中国和日本，当地的女性也倾向早婚且都会成婚。据估计，埃及女性的初婚年龄更低，只有 17.5 岁。[15] 但她们的婚内生育率却落在西北欧与中国和日本之间：约为哈特莱特教派的三分之二。

由于女性早婚及普遍成婚，加上婚内生育率相对较高，乍看之下埃及的整体出生率应该较高。毕竟，依上述比例来看，从 17.5 至 50 岁的埃及已婚女性应该可生 8 个以上的孩子。但其实际的出生率为 40‰ 至 44，暗指出生时的预期寿命为 23 至 25 年。相较之下，法国在 1750 年的出生率约在 40‰。所以罗马时代埃及虽有早婚的现象，但生育率仅略高于 18 世纪的法国。[16]

　　使埃及出生率低于我们预期的因素仍是社会风俗。在西北欧，年轻的寡妇通常会再婚，但罗马时代埃及则并非如此。另外，埃及是允许离婚的，但离过婚的男人通常会再娶较年轻的女性为妻，离婚妇女一般不会再嫁。因此虽然埃及几乎所有女性都结过婚，但自 20 岁以后，仍在婚姻状态的女性比例就逐步下滑了。结果，活到 50 岁的女性通常只能生 6 个孩子，而非 8 个。[17] 由此可见，就 1800 年以前每一个我们拥有可靠人口统计资料的定居农业社会而言，生育率都远低于生理可能。

狩猎采集社会的生育力

　　一般而论，狩猎采集社会也相当克制生育，而其模式与亚洲较为相近。表 4.4 显示一些现代狩猎采集群体的生育估计数据：每名女性年均生育数、女性第一次生产的平均年龄、最后一次生产的平均年龄，以及总生育率（活到生育期结束之女性的平均生育人数）。在表 4.4 的各种人群中，总生育率的中位数为 4.5，显见这些狩猎采集社会的年出生率亦远低于生理可能，而且和前工业时代西北欧的出生率一样低，甚至更低。例如 1790 年以前的英国，每名女性终其生育期平均可生 4.9 个孩子，因此英国在工业革命前夕的生育率并未低于早期狩猎采集社会，这也是在工业革命之前，生活水准始终不见向上趋势的原因。在马尔萨斯社会中，某种形式的节育行为是普遍存在的，而非例外。只不过这些节制的源头各不相同。

表 4.4　现代狩猎采集社会的生育力

群体	女性年均生育数	首次生育年龄	最后生育年龄	总生育率
亚契人 [a]	0.32	20	42	8.0
亚诺马米人 [a]	0.34	18	38	6.9
詹姆斯湾克里人 [b] (James Bay Cree)	0.37	22	39	6.3*
库伊瓦人（希维人）[c]	—	—	—	5.1
安恒人（Arnhem）〔一夫一妻制〕[b]	0.30	19	34	4.5*
库钦人（Kutchin），1900 年以前 [b]	0.30	23	35	4.4
孔桑人 [b]	0.31	20	36	4.4
巴塔克人 [b]	0.44	18	26	3.8
安恒人（Arnhem）〔多伴侣制〕[b]	0.18	19	34	2.8*
中位数	0.32	20	36	4.5

资料来源：[a]Hill and Hurtado, 1996, 262. [b]Kelly, 1995, 246. [c]Hurtado and Hill, 1987, 180.
注：* 依第二栏至第四栏所估计之值。

前工业时代的生育力的解释

几乎所有前工业社会都在限制生育。不过，除了法国大革命前夕的法国等极少数案例，没有证据显示节育是个人有意识的决定，也没有任何迹象透露是社群在进行控制。民众虽然表现出节制生育的行为，目的却不明确。尽管这个露骨的结论会受到人口统计学家的争议，但只要仔细思考人类行为，即可获得充分的佐证。[18]

前工业时代西北欧的婚姻并未控制生育，但从个人或社会的角度来看，晚婚或不婚是为了减少生育吗？在后面几版的《人口论》中，马尔萨斯似乎认定，迟婚或避婚是限制生育的唯一途径。（他本身到 38 岁才结婚，妻子 27 岁，两人只有 3 个孩子。）[19]

一个史实强化了"晚婚或不婚是有计划的节育方式"的论调：

这种欧洲婚姻模式在不同时期的盛行程度有异。以英国为例，这种模式在 17 世纪最为显著；当时节育风气大盛，有时人口甚至呈现负增长。18 世纪时，女性平均初婚年龄节节下降，使 1800 至 1850 年间的初婚年龄降至 23.4 岁，远小于 17 世纪的近 26 岁。女性不婚的比例也下降至 7%。那么，生育率在工业革命时期有所提升，是因为就业机会增加吗？

但在 18 世纪出生率提高的同时，实际工资与实际收入却在 1730 至 1790 年代出现停滞甚至下滑。图 4.2 中的小方块即代表 1540 至 1790 年代出生率与人均实际收入的对应关系（每十年一计）。在前工业时代的英国，出生率与总体生活水准顶多只有一点点关系。若要解释每十年间的差异，非收入因素使出生率产生的变动，比收入引起的变动重要。

另外，18 世纪出生率升高是英国所有地区（乡村地区、工业区、都市区）的普遍现象，而非由有较多工业就业机会的地区独享。再者，倘若晚婚是个人想少生几个孩子的权宜之计，那么它也有一些难以解释的特征。首先，不婚似乎代表（至少就女性而言）终身禁欲，因为非婚生育率始终很低。如果有那么多女性打算一辈子舍弃鱼水之欢，或者愿意晚个十年以上再享受，那么她们何以一结婚就能纵情性事，就令人摸不着头绪了。[20]

女性一旦结婚就不会再节制性事，不管她已经生了几个孩子、有几个孩子还活着。前工业世界的生死并无脉络可循，也就是说，每个家庭存活的子女人数相差甚巨。例如，17 世纪初期 2300 名英国已婚男性的遗嘱透露，有 15% 的男性过世时已膝下无子，4% 的男性却有 8 个以上的孩子仍在人世。如果晚婚是出于有意识的节育，那么为什么这些"枝繁叶茂"的人，与他们繁衍力较弱的同胞相较，在婚姻晚期丝毫没有节制的迹象？

若细究"婚姻市场"，另一个难题便会浮现。很多人在找配偶的时候，不单是寻找爱情的归宿，也在寻找经济资产。比如说，贫

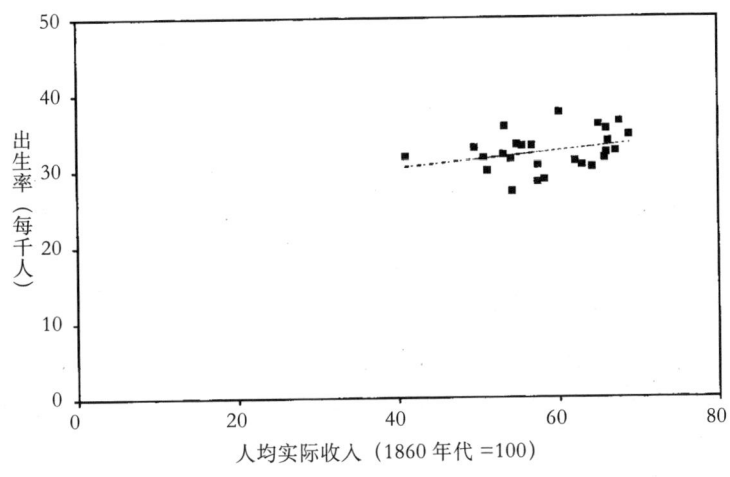

图 4.2　1540—1799 年英国的收入和生育情况

穷阶级的丈夫和妻子都得工作，而好的工人能让伴侣安逸舒适得多。现存文献对 17 及 18 世纪求婚行为的描述反映出一种非常不浪漫的现象：当事人的焦点往往不仅在于准配偶的外在魅力，更在于他或她的个性或精力。男人在找老婆的时候，较年轻的女性会比较不受青睐，因为她们潜在的生育力较强。这就是女性晚婚的原因。

但事实若是如此，女性结婚的年龄应该会被往上推而超过男性的婚龄。（男人结婚的年纪对他们必须抚养的子女数不构成影响。）但当时新郎的年纪始终比新娘大 2 至 3 岁，一如现代西方国家的差距。当 18 世纪英国的初婚年龄降低时，男性和女性降低的幅度相仿。

最后一点：一旦女人拖到 30 或 35 岁才结婚，在前工业时代的条件下，她生育的子女数理应会下降到很小的数字。在英国，35 岁结婚的女性平均会生近 1.9 个孩子，而 30 岁结婚的女性会生近 3.5 个。[21] 所以在 30 岁以前，每名女性平均只会生下约 2 个能长大成人的孩子。因此，如果纯粹为了节育，我们看不出有什么理由等到 30

岁以后才结婚。但仍有许多女性抱持独身主义，或是到 30 岁以上才结婚。

西北欧的这种婚姻模式也没有受到社群控制的迹象。这是因为社群抑制婚姻的手段非常有限。例如在前工业时代的英国，子女年满 21 岁就可以不经父母同意而结婚。英国政府的确采取了一些措施来提高婚姻年龄，例如禁止各行业的学徒结婚，以及延长见习期（最长 7 年）。但既然 14 岁就可以当学徒，这两项规定对于高得多的男人平均婚龄（26 至 28 岁）看不出有什么影响。

神职人员和教区居民有时也会使用拒绝宣读结婚通知（须在结婚日前三周宣读）或拒绝办理仪式等手段企图阻止婚姻。[22]

但这些有违反教会法或习惯法之虞的手段顶多只能在乡村地区阻止或延迟少数婚姻。在伦敦这样占英国总人口十分之一的大都市（伦敦的人口在 17 世纪超过了 50 万），这种方法是没有用的。因为就算当地教区拒绝为这对男女证婚，他们还有更便宜且简单的替代方式。1753 年以前，英国可是有相当于今日拉斯维加斯结婚教堂的场所。

基于教会权力神秘而混乱的本质，伦敦一些地方有所谓的"自由牧师"，他们靠向新婚夫妇收取费用维生，可以在不必宣读正式结婚通知或举行公开仪式的情况下合法为新人证婚。只要不违反教会其他有关婚姻的规定，这些婚姻就属有效。其中最受欢迎的地方是"弗利特监狱"（Fleet Prison）及它的附近。[23] 在 1694 至 1754 年间，平均每年有 4000 场这样的婚礼。[24] 既然这五十几年间伦敦每年只有 6000 件结婚案例，足见弗利特监狱堪称婚礼的"量贩店"。这些结婚登记也显示应该有不少住在伦敦附近的新人来弗利特完婚。伦敦还有其他小一些的结婚地点，如萨瑟克造币厂（Southwark Mint）和英王监狱（King's Bench prison）。尽管如此，伦敦及其近郊的平均婚龄和不婚人口比例并未低于社群或许有较强非正式控制力的偏僻农业地区。

因此，社会控制似乎不足以解释公元1700年以前的晚婚和低结婚率的情况。个人的选择才是决定性因素。但一如前文所讨论，这些选择似乎另有其因，而非建立在有意识的节育上。

出生率与收入

马尔萨斯时代，人口与资源的调节究竟主要取决于死亡率抑或出生率的变化，这个问题让人口统计学家争论不休。当人口增长到使收入下滑的时候，人口的削减主要是因为死亡率增加还是下降呢？基于某种理由，主要靠出生率的变化来调节人口的世界，被视为"较亲切、较温和"的马尔萨斯世界，靠死亡率变动的世界则不然。

那么，在前工业世界中，结合出生率与收入水准的曲线斜率为何？从英国1540至1790年代以十年一计的资料中，我们可以看出这条曲线或许相当平缓。但如果每十年间的出生率与死亡率双双大幅波动，那图4.2中的小方块或许就无法呈现出收入与出生率的确切关系了。

要评判收入对出生率的影响，比较好的方式可能是比较同一时期富人与穷人的出生率。由于提供前工业时代西北欧出生率的资料并未指出父母的收入与职业，这个主题一直无法进行大规模的探讨，研究也寥寥可数。[25]

所幸，就英国而言，我们可以通过研究遗嘱来猜测立遗嘱人的经济地位。17世纪时，社会各阶层的许多民众，不分贫富都有立遗嘱的习惯。下面就是一个简明版的典型遗嘱：

约翰·魏斯曼，索灵顿人，木匠（签名），1623年1月31日

幼子托马斯·魏斯曼22岁时，由遗嘱执行人给付15英镑。
遗嘱执行人由妻子琼担任，她应善尽抚养及教育托马斯之责，

直到他14岁为止，并约束他去当学徒。给长子约翰·魏斯曼5英镑；在儿子罗伯特·魏斯曼22岁时给他5英镑。给两个女儿玛格丽和伊莉莎白2英镑；儿子马修0.25英镑。其余物品、现金、债券，以及立遗嘱者住屋的租约和土地归妻子琼。

本遗嘱兹立于1623年5月15日。[26]

遗嘱也可以立来遗赠非常小的金额，如下面这份：

威廉·斯杜尔汀，托尔斯亨特市人，农夫，1598年11月14日
给儿子弗朗西斯10先令。女婿托马斯·斯通纳德1头母牛，当作是还他的钱。给他的儿子威廉和亨利及女儿玛莉各一只白镴盘。其余物品给我的妻子伊莉莎白。

本遗嘱立于1599年2月3日。[27]

并非人口中的任何随机样本都会立遗嘱；遗嘱多半是有财产要遗赠的人才会立。但在前工业时期的英国，立遗嘱的习惯似乎蔓延至社会下层阶级。在1620年代的萨福克，可能有39%活过16岁的男性立下经认证的遗嘱。[28] 收入较高的个人较可能留下遗嘱，但底层人所立的遗嘱也相当多，包括工人、水手、牧羊人和农夫。

立遗嘱人的财富可从遗嘱透露的信息来评估：就是现金遗产和房屋、土地、动物及谷物预估值的总和。以1630年代的物价来说，当时的平均财富为235英镑。[29] 但中位数仅为100英镑。以当时典型的资本回报率来看，这个数字代表平均年收入约为6英镑。木匠的年收入约为18英镑，工人则为12英镑。这些遗嘱可以说涵盖了家财万贯到家徒四壁的所有男性。

我们可以从遗嘱中看出立遗嘱人的识字能力（看他有没有签名）、职业和社会地位。表4.5把立遗嘱人分为七大类。士绅阶级位于最上列，他们的识字能力最高，遗产平均超过1200英镑。最底层

的劳工识字率最低，遗产平均只有42英镑。但在每个社会阶层之间，也有显著的财富差异。有些工人甚至比一些士绅富有。的确，知悉某人的职业只能解释约五分之一立遗嘱人的财富差异。

表4.5　1585—1638年各社会阶层的立遗嘱人

社会团体	遗嘱数	立遗嘱人的识字率	遗产平均价值（英镑）	遗产最高价值（英镑）
士绅阶级	94	0.94	1267	8040
商人/专业人员	116	0.88	267	1540
农场主人	824	0.53	376	6352
商贩	116	0.46	124	1226
工匠	340	0.42	78	600
农夫	377	0.26	82	1898
工人	111	0.17	42	210

资料来源：Clark and Hamilton, 2006.

这3000人中的五分之一，我们可以通过教区洗礼的记录来查看他们妻子所生的子女数。图4.3显示645位大致在1620至1638年间死亡的英国男性的估计生育数量，以他们遗产的金额区分。图中呈现财富与子女生育数有明显且强烈的关联。较富裕的那一半男性立遗嘱人所生的子女数，比较贫穷的那一半多出四成。

若以100英镑的遗产为标准将男性分为"富人"及"穷人"两大类，我们可以稍加探究为什么会有这个关联，差异如表4.6所示。较富有的男人结婚的概率更大，寿命也略高于穷人。但富人子女数之所以较多，最重要的原因是：富人在婚后每年平均所生的子女较多。结婚20年以上的富人会生9.2个孩子，穷人则只有6.4个，两者相差超过40%。因此，前工业时期英国已婚富人的生育率，足以和哈特莱特教派并驾齐驱。[30] 这也可作为前工业时期西北欧夫妇并

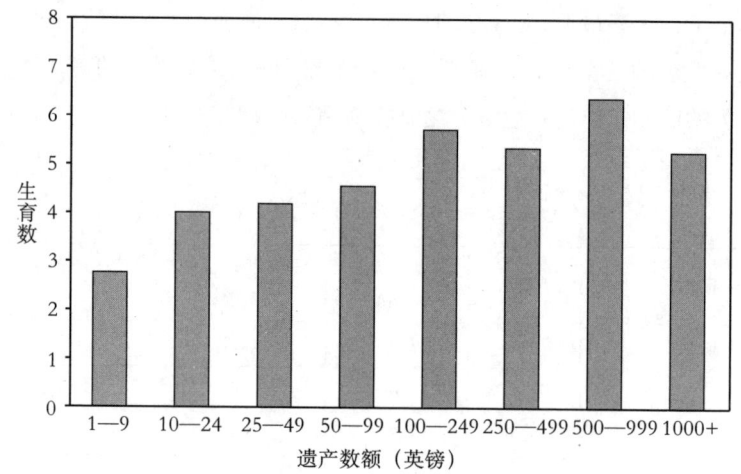

图 4.3　1620—1638 年英国男性平均生育数，以身故时财产划分

表 4.6　英国 1620—1638 年的生育力与财富

变量	人数	穷人	富人
平均生育数	642	4.2	5.8
平均遗产	642	44 英镑	534 英镑
未婚比例	642	9%	5%
平均死亡年龄	499	53.6	56.1
初婚年龄	128	27.5	27.4
妻子结婚时的年龄	51	25.0	23.6
结婚 20 年以上的生育数	304	6.4	9.2

未实行节育的例证。身故时财产不到 25 英镑，且结婚 20 年以上的立嘱人，只会生 5.4 个孩子。

欧亚比较

既然西北欧与东亚的总生育率大致相同，亚洲的生活水准为何如此低下？依前文所探讨，英国的婚内生育率随收入增加而上升，这暗示亚洲偏低的婚内生育率,或许有部分是营养较差(也就是生活水准较低)所致。图4.4呈现出马尔萨斯均衡在前工业时期的英国和东亚的显著差异。如果日本和中国的婚内生育率也与收入成正比,那么出生率相仿就表示日本和中国在任一收入水平下的生育率更高。也就是说,欧洲的生育数量确实较亚洲少,以此层面而言,马尔萨斯的假定似乎是正确的。[31]

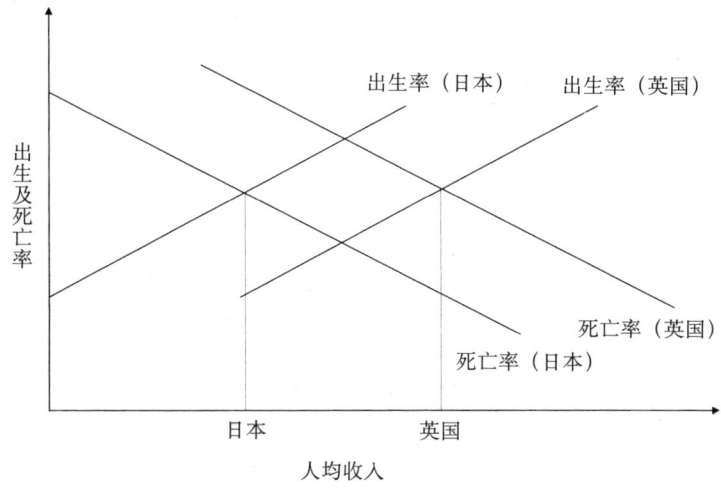

图4.4 生育率与死亡率:英国与日本

但如果西北欧与亚洲唯一的差异是任一收入水平下的生育率,那日本的出生率应该较高(假设死亡率曲线向下倾斜)、寿命应该较低才对。低收入阶层的总出生率相仿,似乎意味着亚洲在任一收入水准下的死亡率也比较低。欧洲似乎双重得利:生育率较低,死亡率也较高。

因此,前工业世界的生活水准远高于最低维持生计所需,因为多数社会皆有抑制生育,使其远低于生理可能的风俗。但各社会的风俗相差甚远。如果现代狩猎采集族群可作为远古的代表,那么我们生活在非洲大草原的祖先，限制生育的情况可能与公元1800年的定居农业社会相当。

前一章的实证研究结果显示，从远古到公元1800年，生活条件没有任何进步的迹象，就连技术先进的社会也不例外，一大原因是1800年前的出生率很可能未曾趋缓。然而在马尔萨斯时代，死亡率也是决定生活水准的关键。人类从狩猎采集生活步入农业定居社会以后，死亡率产生了什么变化呢？第五章将探讨这个问题。

第五章
寿 命

> 噢，未来那些幸福的人们啊，他们不会知道这些不幸，或许还会把我们的证词归为寓言故事。我们确实罪有应得，这些惩罚还嫌太轻；我们的祖先也罪有应得，但愿我们的子孙不会遭受同样的惩罚。
>
> ——黑死病暴发时彼特拉克（Petrarch）
> 在意大利写给胞弟的信，1348[1]

我们将在本章细究两个重要问题：第一个问题是前工业社会的死亡率是否如同马尔萨斯模型所推测，是随收入递减的。例如在1540至1800年间的英国，就没有任何迹象显示全国出生率和死亡率与全国收入水准有关，这与马尔萨斯模型的预测相符。那么，英国，或许还有荷兰，是否早在公元1800年之前就已挣脱马尔萨斯式的束缚了？

第二个问题则是在公元1800年以前，（任一收入准的）死亡率的差异是不是造成各社会收入不一的因素？前工业时代，各社会的收入差异相当大。例如18世纪英国和荷兰的收入较高，日本的收入则非常微薄，这可部分归咎于生育率的高低。但一如前文所探讨的，死亡率的差异一定也有影响。我们可以找出这种差异的证据吗？

寿 命

既然以现代标准来看，前工业世界（就算有各种限制生育的机制）的生育率相当高，死亡率一定也高。我们已经知道，在前工业世界典型的停滞型人口中，出生时平均预期寿命是出生率的倒数。公元 1540 至 1800 年间，英国的出生时平均预期寿命只有 37 岁。18 世纪后期法国的出生时平均预期寿命甚至低至 28 岁（当时的出生率也较高）。[2]

通俗文学作品常误以为平均寿命较短就等于人们大多活不到 40 岁。虽然前工业世界要活到《圣经》"三个双十又十"（three score and ten，即 70 岁）的机会比今天小得多，但仍有不少老人。17 世纪时，在英国的立遗嘱人中，有整整 15% 到 70 岁以后才撒手人寰。那些活得够久而扬名立万者，则更有希望得到《圣经》赋予的权利。有一个样本调查了 1064 名生于 1500 至 1750 年间的知名科学家及哲学家，发现他们的平均死亡年龄为 66 岁：伯克利（Berkeley）67 岁，歌德（Goethe）83 岁，休谟（Hume）65 岁，康德（Kante）80 岁，莱布尼茨（Leibniz）70 岁，洛克（Locke）72 岁，莫里哀（Moliere）51 岁，牛顿（Newton）85 岁，亚当·斯密 68 岁，伏尔泰（Voltaire）83 岁。[3]

以上堪称长寿的年纪反映出一个事实：20 岁时的预期寿命比起出生时的预期寿命有过之而无不及。出生时的预期寿命之所以这么低，是因为婴儿和儿童的死亡率很高。在 1580 至 1800 年间的英国，有 18% 的婴儿在周岁前夭折，只有 69% 的新生儿能活到 15 岁生日，但有幸能庆祝 15 岁生日者，一般都能庆祝 37 岁以后的生日。

表 5.1 至 5.3 显示不同社会的各种死亡率和寿命指标：出生时预期寿命、20 岁预期寿命，以及出生 1 年及 15 年夭折的人口比例。表 5.1 呈现现代狩猎采集社会的资料。由于这些族群不懂数字和科学且人口稀少，寿命的评估值必定与事实有颇大的出入。这些族群的出生时预期寿命从 24 到 37 岁不等，中位数为 32.5 岁——这固然不及 18 世纪的英国，但至少不低于表 5.2 所列的其他所有农业社会。

表 5.1　现代狩猎采集族群的寿命

群体	出生时预期寿命	20 岁预期寿命	婴儿死亡率 (%)	0—15 岁死亡率 (%)
亚契人（巴拉圭）[a]	37	37	12	34
库钦人（加拿大育空地区）[b]	35*	—	17	35
哈扎人（坦桑尼亚）[b]	33	39	21	46
孔桑人（博茨瓦纳葛米兰地区）[b]	32*	—	12	42
孔桑人（博茨瓦纳多比地区）[b]	30	40	26	44
阿格塔人（菲律宾）[b]	24	47	37	49

资料来源：[a]Hill and Hurtado, 1996, 196. [b]Pennington, 2001, 192.
注：* 表示依 15 岁死亡人口比例推算出的数值。

表 5.2　农业经济体的寿命

群体	出生时预期寿命	20 岁预期寿命	婴儿死亡率 (%)	0—15 岁死亡率 (%)
西欧				
意大利（中世纪的皮斯托亚）[a]	29	25	21	56
英国 1550—1599[b]	38	33	18	30
英国 1650—1699[b]	35	31	18	32
法国 1750—1789[c]	28	—	21	—
英国 1750—1799[b]	38	34	17	30
东亚及非洲				
埃及农村 11—257[d]	28	21	—	45
中国（安徽）1300—1880[e]	28	33	—	—
中国（北京）1644—1739[e]	26	30	—	—
中国（辽宁）1792—1867[e]	26	35	—	—
日本农村 1776—1815[f]	33	37	25	50
都市				
埃及（都市）11—257[d]	24	17	—	48
伦敦 1750—1799[g]	23	—	30	—

资料来源：[a]Herlihy, 1967, 283-88. [b]Wrigley et al., 1997, 224. [c]Weir, 1984; Flinn, 1981, 92. [d]Bagnall and Frier, 1994, 334-36. [e]Lee and Feng, 1999, 54-55. [f]Jannetta and Preston, 1991, 427-28. [g]Landers, 1993, 136, 158, 170-71.
注：据推测，出生时预期寿命会比 6 个月预期寿命少 3 年，约有四分之一的女婴一出生即惨遭毒手。20 岁预期寿命是依 15 岁预期寿命推算。

表 5.2 显示的是马尔萨斯时代定居农业社会的平均寿命。英国脱颖而出，成为前工业时期平均寿命最长的国家，但从 1550 至 1800 年，英国并未出现寿命增长的趋势。1800 年前的其他定居农业社会——中国、埃及、法国、意大利和日本——寿命普遍较低。因此比起现代狩猎采集族群，定居农业社会的平均寿命并不高，甚至还可能较低。

表 5.3 前工业时期的 20 岁预期寿命

群体	年龄	20 岁预期寿命
223 年意大利卜诺萨迪普利亚的地方官员 [a]	25	33
约 200 年意大利解放后的奴隶 [a]	22.5	28
英国		
1300—1348（佃户）[b]	20+	28
1350—1400（佃户）[b]	20+	32
1440—1540（修道士）[c]	20	27
1600—1638（立遗嘱人）	20	35
英国 1750—1799 [d]	20	34
日本农村 1776—1815 [d]	20	37
中国农村（辽宁）1729—1867 [d]	20	35
现代狩猎采集族群 [d]	20	40

资料来源：[a]Duncan-Jones, 1990, 94-97. [b]Razi, 1980. [c]Harvey, 1993, 128. [d] 表 5.1 和表 5.2。

一般来说，城镇的死亡率比乡下高出许多。城市的死亡率尤其高，若非民众不断从乡下涌入，这些城市可能已经从地表消失了。例如 1580 至 1650 年的伦敦，每一人死亡只有 0.87 人出生。若无移民，人口每年会减少半个百分点。

早期的城镇普遍人满为患、卫生欠佳，因此诸如鼠疫、伤寒、痢疾和天花等传染病传播迅速。18 世纪末，尽管伦敦可能是全球最富裕的城市，但其出生时预期寿命只有 23 岁，比多数前工业社会都低。至 1800 年伦敦人尚无法达成人口平衡：30% 的婴儿在周岁前夭折。事实上，罗马时代埃及的都市居民，比18世纪的伦敦人活得久。

我们是从英国男性立遗嘱者的资料得知城镇死亡率较高的情况，但我们只有出自贝里圣埃德蒙兹（Bury St. Edmonds）、科尔切斯特（Colchester）和伊普斯维奇（Ipswich）的证据，而无伦敦本身的资料。乡村地区的25岁时预期寿命为56岁，城镇则只有50岁。乡下出生的孩子有67%能存活到被父亲写进遗嘱，城镇则只有64%。但令人意外的是，城镇居民繁衍率较低的主因，是抚养率的差异。平均每名住在乡下的立遗嘱人要抚养5.1个孩子，而城镇人平均只须抚养4.3个。

1540年之前，我们一般只能推估成人的寿命。表5.3即呈现相关数据。罗马帝国埃及以外的地区仅提供两项可靠的证据：其一是223年意大利南部卡诺萨迪普利亚（Canusium）的百位镇民代表名单。从这些世袭的公职人员身上，我们可以推测镇民代表在25岁的预期寿命为32至34岁，这是上层社会男性的平均寿命。其二则是法学家乌尔比安（Ulpian）所建构的一张表。这也是一个寿命的指标，因为生存年金的遗产（尤其是给被解放的奴隶的）会是立遗嘱人财产的重担。乌尔比安这张表所示的22岁预期寿命为28岁。如果正确，这份资料就代表了低阶层的平均寿命。

在英国中古时期，我们可以推估男性佃户及修道团体成员的寿命。兹维·拉齐（Zvi Razi）利用黑尔斯欧文（Halesowen）的法院记录判定男性佃户从首次取得财产到死亡相隔多久时间。因为最低法定年龄是20岁，初次持有财产的平均年龄一定在20岁以上。据估计，在黑死病暴发前，20出头男性的预期寿命为28年，在首次大流行后的50年内则为32年。这与1580—1800年英国的20岁预期寿命相当接近，但由于缺乏中世纪婴儿及儿童夭折情形的佐证，我们无法断言英国1300年的平均寿命比1800年低。

1800年时，中国和日本的20岁预期寿命不下于英国。中国和日本的死因模式与英国不同，婴儿死亡率较欧洲高（或许是弑婴行为所致），成人死亡率则较低。要进一步验证从新石器时代到1800年生活条件并无进步，直接比较欧洲在1300年前后的寿命理应是个良策。可惜，我们虽然可以从遗骸推算死亡年龄，但尚未找到可靠的方法将这些估计值解释成某年龄的预期寿命。年幼及老迈者的骨骸资料在地下的保存情形不如青壮年，因此不具代表性。

然而，现代狩猎采集族群的20岁预期寿命高于表5.3中的任何群体，这暗示石器时代的20岁预期寿命优于1800年时欧亚大陆技术先进的社会。因此，一如物质生活条件与出生率，前工业世界——远从原始狩猎采集社会至1800年——的平均寿命，可能也没什么改变。既然狩猎采集者和定居农业社会的出生率可能相去无几，那么死亡率一定也半斤八两。

收入与死亡率

从1540至1800年，以每十年来看，英国的收入水准和死亡率之间并无关联。图5.1显示每十年的婴儿死亡率与收入水准的关系。若硬要说两者有什么关系，我们只能说婴儿死亡率在高收入时期比较高。在1540年后，暂时性收入冲击（如歉收）对死亡率已无显著影响，这个观察结果也让一些人断定：英国在公元1800年前即已脱离马尔萨斯经济的掌握。[4] 然而，如图5.1显示，这个模式或许不过是反映死亡率曲线随时间改变的现象而已。

1538至1653年英国八个教区的婴儿死亡率可拿来跟每个教区的"富裕"家庭比例相对照（"富裕"的定义依1638年的税列表）。图5.2显示，有钱人的婴儿存活几率高得多。事实上，这里沿用的家庭收入概况可解释伦敦婴儿死亡率差异中的62%。另外，虽然伦敦的死亡率是出了名的高，人口须靠乡村移民不断涌入方能维持，但这一百多年期间，较富裕教区的婴儿死亡率仍优于英国整体。[5]

前文提到用以推估收入与出生率关系的遗嘱，也可拿来探究死

第一部 马尔萨斯陷阱：公元1800年前的经济生活 093

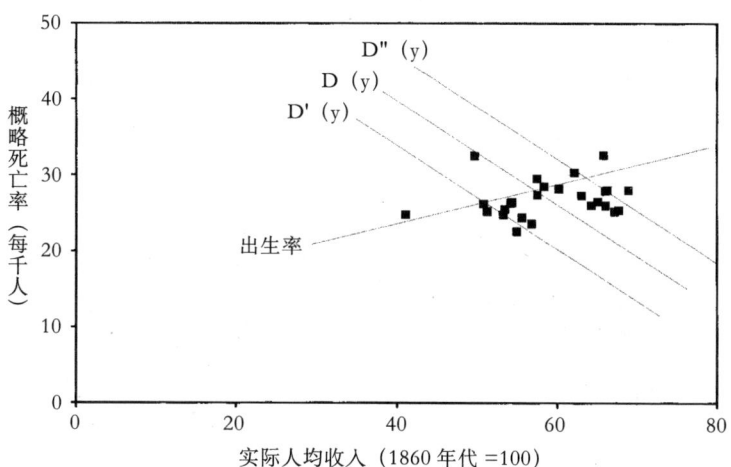

图 5.1 1540 至 1800 年英国的死亡率与实际收入，以每十年一计

资料来源：Wrigley et al., 1997, 614.

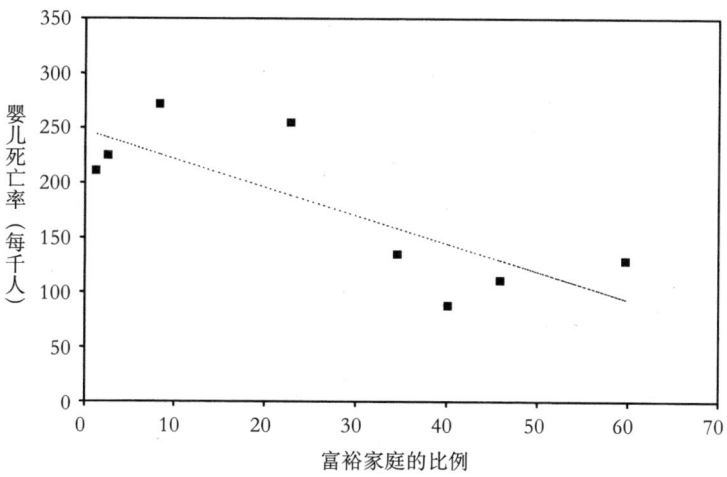

图 5.2 1538—1653 年英国的家庭财富与婴儿死亡率

资料来源：Landers, 1993, 186-88.

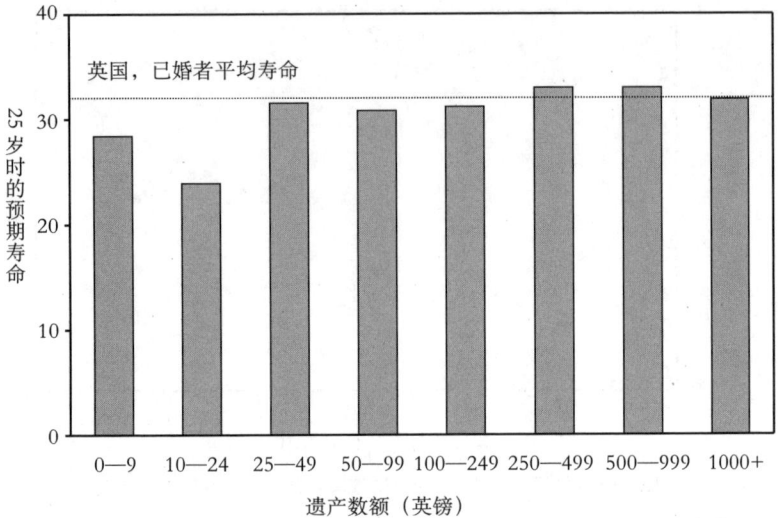

图 5.3　1620—1638 年英国男性立遗嘱人的 25 岁预期寿命

资料来源：Wrigley et al., 1997, 614-15.

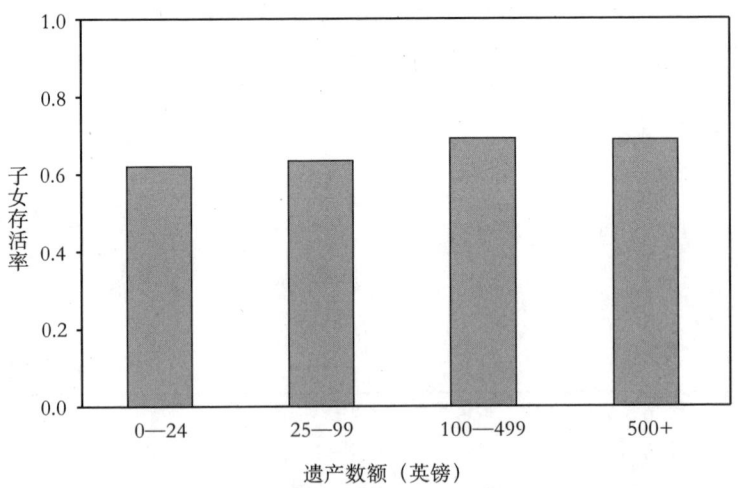

图 5.4　富裕及贫穷立遗嘱人的子女存活率

亡率与收入的关系。图5.3显示英国17世纪初期男性遗嘱人在25岁的预期寿命。收入对成人寿命的影响虽然不大，但仍有其重要性。有500英镑以上遗产的立遗嘱人，25岁的预期寿命为32年，遗产不到25英镑的则只有26年。

图5.4则是立遗嘱者的子女能存活到被写入遗嘱的比例，以遗产等级区分。较贫穷的立遗嘱人只有63%的子女尚存，较富有的立遗嘱人则有69%。

英国的整体性资料无法证明死亡率与收入或工资有关，似乎只是死亡率曲线与时推移的结果：随疾病环境而变，随城市化程度而变（这会提升死亡率），随卫生及医疗改善而变。所以大体上我们应可这样推测：就算到了1800年，所有社会的收入与死亡率之间，存在着一种内蕴而不断变动的平衡，将长期收入限制在某个会让生育率与死亡率相互抵消的水准。

死亡率与生活水准

在前工业世界，生育率的变动似乎不大，至少就我们可征得的资料而言是如此。1800年英国的生育率不比18世纪的日本或狩猎采集社会低。然而，前工业时代各社会的生活水准确实存在着相当大的差异。如我们在第三章看过的图3.1，英国劳工在1450年的生活水准是1300年的三倍，也将近1800年的两倍。造成生活水准不同的最主要原因，似乎是任一收入水平下的死亡率。

因此，欧洲人之所以能在1350至1600年享受较高生活水准，1347年降临的黑死病功不可没。它于1347至1349年首度袭击，便带走欧洲30%至50%的人口。往后三百年，这场瘟疫仍持续周期性地肆虐。1351年至1485年，英国暴发过30次黑死病。1604年，约克郡一年内就有至少四分之一的人口因黑死病而死。巴黎从1348至1596年则暴发过22次传染病。[6]

自17世纪末开始，黑死病的频率和严重程度都神奇地削弱了。最后一波欧洲大流行发生于1657年（意大利）、1660年代（法国）、1663年（荷兰）、1665年（伦敦）及1670年代（奥地利和德国）。但这场瘟疫并未于世界其他地方绝迹，它仍在亚洲许多地方盛行。疫情最晚从1792年开始在中国湖南省出现，19世纪末又散播到中国其他地区，继而传到孟买，在1890年代夺走孟买600万人的生命。[7]

引发黑死病的"鼠疫杆菌"（Yersinia pestis）其毒性似乎未随时间减弱半分。19世纪的印度大流行，造成六至九成的感染者死亡。1721年，在马赛使78%感染者丧命；1815年，意大利诺亚的小流行则夺走80%的感染者生命。1665年伦敦那波大流行导致城市16%的人口死亡；1657年意大利的大流行让各城市哀鸿遍野，失去44%的居民。[8]

正因后面几波流行显示黑死病凶狠如昔，所以它为什么会从欧洲绝迹，至今仍是医学界的一个谜。

后来的亚洲大流行让我们能更深入探究前工业时代的黑死病。在19世纪末暴发期间，法国与日本的研究人员都发现了鼠疫杆菌，以及其传播媒介。如果中世纪的黑死病与后期的流行类似，那么它不是人对人的传染病，而是通过带病菌的跳蚤叮咬传播。这种跳蚤最爱的宿主是老鼠，但当老鼠死亡，跳蚤就会移居人类身上，传播鼠疫杆菌。[9]

因为感染者的腹股沟（buboes）和腋下会出现淋巴结肿大的情况，黑死病又称淋巴腺鼠疫（Bubonic plague）。由于外表恶心又散发恶臭，这种鼠疫格外惹人厌恶。长疔疮会让人痛不欲生，而感染者通常在症状出现四至七天内就会暴毙。

与当今看法一致的是，在大流行被报道出来之前，屡屡会先出现大批老鼠死亡的情况。由于老鼠移动距离不远，所以黑死病都是以缓慢的速度，从城镇的某个区域传播到另一个区域。

然而在前工业时代的欧洲，没有人认为老鼠和黑死病有关，反倒是关于疾病成因及传染的荒谬理论层出不穷，连1665年的伦敦大流行也不例外。很多人相信，带病者和瘟疫本身来自一朵从某些地方的土壤发散出来，名为"沼气"（miasma）的毒云。[10] 因此，这种疾病造成一种更可怕的现象：感染者往往自暴自弃，听天由命。有时城市或社区会勒令封闭住家，把病人关在里面。1665年伦敦大流行期间，抑制黑死病的举动包括屠杀大量猫狗、将患者禁闭家中、多闻药草以阻绝臭气，以及在街道上放火来驱散被认为有毒的空气，这些当然毫无用处。

从1347年到1660年代的"黑死病时期"，常被历史学家视为欧洲饱受摧残的时代。但了解马尔萨斯模型的人，就会知道那场瘟疫并非如《旧约》所述，是复仇心切的上帝对恶贯满盈欧洲的严厉审判，顶多是仁慈的新时代女神所给予的轻微训诫罢了。我们看到那场瘟疫通过提高全体死亡率的方式，提高了欧洲各地的生活水准。既然出生率是收入的函数，黑死病时期的出生率应该也会随着收入增加，继而降低平均寿命。

但表5.3显示，黑死病暴发后成人寿命的缩减幅度不大。佃户和修道士在黑死病时期的平均寿命并不比瘟疫暴发前低。初次袭击之后，黑死病便大幅提升了欧洲人的物质生活——代价只不过是少活几年而已。在马尔萨斯世界中，上帝的礼物总是有出人意表的包装！

荷兰与英国的死亡率

黑死病造就了中世纪时期许多欧洲社会的高收入。而黑死病会从欧洲绝迹，很可能是欧洲17世纪卫生条件改善所致——因为它须仰赖数量够多且于人类周遭活动的鼠群传播。而黑死病绝迹带给诸多欧洲社会的影响，就是收入降低。不过，英国和荷兰的收入仍比多数前工业社会高，尤其是南亚与东亚的社会。为什么英国和荷兰在 18 世纪会较其他国家富裕呢?

有人认为这是马尔萨斯陷阱第一次被突破,而首开先河的是 1600 年左右的荷兰。[11] 但即使以前工业标准来看,荷兰与英国的生产率在 17 世纪有出奇迅速的发展,但其发展率依然偏低,无法让收入提升至大幅超越"维持生计所需"的层次,因为人口和收入的关系持续存在。

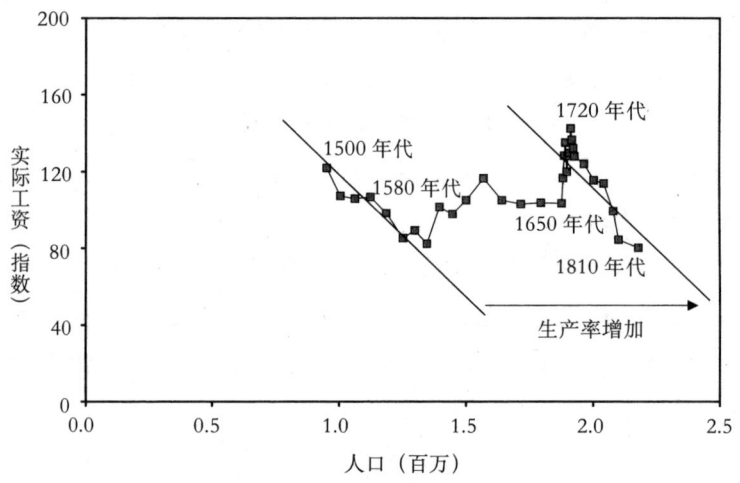

图 5.5 1500 至 1810 年代荷兰的实际工资与人口的关系

图 5.5 显示 1500 年代至 1810 年代荷兰的实际收入与人口的关系,每十年一计。16 世纪初,由于欧洲各国人口都在增长,荷兰与其他欧洲国家一样,面临实际工资下滑的情况。但从 1570 至 1670 年代,荷兰因为有办法提升生产率而同时经历人口及工资增长。然而,1570 至 1670 年代(即俗称"荷兰黄金年代")的效率进步之后,荷兰又陷入技术停滞——马尔萨斯经济的典型特征,一直到 1810 年代才有起色。在这长达 140 年的静止期,虽然人口有充分时间调回维持生计的基准,但依照前工业社会的标准,荷兰的实际工资仍然

算高（参见图 3.2 及表 3.4）。

荷兰实际工资偏高的情况似乎有两大成因，两者都与其卫生条件欠佳有关。首先，我们前面探讨过，收入对英国总生育率有正面影响，但荷兰人虽然工资高，生育率却意外的未见提升。在荷兰，高工资并未如预期创造出大量的后代。纵使实际生活水准较高，荷兰的生育率似乎不比东亚国家高。其次，荷兰的高工资并未让死亡率降至预期的水准。

在英国，1700 至 1790 年代的生产效率并无显著发展（甚至可以说没有），之所以能维持较高的实际工资，必定也是奇低的生育率与奇高的死亡率所致。

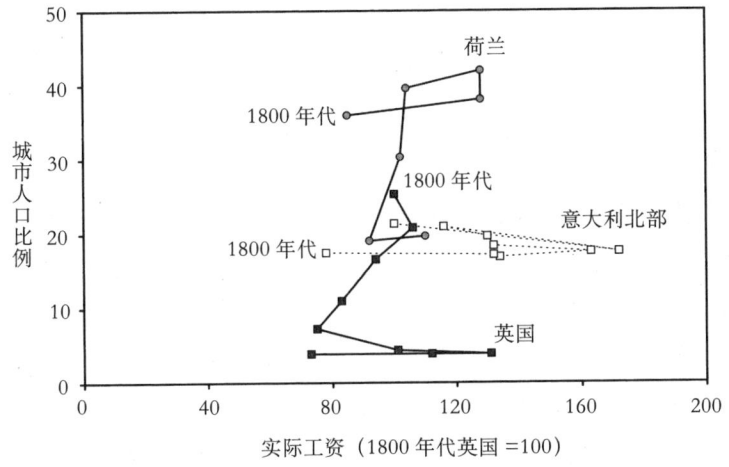

图 5.6　1300—1800 年的城市化比例

资料来源：意大利北部的城市化比例出自 Federico and Malanima, 2004, table 1. 荷兰及英国的比例沿用 de Vries, 1984, 39.（向上调整以便与北意大利比较）

18 世纪的荷兰及英国能维持高收入，有一个因素功不可没：这两个社会的城市化情形愈趋显著。图 5.6 为 1500 至 1800 年意大利北部、英国及荷兰的城镇人口比例（纵轴，以 50 年一计，1500 年之前则以 100 年一计）与实际工资的关系。每一地区的观察结果均用线段连接起来，显示这段期间内各地城市化与实际工资的变动。图中呈现出两件事：一是公元 1800 年以前，欧洲的实际工资与城市化几乎无关，就算以国家的层级来看也一样。意大利北部的城市化情形始终维持在 20%，而实际工资的变动幅度约为 2∶1。在英国，1400 年时的城市化比例尚不到 5%，但当时的工资可比城市化比例超过 25% 的 1800 年高出许多。驱动城市化者不是实际工资，而另有其因。

图 5.6 所揭露的第二个现象是：1800 年时，荷兰和英国是欧洲城市化最高的地区。立遗嘱人及教区记录的证据显示，高城市化水平有助于降低出生率与提高死亡率，进而维持高收入。例如 18 世纪的英国，乡下的死亡率约为 23‰，伦敦则高达 43‰。光是伦敦一地就将英国的死亡率推升近 10 个百分点。因此，1600 至 1800 年间的贸易发展使荷兰、英国等都会中心加速城市化，也让生活水准有所提升——但完全符合马尔萨斯模式。

就荷兰的案例而言，还有一个因素促使死亡率上升，就是殖民冒险。从 1602 至 1795 年，荷属东印度公司（the Dutch East Indies Company）征募了 100 万名男性，其中半数死于殖民任务。这些死亡人数恰好足以抵消 50 万来自欧洲其他地区、受荷兰高薪吸引而移入该国的移民。在这个每年等于有 35000 名男性出生者（包括移民）的社会，荷属东印度公司平均每年折损 5000 条人命！但由于这些死者几乎都是男性，荷兰的性别比例也产生偏移。1795 年，阿姆斯特丹每 1.3 名成年女性才有一名成年男性。1749 年，代尔夫特（Delft）的成年男女比更是低到 1∶1.5。这种性别失衡现象连带压低了荷兰城市的女性结婚比例，难怪 1829 年的人口普查显示 40 至 55 岁的阿姆斯特丹女性有 24% 不曾结婚。[12]

还有一个有利于提升欧洲生活水准的因素是：以现代的标准或前工业时代中国和日本的标准来看，前工业时代的欧洲人是肮脏的民族，在灰尘与脏乱中度日。个人及社区卫生水准低落的情况，在前工业欧洲比比皆是。1543至1811年欧洲人到日本旅行所写的日记，常常强调日本的一尘不染（以当时欧洲的标准来看）。[13] 连1690—1692年曾居日本的荷兰人恩格尔贝特·肯普弗（Engelbert Kaempfer）都在记述中这么写——尽管荷兰人被公认为17世纪最难讨好的欧洲人。[14]

前工业欧洲在卫生方面有个关键性的经济问题，就是人类排泄物几乎没有市场价值，因为当时的社会并不接受以粪便作为农地或果菜园的肥料。如麦克法兰（Macfarlane）指出："在日本，粪肥可以代替租金；在英国，人们却得付钱叫人来清理。"[15] 于是乎当时欧洲的粪便处理成了重大的社会问题。如佩皮斯就在1660年10月的日记中抱怨道："走到地下室……我把脚伸进一大堆粪便中，才发现特纳先生的厕所满了，溢到我这儿来了。"[16] 在17世纪的伦敦，对邻居家满到溢出来的粪便，人们显然早已见怪不怪！

相对来说，中国和日本的人类排泄物（粪尿皆然）可是住家可以卖给农人、许多团体竞相收购的珍贵资产。粪便不会被倒入粪坑、下水道和溪流中污染用水。相反，在中国和日本的城市，如18世纪的大阪，承包商连在街角设置公共容器来收集粪肥都觉得有利可图。[17] 在这两个国家，排泄物似乎每天都会清出来，而不会屯积在家中的粪坑，并且粪坑还会定期清空。

就算作为堆肥，人类的排泄物仍有其威胁性，但日本人知道这点，在使用前至少会把粪便存放在洼坑或桶子里数个月，让其充分发酵来杀死许多会传染的有机质。

日本和中国对个人卫生的意识也较高。沐浴在英国并不盛行，至近代初期仍被视为一种嗜好。甚至到了1811至1817年，简·奥斯汀的小说写尽一切居家事务，却只字未提沐浴之事。[18] 但在日本，"泡汤"则是普遍且频繁的活动。中国人也是能洗澡就洗澡，而且会用大量肥皂。[19] 日本人在大小解后都会洗手，也会保持厕所清洁。

佩皮斯写了十年的日记，只有一回提到妻子洗澡的事："我老婆忙着跟她的女仆到热水间洗澡去了……她说她下定决心，从今以后要保持干净。能保持多久我心里有数。"这次洗澡似乎是颇具戏剧化的事件，因为他隔天写道："昨晚我一个人睡，老婆洗澡后自己去睡另一张床。"他焕然一新的妻子似乎反对他脏兮兮地上床，因为三天后他又写了："到家已经很晚了，还得用温水洗一下身体；老婆会要我这么做，是因为她自己洗了，也把床给洗了。"[20] 不过，一如佩皮斯所预期，洗澡并未成为他妻子的习惯，在接下来四年的日记中，这个主题不再出现。

18世纪英国肥皂生产的资料足堪为英国人不常沐浴及洗衣服的佐证。1710年代英国有570万人口，课税的肥皂总产量为2500万磅，平均每人每天用不到0.2盎司。[21] 0.2盎司的用量究竟有多少？且让我们举例说明：南非洲食品安全中心（Southern Africa Food Security Operation）目前致力于为穷困的当地人提供每天0.4盎司的肥皂；19世纪中叶澳大利亚的流放囚犯每天配给0.5盎司的肥皂；美国南北战争之初，北方联盟与南方联邦的军人，每天肥皂的配给量则为0.64盎司。[22]

从设置厕所的情况看，英国人不注重个人卫生的情况可见一斑。以往日本人的厕所多半离住处有段距离，英国的上层阶级却似乎喜爱就近的便利——就算恶臭扑鼻。[23] 或者他们干脆连厕所都不设。当1599年环球剧院于伦敦泰晤士河南岸重建时，1500名观众连一间厕所也没有。忍不住的观众得到外面的庭院，或者（更多人）在剧院里的楼梯间或走道上解决，连坐在舞台上空5便士（相当于劳工一天的工资）包厢里的贵宾也不例外。

另外，日本人的居住空间也较为整洁，屋里会铺木头地板，入内得脱鞋。日本人还会在屋外洒水让尘埃落地。反观英国大众，一直到公元1800年前不久，家中仍是夯实的泥土地面，铺上偶尔才更新的灯芯草。而这些灯芯草也成为食物残渣、尿和痰的汇聚地。事实上，日常生活起居就可让地板堆积非常浓厚的挥发物，以至于 16 世纪末到 17 世纪初，硝石工人获准挖掘土质地面时（那是丰富的硝酸钾来源），据说他们不只挖谷仓的地面，也会挖住家的地面。同时英国人会养猫狗，它们也会为住家和街道贡献排泄物。

因此，英国的相对富裕——这也表现在他们 1800 年时比中国和日本人高大的体格——或许主要得利于他们居住环境的肮脏。就马尔萨斯经济体而言，爱干净及勤勉等传统美德并没有带给整体社会任何报偿，反倒让生活更艰困，收入更微薄。

弒婴

在欧洲人抵达前，波利尼西亚是个健康的地方。气候温和，没有蚊子散播疟疾，孤悬的位置也为群岛隔离鼠疫等许多疾病。波利尼西亚有多健康呢？看看《叛舰喋血记》（HMAV Bounty）主角邦蒂号（Bounty）叛军妻小的命运就知道。1789 年哗变之后，大副弗莱彻·克里斯蒂安（Fletcher Christian）等 9 个叛军伙同 6 个塔希提男子，于 1790 年与 12 名塔希提女子（有些可能是被绑架的）定居在长 2 英里、宽 1 英里，地图上找不到的皮特凯恩岛（Pitcairn）上。1800 年时，这 15 名男子有 14 人死亡，其中 12 人是被同伴谋害，还有一个是自杀。[24] 但这些女人到 1808 年之际已生了 23 个小孩，而且全部存活。所以，尽管这群男人自相残杀，当地的人口仍由 1790 年的 27 人增长到 34 人。至 1823 年，皮特凯恩岛上共有 66 人，也就是光只繁衍一代，人口就已倍增。1856 年，皮特凯恩的人口增为 196 人，这下子只有 88 亩平地的皮特凯恩就面临严重的人口问题了。

19 世纪欧洲驻军的死亡率也是太平洋岛屿健康情况的确证，如表 5.4 所示。表中英、法两国太平洋驻军的死亡率比同时期驻守本国的军队低。也请注意，与太平洋驻军相较，欧洲驻守赤道非洲或加勒比海的军队死亡率高得吓人。驻守西非塞拉利昂的英军，每年

表 5.4　1800 年前后各地的健康情况，以驻军死亡率为证

地点	驻守国	时期	死亡率（每千人）
新西兰	英国	1846—1855	9
塔希提	法国	1845—1849	10
开普殖民地	英国	1818—1836	16
加拿大	英国	1817—1836	16
直布罗陀	英国	1817—1836	21
孟买	英国	1830—1838	37
孟加拉	英国	1830—1838	71
马提尼克	法国	1819—1836	112
牙买加	英国	1817—1836	130
塞内加尔	法国	1819—1838	165
东印度群岛	荷兰	1819—1828	170
塞拉利昂	英国	1819—1836	483

资料来源：Curtin, 1989, table 1.1.

都要死掉将近一半。

在与外界接触之前，波利尼西亚人的生育率也可能很高。女性性行为发生得早且普遍。那么，为什么在来访的英国水手眼中，塔希提显然是个天堂，而非像日本那样，只是一个物质收入仅能满足生计所需的社会？答案似乎是在欧洲基督教传教士于 1797 年到达此地改变当地习俗之前，弑婴已广为风行。[25] 可惜我们对于这项习俗的了解，都出自传教士之口，而他们对信主耶稣前的习俗必定极尽丑化之能事，所以我们无从确认这些资料的真伪。[26]

以 19 世纪初的资料推估，当地约有三分之二至四分之三的婴儿一出生就惨遭杀害。[27] 传说中的方法包括闷死、勒死和扭断脖子。研究人员一致同意，这种行为在出生即刻执行。如果这个孩子没有马上断气，此后就会受到无微不至的呵护和关爱。有一个表征透露当地盛行弑婴：大部分访客都认为，塔希提群岛的男性多于女性。但令人意外的是，弑婴习俗的动机并不明确。"高尚的野蛮人"（译

注：18及19世纪浪漫文学常见的主题，为浪漫主义者对未开化人类的理想化概念）似乎有其野蛮的阴暗面。[28]

欧洲人或许是肮脏的民族，但他们对弑婴一事深怀恐惧，因此无证据显示前工业欧洲曾出现这种行径，它不曾被当成策略，也不曾是男孩、女孩差别待遇的结果。

但弑婴在其他马尔萨斯经济体早已司空见惯，禁绝弑婴的欧洲，或许才是脱离常轨。在罗马时代的意大利及埃及，父母会把不想要的孩子遗弃于市场或街上，其中有些孩子会被人救起当作奴隶养育。在前工业时代的中国及日本，人口性别比例也显示两国有扼杀女婴的风气。在这些马尔萨斯经济中，弑婴确实提高了生活水准。

白死病

如前文所探讨，1347年欧洲受到来自东方的细菌侵袭，暴发黑死病，更高的死亡率提升欧洲接下来三百年的生活水准。当1492年哥伦布（或许是史上最幸运的男人）跟跟跄跄地踏上一块他无权指望其存在的大陆，那块大陆上的人们便被迫迎接西方世界化身为多种新疾病的死神。四大疾病合称"白死病"（White Death）：霍乱、麻疹、天花及伤寒。这四大天王都是较近期于人满为患的欧亚大陆发展，而美洲大陆前所未见的疾病，毕竟美洲少说与欧亚大陆断绝来往了数百万年之久。同样的，澳大利亚、新西兰及太平洋岛屿的居民，也是在欧洲人抵达之后，才开始认识这些疾病的。[29]

若以稍早欧洲流行黑死病的经验类推，白死病自1492年起陆续散播到新世界之后，照说也会使美洲原住民人口锐减，而大幅提升美洲原住民的生活水准。有一些迹象显示，接触到欧洲的疾病，对新世界族群的生活水准应有正面的效益。如1892年博厄斯针对出生于1830至1860年代的大平原印第安人（Great Plains Indians）所做的研究结果就显示，尽管诸如天花等欧洲疾病让他们饱受折磨，以前工业世界的标准来看，他们的身材仍非常高大。[30] 但大部分的原住民人口似乎未从接触欧洲疾病上得到任何好处。乍看之下，这难以用马尔萨斯模型解释，但要知道，在白死病肆虐新大陆的同时，欧洲人正大举剥夺原住民的土地和资源，自然会妨碍高死亡率发挥正常的马尔萨斯效应。

十万年的停滞？

公元 1800 年以前，马尔萨斯平衡牢牢掌握了所有社会。这似乎暗示世界经济完全陷入停滞，至少从 8000 年前新石器革命时代冒出定居农业以来是如此。不过，我们会在下一章看到，在马尔萨斯世界之中有一个惊人的动力来源。至少在一些受马尔萨斯模式约束的前工业经济体内，人口其实不断处于变化状态：以一种至今仍能逃过世人眼睛的方式改变。第六章将细究这项转变。

第六章

马尔萨斯与达尔文：富者生存

> 人会为孩子累积财富及遗产，所以在成功的竞赛上，有钱人的孩子比穷人的孩子占优势。
>
> ——达尔文，1871[1]

一如前文所强调，在马尔萨斯时代，支配人类社会的经济法则与支配所有动物社会的法则相同。事实上，达尔文就在他的自传中声明，《物种起源》(On the Origin of Species) 的灵感正是马尔萨斯的《人口论》。[2] 接着，在《人类的由来》(The Descent of Man) 一书中，达尔文采用了他的物竞天择理论来说明人类如何从早期的祖先演化。他甚至在这部著作的结尾，替后来俗称"社会达尔文主义"的理论背书："人，跟任何其他动物一样，在迅速繁衍之下，无疑是经历过奋斗求生才能达到现有的优越情况；如果还想爬得更高，恐怕得经历更严峻的挣扎。"[3]

尽管将这个论点冠为社会达尔文主义显得不伦不类，但达尔文"只要人口受马尔萨斯模式控制，人类就非得面临自然选汰不可"的见解既精辟又正确。

在马尔萨斯时代，平均每位女性只会有两个子女存活。而这两个后代，又是通过某种机制，从平均每位女性会生下的四至五个子女"选择"出来的。只要父母的特征有所差异，这种生存过程就会偏袒某些类型的个体。形塑人类本性的"达尔文挣扎"并未随新石器革命结束，而是一路持续到公元1800年。

我们将在本章中看到，在前工业时代的1250至1800年间的英国，有充分证据显示人类生存的差异性，特别是经济成就会转化为生殖成效，最富裕者在身故时存活的子女数量是最贫穷者的两倍。

的确，马尔萨斯时代最贫穷的个人通常完全不繁衍后代。前工业时期的英国是个持续向下流动的世界。由于英国经济的停滞，它能给予的机会也是固定的，富人多生的子女只好往社会低层流动。于是工艺师傅生出数名工人，大商人的公子转做无足轻重的买卖，大地主的子弟最后成为小佃农。

马尔萨斯时代社会向下流动的特质与近代社会形成鲜明对比：自1870年以降，由于富裕家庭生育率偏低，加上上层经济机会扩增，已创造出一个不断向上流动的世界——平凡父母会看到他们的子女跻身上层社会。

富者生存

如图6.1呈现，马尔萨斯两大基本论点暗指生殖成效，也就是一个人死后留下的后代人数会随收入增加。这条曲线呈现的是社会的整体情况。但在任一定居农业社会的任一时期，各家庭的收入始终相差悬殊。土地和资本等资产可以创造租金，让一些人得以掌握远多于他人的产出。因此马尔萨斯逻辑暗示，在定居农业社会中，经济竞赛的获胜者、取得并持有较多资产者，以及发展出能提高工资的技术者，在繁衍后代方面也较为成功。

我们在第四章讨论过的英国人遗嘱中，好像几乎都会提到所有存活的子女（至少到1585年是如此）。从何得证？可以从儿子与女儿的比例来看。女儿未在遗嘱列名的几率远比儿子大，有可能是因

第一部·马尔萨斯陷阱：公元1800年前的经济生活

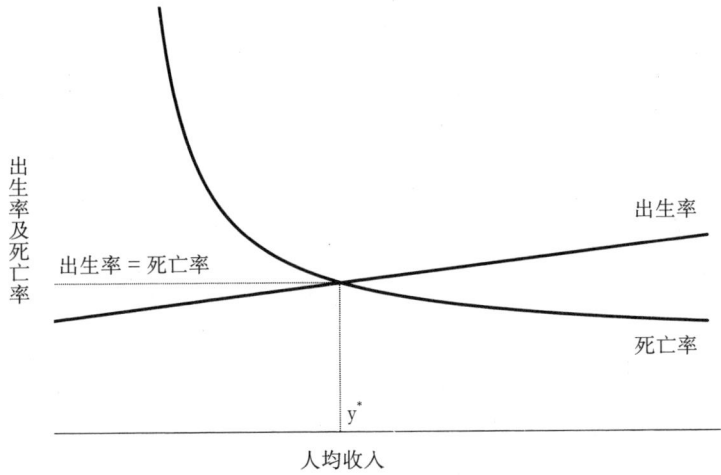

图6.1　出生率与死亡率曲线

为她们已带着等值于遗产的嫁妆成婚，也有可能是立遗嘱人不打算分给她们遗产。剑桥福德姆的约翰·辛森留给两个未嫁的女儿玛格莉特和玛莉每人30英镑。对三名未述其名的已婚女儿，他则这样写："给我三个已婚的女儿一人10便士（0.5英镑）。"留给未婚女儿的遗产通常也比较少。如剑桥切弗利的约翰·普瑞特就留给儿子每人5英镑，女儿则只有2英镑。[4]

因此，遗嘱中提到儿子与女儿的比例可用来推估有多少女儿被父亲遗漏。如果男孩女孩在遗嘱中被提到的机会相等，儿子与女儿的预估比为1.03。[5] 如表6.1所示，实际的比例平均为1.04，因此女孩被遗嘱遗漏的比例或许只比男孩高出一个百分点。又因为女儿被排除于遗嘱外的可能性较高，所以子女加起来被遗漏的总比例一定非常低。

于是，我们可以利用这些遗嘱来探究财富与生殖成效在前工业英国的关系。因为我们关注的是立遗嘱者的生殖成效，所以如果已故的孩子已经生了后代，而且后代还活着，我们仍计为存活的子女。

家住萨福克郡大利佛米尔,约于74岁过世的威廉·库克先生身后留下四名存活的子女,但两个已故的儿子又各替他生了两个存活的孙子,[6]因此我们算他拥有六个子女。

表6.1　1585—1638年英国每名男性立遗嘱人的存活子女数量

地点	有提到孩子的遗嘱份数	平均每名立遗嘱人的子女数量	平均每名立遗嘱人的儿子数量	儿子/女儿比例
伦敦	177	1.96	0.83	0.77
城镇	344	2.39	1.19	1.02
农村	2210	2.92	1.50	1.06
总计	2731	2.79	1.42	1.04

资料来源:Clark and Hamilton, 2006.

　　如表6.1所呈现,每名立遗嘱人的平均子女人数不多。若一群居民要维持现有人数,每名男性死亡时须有两个以上的子女存活。这是因为有些孩子没能活到可立遗嘱的法定年龄(16岁以上)就已过世。以我们样本中的一般立遗嘱人为例,要拥有两个至少活到16岁的子女,他过世的时候必须留下2.07个孩子。以此观之,1620年代前后的伦敦立遗嘱人繁衍的子嗣绝对不足。伦敦以外的较小型城镇,平均每名立遗嘱人拥有2.39个子女,每一代的人口增长率也不到15%。但农村的立遗嘱人每一代就会增长40%了。

　　图6.2显示八个遗产等级每名男性立遗嘱人的平均子女数。四个收入较低的群体属于立遗嘱人总体中的下半部。遗产不及25英镑者,子女通常不到两个;遗产在1000英镑以上者,平均则有四个以上子女。财富与存活子女数量的关系非常密切。[7]

　　由于较贫穷的立遗嘱人不至于因为无遗产可分就故意遗漏某些子女,故以上财富与子女的关系不会是假象。很多事证都可证明这点。例如我们可从安东尼·里格利(Anthony Wrigley)及其同事的著述中得知,英国这段期间的男性立遗嘱人平均会留下2.58个存活的子女。[8] 最富裕的立遗嘱人平均家里会有 4 个以上的子女，既然这个数据已比平均数高出一截，照推论也应该高于最贫穷的立遗嘱人。此外，未将任何子女列为继承人，或未列男性继承人的频率以穷人较高。就算穷困的立遗嘱人因家中一贫如洗或打算将一切留给一个孩子而遗漏了某些子女，也不会因为这样就对子女只字不提。而且，就算他们属意让男性继承，或许只把家产留给长子，也不会因此就不在遗嘱中提到其他活着的儿子。[9] 事实是在穷人临终之时，真的没有几个子女尚存。

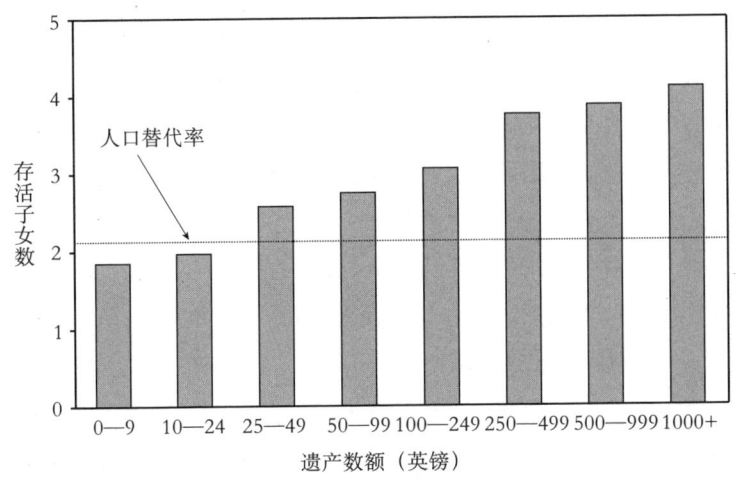

图 6.2 各资产等级立遗嘱人的存活子女数

有趣的是，用财富来估计生殖成效，比用社会地位或识字率好得多。在这段期间，对于英国的生殖成效，经济状况的重要性高于社会阶级。或许这是因为界定社会地位的职业并不精确。有识字而比文盲自耕农富裕的农夫；有为别人工作而一无所有的木匠，也有自己当老板、忙着营造及出租土地的木匠。

经济成就也可能是运气或与遗传无关的个性因素造成的特例。这样看来，尽管"富者生存"具有下文将阐述的社会意义，对于人口的特性却无长期影响。

然而，相对于穷人的子女，富人的子女拥有一项重要的优势：从父母那里继承来的庞大家产。这些遗嘱凸显了一个事实：立遗嘱人最关心的是资产能否传到亲生子女手上，而不是其他有血缘关系的亲属，如侄子女、兄弟姊妹或堂兄弟姊妹等。如果妻子尚年轻，有可能跟别的男人结婚生子，他们也怕别的男人的孩子会来分家产。有时他们会禁止妻子再婚，或是若再婚就得交出遗产。尽管17世纪初期称得上信仰虔诚的年代，这些遗嘱也出自英国一个出产许多早期新英格兰清教徒移民的地区，但遗赠给穷人的财产仍少得可怜。有钱人留给仆人的也很少。图6.3即阐明了立遗嘱人将绝大部分资产转移给直系亲属的情形。[10] 立遗嘱人遗赠给穷人的财产平均不到0.5%，给非直系亲属的则在1%与12%之间。较贫穷的立遗嘱人这么做的比例较高，这可能反映出他们较常没有直系亲属继承家产的事实。

因此，富人的儿子通常会继承父亲的一半家产（加上他们妻子带来的嫁妆）。他们的人生一开始就比穷人子女占优势。而证据显示，他们的生殖成效也比较高。

第一项证据是遗嘱中出现的孙辈数量。只有一些孙子女会被列进遗嘱。但若富人和穷人遗漏的概率相仿，那么如果子女继承了一些双亲的生殖成效，富家的孙子女对子女的比例应该较高。如果没有继承生育优势这回事，那富裕人家与穷人家的比例应该如出一辙。图6.4即以遗嘱的子样本呈现这个比例。富家子弟的比例显然较高。不过，最富裕的两个级别的比例，只比最穷的级别高50%左右。所以这项优势显然不是完全靠继承决定，否则这个比例应该接近2∶1才是。

还有一个方法可用来检验生殖成效差异的"遗传力"：查看父子两代财富的关联性，因为遗产多寡与生殖成效的关系十分密切。图6.5显示147对父子的财产对应情形，这里的遗产规模改以等级表示，

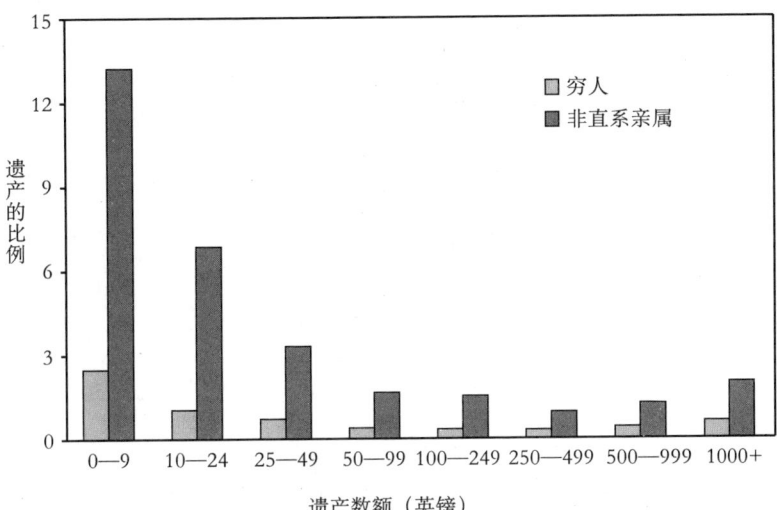

图 6.3 遗赠给穷人及非直系亲属的财产比例（以遗产规模计）

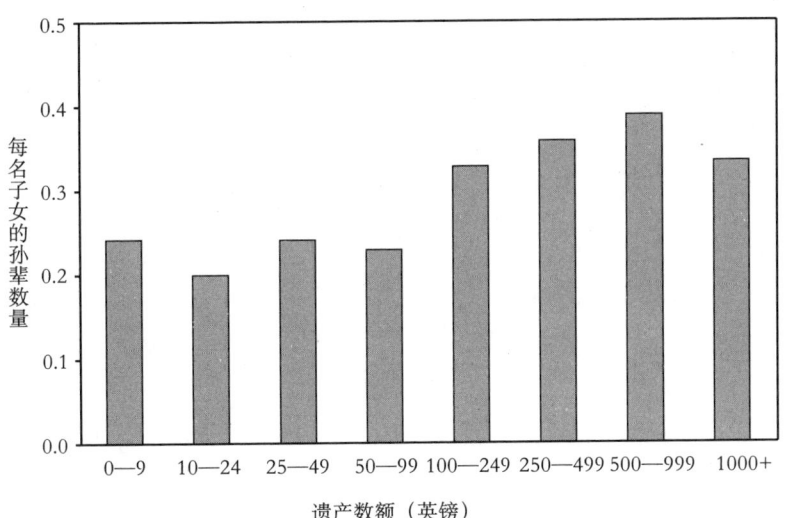

图 6.4 每名子女的孙辈数量，以遗产总值区分

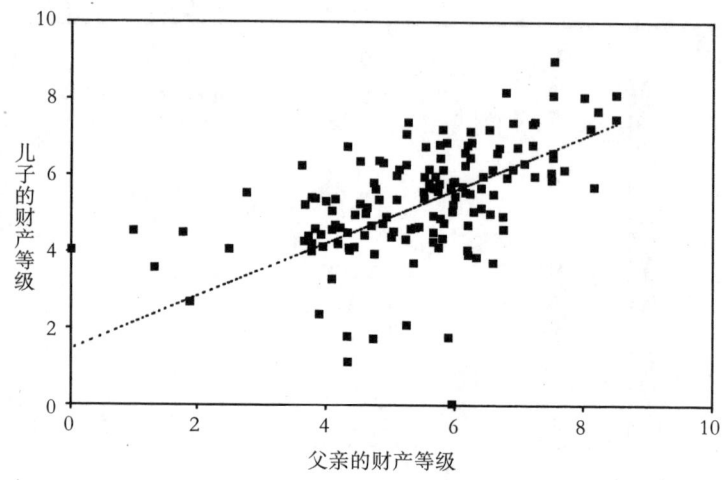

图 6.5　父亲与儿子的遗产，遗产单位为 ln（1+ 遗产数）

等级大致相当于图 6.2 及图 6.3 的划分。父亲的财产与儿子的财产（有留遗嘱者）之间显然有所关联。有钱的父亲通常会有富裕的儿子，反之亦然。图中的虚线最能说明其中的关联性。

由于遗产较多的男人立遗嘱的概率也较大，这些资料蕴藏着一些有损说服力的问题。但如果事实真是如此，我们应可预期较贫穷的父亲（如遗产不到 100 英镑者）也会有相当富裕的儿子——如果儿子有立遗嘱的话。实际上，这些样本中 20 名最贫穷的父亲（平均遗产仅 51 英镑）的孩子，留下的遗产也仅略高于 123 英镑。父亲与儿子的相互关系不可能纯粹来自于选汰过程。经济情况确实是继承而得的。

从这些父子关系的资料，我们也可察觉儿子累积财富的优势不全然（甚至只是部分）来自遗产。这 72 位父亲过世时的子女人数从 1 到 11 人不等。如果儿子完全只靠父亲的荫庇，那么大家庭出身的儿子，成就应该远逊于父亲，家产应早已被诸多子女挥霍殆尽。事实上，兄弟姐妹的数量对儿子过世时的贫富没什么影响。去世时有钱的父亲，儿子去世时通常也颇富有，就算儿子因为存活的兄弟姐妹众多而仅分得父亲一部分的遗产。因此，父亲传给儿子的最重要优势不是在于文化（儿子学会如何取得经济上的成就），就是在于基因（儿子天生和父亲一样，具有能获得经济富足的特征）。

资料证明，英国最晚在1250年即出现这种有钱人的净生育力远高于穷人的模式。中世纪的国王可从其直接受封者（在封建制度下直接从国王处获得土地者）的死获得财务利益。直接受封者大多拥有经济特权，成员包括地位最崇高的贵族。因此从1250年起，国王的官员们会对这些王室封臣的死亡进行"死后调查"（inquisitiones post-mortem），并将其保存在国家档案馆（Public Record Office）。但对于存活的子女，这些调查仅记录仍存活的最年长儿子或其后代；若无男性继承人，则记载所有女儿或其后代。

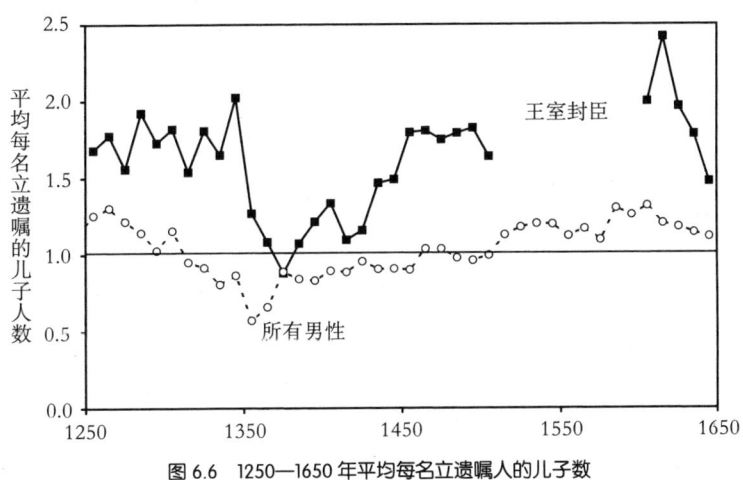

图6.6 1250—1650年平均每名立遗嘱人的儿子数

资料来源：Clark and Hamilton, 2006, 733.

我们可以从1585至1638年的遗嘱，推断公元1500年以前诸如王室封臣等富裕团体的总存活子女数。图6.6显示从1250至1640年代的两个序列，以十年一计。第一个是以人口整体趋势推论的全英国每名成人平均拥有的儿子人数。如图所示，除了1315年以前的增长阶段，1500年前的数字都在1以下。第二个序列则是平均每名王室封臣生育的成年儿子数。1585至1638年间的数量是以总存活成年儿子数与留下一个子女以上的立遗嘱人的比例推算出来的。

在中世纪英国人口稳定和增长的两段时期（1250—1349年及1450—1500年），直接受封者平均有1.8个存活的儿子，几乎是整体人口均值的两倍。就算在1350至1450年人口减少的年代，每名受封者的存活儿子数也在减少，但多数时候仍在替换率之上。因此，一如中世纪末期，有钱人生的孩子似乎比穷人多。

在前工业时代的英国，长年忙于战争的贵族阶级的生殖成效，远低于富裕的平民百姓，甚至还不及总人口平均。表6.2显示1330年（公爵的创始之年）以后，英国王公贵族（国王、公爵及公爵夫人）的净生育力及零岁平均寿命。例如中世纪庄园佃户的20岁预期寿命在30岁左右，而王公贵族只有22岁。[11]

表6.2　1330—1829年英国王公贵族的人口统计资料

时期	净替换率	男性出生时预期寿命	男性20岁预期寿命	死于暴力行为的比例
1330—1479	—	24.0	21.7	26
1480—1679	1.04	27.0	26.3	11
1680—1729	0.80	33.0	30.0	7
1730—1779	1.51	44.8	39.9	3
1780—1829	1.52	47.8	42.7	4

资料来源：Hollingsworth, 1965, 8-11.
注：Hollingsworth只考虑婚生子女，但他认为非婚生子女比例很低，不及总数的10%。

王公贵族英年早逝的频率较高，连带压低他们的净生育力。因此从我们手边最早的生育资料（1480至1679年）来看，王公贵族们尽管享有尊贵的社会地位，却难以自我替代。直到1730年代以后，贵族死于暴力的比例降至和一般大众差不多的水准，他们的寿命才开始超过一般人。也直到这个时期,王公贵族才终于享有比一般民众更好的生殖成效。

因此,从我们手边最早的前工业资料来看,英国等定居农业经济体内的生殖成效,似乎该归功于经济领域中的杰出人士,并会被承受暴力死亡风险的职业拖累。即便在社会制度稳定、土地资本私有权建立、世代资产转移安全无虞以后,经济表现杰出者——特别是累积资产者——的生殖成效仍然较高。

马尔萨斯"剪刀"

遗嘱透露的财富与职业资料和教区名册提示的信息,让我们得以描绘英国 17 世纪时收入对出生／死亡率曲线的影响。收入分配的范围相当大,但排除了最贫穷的家庭。每位立遗嘱人的收入是其职业可能的工资收入与其资产收入的总和。图 6.7 上的曲线是英国 1630 年前后的趋势,马尔萨斯"剪刀"(Malthusian Scissors)的图形非常鲜明。在农场劳工的收入水准下,出生率仅勉强高于死亡率,且以前工业时代来看是偏低的,仅 29‰。在收入最高、家庭年收入约为 150 英镑(超过全国平均 5 倍)的群体中,出生率接近 50‰,几乎是前工业时代人口的最高水准。因为此高收入群体的死亡率仅 24‰,它每年的人口增长率约为 2.6%。

因此,无任何迹象显示 1600 至 1800 年期间的前工业英国已逃离马尔萨斯陷阱的桎梏。图 6.7 的曲线暗示,只要平均收入显著提升,人口就会立刻迅速增长。

死亡的原因

在制度稳定的定居社会中,其生殖成效的决定因素,与狩猎采集者或游耕社群可能大不相同。若干针对现代狩猎采集族群及无市

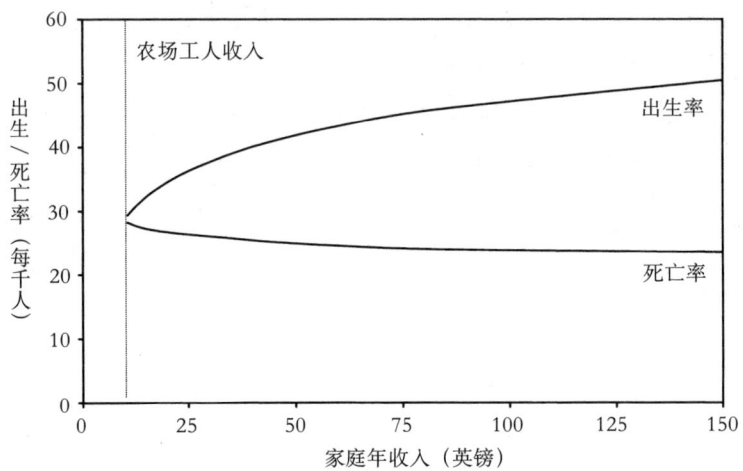

图 6.7 英国 1630 年前后的出生率及死亡率曲线

表 6.3 狩猎采集及生计社会的男性死因

群体	死亡率（每千人）		
	整体	意外	被杀
新石器时代的法国人，公元前 5500 至前 2200 年 [a]	—	—	1.4
亚契人，森林时期 1900—1970 [b]	27	3.5	15.0
亚诺马米人，1970—1974 [b]	—	2.1	3.6
孔桑人，1973 年以前 [b]	32	4.4	
新几内亚〔几布西人 Gebusi)〕[c]	—	0.6	6.9
新几内亚〔哥伊拉拉人（Goilala）、希瓦人（Hewa）〕[c]	—	—	6.6*
阿格塔人 [c]	42	—	3.3*
英国，1999 [d]	12	—	0.01
美国，1999 [d]	12	—	0.07

资料来源：[a] Guilaine and Zammit, 2005, 133, 241-49（非常粗略的估计）。[b] Hill and Hurtado, 1996, 174. [c] Knauft, 1987. [d] World Health Organization, 2002, table A.8.
注：* 表示男性及女性合计的死亡率。

场社会的死亡情形所做的研究，更巩固了这个论点。这些研究显示，相较于定居农业社会或现代社会，现代狩猎采集族群及无市场社会死于意外——以旧式法律用语，即"意外事故身亡"（deaths from misadventure）——及被杀的人口比例奇高。

部分是因早期社会的生活方式所致。在移动式的狩猎采集社会，因遭遇危险动物、溺水、缺水及失足而丧命的风险相当高。但杀人是比上述意外更常见的死因。尽管有人浪漫地称之为"高尚的野蛮人"，但狩猎采集族群内与族群间的暴力冲突似乎屡见不鲜。

表6.3显示一些现代狩猎采集社会平均每年的男性整体死亡率，以及死于意外和被杀的比例（以每千人为单位）。有完整死因明细的狩猎采集社会很少，而且这些族群规模很小，意味着观察时期内的死因可能存在相当大的随机差异。但这些观察报告显示，凶杀，包括群体间的冲突，占这些社群男性死因的7%至55%，平均为21%。狩猎采集社会死于暴力的比例为何会这么高，原因尚不明确。但似乎可部分归咎于缺乏无须诉诸暴力就能平息争端的法律仲裁机构。但我们不能排除这种可能性：这些发展已久的狩猎采集社会，其成员或许天生（甚至是基因遗传）就较有暴力倾向。

吉莱纳（Jean Guilaine）及扎米特（Jean Zammit）从骨骸状态推估了新石器时代死于暴力的法国人的人数。虽然他们的估计势必有不小的误差，但他们仍断定约有3%的死者是死于暴力或曾因暴力受伤。依照他们附表的数据，假设死伤的比例约为2∶1，而且全部为男性，再加上其出生时预期寿命为35岁，算出的结果就是表上的估计值：1.4‰的被杀死亡率。这个比例比现代狩猎采集族群低很多，但远高于当今的高收入社会。

在多数现代社会，死于暴力的比例相当低。如英国等典型西欧社会，每年男性的暴力死亡率只有0.01‰至0.02‰。从暴力为主要死因的早期社会到暴力死亡极少发生的现代社会，似乎经历转型。这转型是在什么时候发生的呢？

在英国，死亡原因的记录从 12 世纪末就出现了。在中世纪的英国，非法杀人者的财产会回到国王手上，所以国王有动力找出所有凶手，进而早早设立验尸制度，查出所有意外及暴力造成的死亡。自 12 世纪末开始，英国有数个郡使用这些验尸报告所建立的被杀与意外身亡人数。[12]

图 6.8 显示的是当时这些地区以及之后全国被杀身亡率的估计值，以每千人为单位。1200 至 2000 年间的比例呈现稳定下滑，比起现代狩猎采集社会，中世纪的英国已非常和睦。即便是在公元 1200 年前后，英国每年死于无组织暴力的比例平均也仅在 0.2‰。但这张图只显示死于无组织暴力的人数，若要统计整体被杀身亡人数，必须加上战争等有组织暴力的死亡人数。

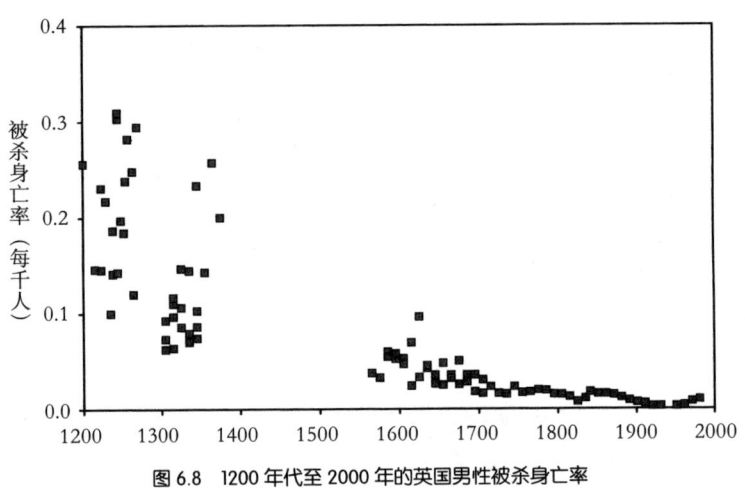

图 6.8　1200 年代至 2000 年的英国男性被杀身亡率

图 6.9 则显示 1050 至 1850 年代，英国男性于国内外战争丧命的估计死亡率。[13]1150 至 1800 年的大部分时间，平均死亡人数出奇的低。因此即便是 1350 年以前的中世纪，所有暴力事件导致的年平均死亡率也只有 0.4‰。就算考虑到狩猎采集社会的死亡率只计男性

第一部　马尔萨斯陷阱：公元1800年前的经济生活　　121

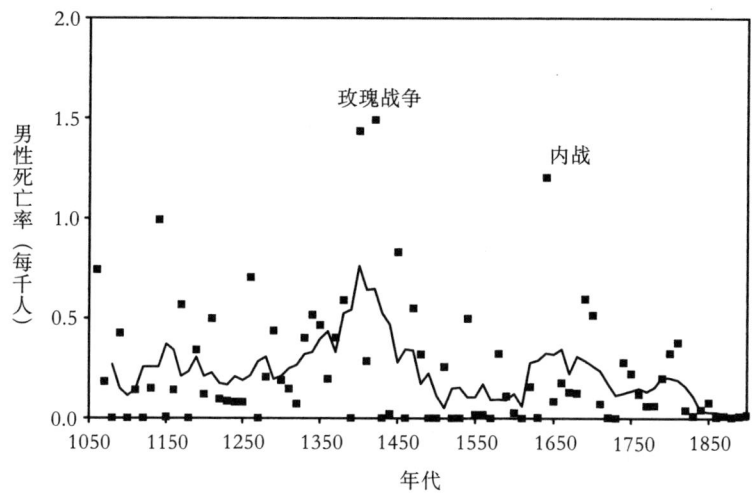

图6.9　1050至1850年代英国军事冲突的死亡率，曲线显示英国战争死亡率的50年移动平均值

的事实，这个数量级仍比一般观察到的狩猎采集社会比例小，也低于新石器时代推估的比例。

早期欧洲战争造成的伤亡人数很少，这是因为公元1700年以前的军队规模通常不大。如1290年代，长期在位的爱德华一世（Edward I）在被财政问题拖垮之前，募集了一支空前庞大的军队，但1294—1295年镇压威尔士叛乱的军队人数也不超过3万人，约占英国总人口的0.6%。战场转移到英法百年战争期间的法国，当时的军队人数又更少了，部分是因为军队发展得更专业、装备更精良，也因为运送军队到法国的成本惊人。当1415年亨利五世（Henry V）进犯法国时，仅一万人随行。而战争的伤亡人数有限，是因为战事零星且不见得死伤惨重。在位35年（1272至1307年）的爱德华一世曾出兵威尔士、苏格兰、佛兰德及荷兰、巴勒斯坦，但仅全程参与一场战役：1298年的苏格兰福尔柯克之战。[14] 因此，狩猎采集社会的生活水准或许和18世纪欧洲相同的一大因素，是这些定居农业经济体的暴力死亡率较低——尽管英国是特别稳定而平静的前工业社会。

表 6.4　1987 年亚诺马米男性的生殖成效

年龄	曾杀人者的人数	曾杀人者之平均子女数	未曾杀人者的人数	未曾杀过人者之平均子女数
20—24	5	1.00	78	0.18
25—30	14	1.57	58	0.86
31—40	43	2.83	61	2.02
41 岁以上	75	6.99	46	4.19

资料来源：Chagnon, 1988.

早期社会的生殖成效

马尔萨斯的论点暗示，所有社会中，掌握较多收入者的生殖成效也较高。我们马上将从前工业中国及日本的例子得知，收入与生育的关系可能在英国特别强烈。然而，如马尔萨斯模型推论，这样的关系似乎确实存在于公元 1800 年前所有制度稳定的定居农业社会。在这些环境里，男人可更有效率地将收入转化为生育优势。

因此，人类学家已经证明，就现代肯尼亚的牧民而言，牲口拥有数与生殖成就关系密切（拥有较多牲口者能娶较多、较年轻的妻子）。[15] 过狩猎采集生活的巴拉圭亚契人每天迁徙找寻猎物，因此拥有的财产微乎其微，基本上就是带得走的东西。在这种群体中，生殖成就仍与经济成就有关。但那单指男性每日带回食物的多寡。所有成年男子都会出门打猎，而带回较多食物的亚契猎人生育力也较高。丰收的猎人（平均年龄 32 岁）每年平均可生 0.31 个小孩，表现最差的则只有 0.2 个。高经济成就与低成就猎人的子女存活率则相差无几。[16]

但狩猎采集社会成员掌握较多收入的途径,有些与工业革命前的定居农业经济体截然不同。

如前面英国上层阶级的例子,暴力不是成功的生殖策略,他们死于暴力的比例很低。这个发现与现代狩猎采集或游耕社会的情况形成鲜明对比。对后者来说,意外与暴力是非常重要的死因,男性每年死于意外与暴力的比例通常在3‰至18‰之间。最极端的例子是亚契人:有半数以上的男性因暴力丧命。

在这些社会中,暴力是一种获取更多资源,进而提高生殖成效的方式。因此沙尼翁(Napoleon Chagnon)在以好战的亚诺马米社会为题的知名研究中发现,生殖成效的一大预测指标,便是杀过人与否。以同一年龄而论,杀过人的男性比不曾杀人的男性生育更多子女。[17] 表6.4即显示亚诺马米男性所生的子女数,与"年龄"以及"是否杀过人"的关系。

富者生存与社会流动

1585至1638年的英国仍是相对静止的社会,个人收入并没有什么变化。如前文指出,这个社会仍在马尔萨斯陷阱的掌握之中——经济转变缓慢,甚或不存在。如此一来,职业的相对数、不同职业的工资率,以及每人的住屋数量都没有什么变化。平均每人拥有的土地面积减少了,但地价随着人口增长而升高,所以每人拥有的土地价值也没什么改变。因此富裕立遗嘱人的生殖成效较高,意思就是他们的孩子在财富及职业等方面,必须往社会下层移动——而且移动得很快。

表6.5以萨福克1620至1638年的资料阐明这点。表中第二列为有立遗嘱的萨福克男性,以财富区分。此外也列出未立遗嘱的男性(推断他们的资产为零)以及遗嘱送交高等法院公证,财富估计超过1000英镑的男性。第三列是这一代各阶级的男性,在总男性

人口中所占的比例。第四列则是这些资产阶级16岁以上的男性后代总数。我们假设未立遗嘱者拥有的子女人数与资产0至9英镑的立遗嘱人的子女人数相同。至于遗嘱送交高等法院公证者，我们假设他们的子女人数与其他资产最高阶级的子女人数相同。统计结果显示，第一代3613人中共有4266位第二代的男性继承人，人口增加18%。这和里格利等学者发现的同期英国每世代人口增长21%相当接近。

表6.5　萨福克1620至1638年两代之间的流动

资产	第一代的男性人数	第一代所占比例（%）	成年儿子人数	第二代所占比例（%）
0（无立遗嘱者）	2204	61.0	(2125)	49.8
0—10	140	3.9	135	3.2
500—999	116	3.2	220	5.2
1000以上	168	4.7	338	7.9
全部	3613	100	4266	100

资料来源：Clark and Hamilton, 2006.
注：第四列括号里的数字是估计值，由在副主教区法院立遗嘱者的最高及最低生殖成效推估。

最后一列是第二代各阶层的成年儿子所占的百分比。财产不到10英镑及未立遗嘱人占第一代人口的65%，但他们的儿子只占第二代的53%。财产超过500英镑的立遗嘱人，占第一代的8%，他们的儿子则占第二代的13%。假定这段期间每个人的财富都能保持稳定，那么这个人群一定有可观的净向下流动。阶级较高的立遗嘱人，有近半数的儿子在过世时隶属较低的财产等级。事实上，所有财产25英镑以上的立遗嘱人群组，净流动都是往下的。

拉齐从1270至1348年黑尔斯欧文的法院名册所汇整的资料，与"死后调查"透露的情况一致，双双显示中世纪英国的有钱人在生殖方面远较穷人成功。表6.6显示1270至1348年出现在法院名册，且有直系血亲到 1348 年仍拥有庄园土地的家庭比例。所有在 1270 至 1282 年持有最大土地的家庭，都还有直系血亲持有土地。但 70 个土地最小的家庭，只有 25 个尚有后代持有土地。

不过土地的分配情形并未变得更不公平。1270 至 1282 年持有较大土地的家庭取得了更多土地，但他们往往也有较多继承人，土地也会由多位继承人分割，使土地面积的整体分配情形保持平衡。由于拉齐的资料并未让我们了解小地主究竟是遭遇人口崩解，或者只是从法院名册消失或离开庄园，因此无法证明中世纪的英国已开始产生人口变动。[18] 但它们与这种解释相吻合。

表 6.6　黑尔斯欧文 1270 至 1348 年的土地所有权变迁

1270—1282 年的家庭类别	家庭数	1348 年后代持有土地的家庭数	1348 年后代持有土地的百分比
富	40	40	100
中等	64	58	91
贫	70	25	36
总数	174	123	—

资料来源：Razi, 1981, 5.

富人生殖能力较强的事证亦见于约尔格·巴滕（Joerg Baten）的汇整资料。这些资料是针对 17 至 19 世纪奥地利及德国南部村落领圣餐者所做的调查。社会地位较高以及看来较具文化修养的村民，在调查当时的子女数也较多。[19]

因此，在静态的马尔萨斯经济中，经济取向本身就是一股动力。中产阶级的价值观以及经济取向，很可能通过生殖优势传播到稳定农业社会的各个角落。下面两章将讨论公元 1800 年以前的经济有哪些动力来源。第七章将探讨技术发展，第八章则将细究达尔文选汰过程在人们经济行为上的意义。

第七章
技术发展

> 每天都有许多事物被发现,我们的祖先或许从不知道,自然中竟存在着这么多事物。
>
> ——罗伯特·菲尔默爵士(Sir Robert Filmer),1653[1]

尽管前工业时期技术发展非常迟缓,但长久来说仍有显著的技术进展,只是缓慢、渐进得令人苦闷。1800年欧洲的技术水准比1300年的欧洲进步许多。而1300年的欧洲——令人惊奇的——也拥有大幅超越古希腊、罗马时代的技术。就算是公认技术停滞的黑暗时代与中世纪,也孕育出诸多创新。[2]

因此,若要将古代不知道或没用过的基本技术列成一张表,这张表会长得令人吃惊。例如巴比伦人、埃及人、波斯人、希腊人和罗马人连马镫这种看似简单的玩意儿都做不出来,古代的骑士得一直夹紧膝盖。马镫早在公元3世纪就为中国人采用,但直到中世纪初期才传入欧洲。[3] 罗马人及希腊人也用挽具绕住马的肚子和脖子。12世纪初期法国一位退休的骑兵军官里夏尔·诺特斯(Richard Lefebvre de Noettes)拿挽具做了实验,结果显示被挽具套住的马最多将丧失80%的牵引力,因为颈带会压迫到气管及颈静脉。直到18世纪,欧洲才发明有效率的挽具——搁在马的肩膀上。[4] 可以保护马蹄的马蹄铁，在古希腊、罗马世界也未问世。

只看欧洲的话，希腊人和罗马人也没有风车（据记载，1185年首度于英国约克郡出现）、衣服的纽扣（1230年代于德国发明）、纺车（法国，1268）、机械钟（英国，1283）、眼镜（意大利，1285）、枪炮（西班牙，1331）及印刷机（德国，1453）。[5] 尽管罗马人已经学会如何制造最基本的肥皂，但并不是拿来清洁身体。罗马人洗澡会在身上涂一层油，再用刮刀刮掉。

同样的，公元1至1400年期间的中国，也目睹了瓷器、火柴、雕版印刷、活字印刷、纸币及纺车的问世。[6] 前工业社会的技术并未完全停滞不前。

那么，与现代世界相较，当时技术进步的速度如何？它如何随时间转变？我们可以将所有复杂的变化归纳为一个数字——年技术进步率吗？我们该如何比较猎弓等物品的发明及个人电脑的问世？相较于1589年问世的针织机，1283年发明的机械钟又代表多大的技术进展？

经济学家以一种很特别的方式来计算技术发展率。图7.1中曲线描绘前工业时代，人均土地与人均产出的关系，即社会的生产函数（production function）。如图7.1所示，以这种方式计算出来的技术变革呈现上升的趋势，土地大小与产能为正相关。假设技术水准的标准为A，技术进步率g_A，就是每年既定土地的生产函数向上移动的比例（以百分比表示）。假设g_A是每年1%，而土地—劳动比例维持不变，那么这个社会每年都能增加1%的产出。

技术发展率的计算具有以下性质：

$$g_A = 0_1 g_{A1} + 0_2 g_{A2} + \cdots + 0_n g_{An}$$

其中的0是经济体内每个产业的产出，由最终产出的总值划分，g_{A1}则是每个产业的效率增长率。

经济学家运用这种计算方式是因为它可以衡量技术变化和一般消费者有多大的关系。它通过计算经济体内各种物品生产效率的变

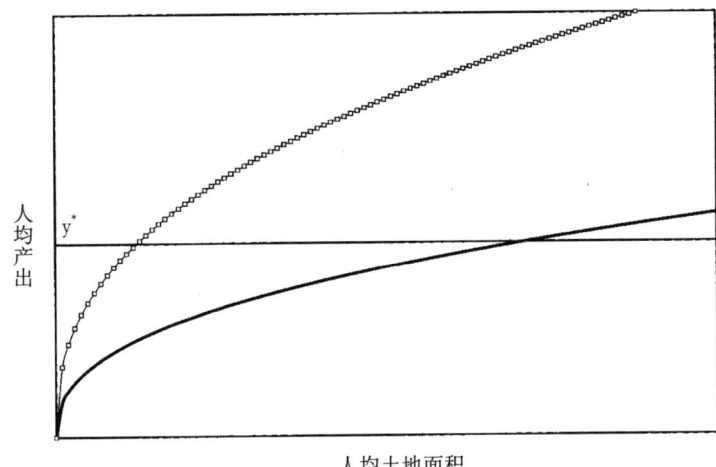

图 7.1 公元 1800 年以前技术发展的成效

化,以每项物品的消费量进行加权,来计算效率。这种计算生产率的方式相当于问消费者:"你觉得今年取得这样东西的效率比起去年进步多少?"

从人口来衡量技术发展

马尔萨斯机制使人口稳定保持于"每人持有的土地仅能生产维持生计的收入"的水准,即图 7.1 中的 y^*。世界的技术转变在生产可能性曲线中呈现上升趋势。[7] 但只要收入终须回归维持生计水准(y^*),技术发展就会带动人口增长而使人均土地减少,于是人均产出还是维持在 y^*。

就一个前工业社会而言,我们可以从人均土地的面积大小观察这个曲线的变化。那是 1240 至 1600 年间的英国,当时的生产技术似乎停滞不前,但人口从 1348 年的黑死病后折损了近三分之一。图 7.2 显示自 1240 年代到 1590 年代,每十年的人均产出。图中也绘出

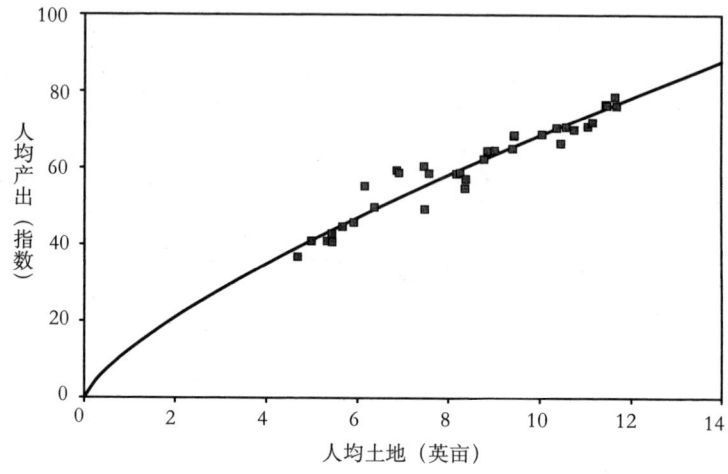

图 7.2　1240 年代至 1590 年代英国人均产出与人均土地的关系

最符合这些数据的生产函数。这条曲线相当符合所有数据点，清楚显示了这段期间技术停滞的本质。

如果我们可以用这种方式表示技术进步的整体情况（如生产函数的上升趋势），那么用人口资料来计算长期技术发展就容易多了。

设人口为 N，人口增长率为 g_N，而 c 是前工业社会土地的租金在收入中所占的比例，那么：

$$g_N = \left(\frac{1}{c}\right) g_A$$

人口、人口增长率与租金收入比三者关系的推导过程详见附录。

举个例子，按照这道简单的公式，如果土地租金占收入的五分之一，那么 1% 的技术进步，会使人口增加 5%。要用这道公式计算前工业时代的技术发展率，我们只需评估土地租金在一切收入来源中所占的比例，以及人口增长率即可。

前工业时代的英国再次为我们提供 1200 至 1800 年土地租金占全国收入比例的估计值。图 7.3 即呈现每十年的比例。尽管比例有

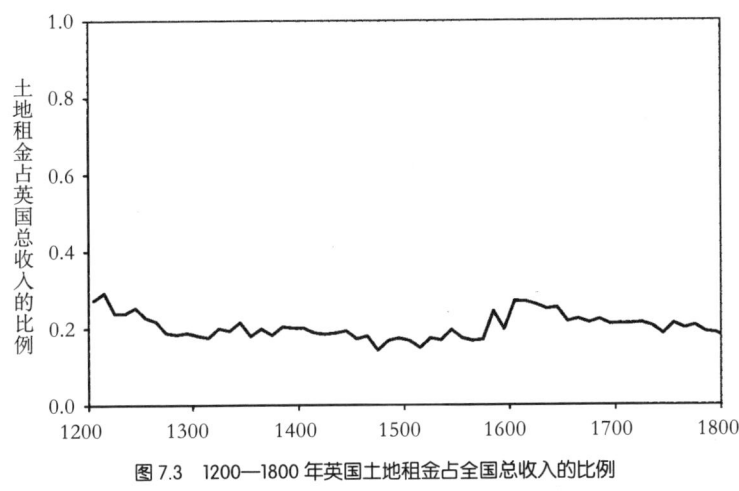

图7.3　1200—1800年英国土地租金占全国总收入的比例

些许波动,长期来看仍相当稳定——平均约占总收入的20%。租金—总收入比例"始终不渝"的现象,让我们可轻易推断技术发展会让人口产生多大的变化。〔精确地说,这个生产函数为柯布——道格拉斯(Cobb-Douglass)函数。〕

在前工业时期的英国,租金在农业中所占的比例为30%至40%(相对整体经济而论)。[8] 18世纪中国四川的佃农则需缴交等值于农业产出50%的租金。[9] 巴比伦尼亚在汉谟拉比(Hammurabi)时代(公元前1792—前1750年)的实证显示,当时的农地租金约占三分之一。[10] 因此,考虑到农业产出约占全国总产出的六至八成,土地租金在全国收入中所占的比例,可能在0.2至0.4不等。但以我们的目的——评估前工业时代的技术发展率而言,这种误差并不会让估计结果产生什么差异。

公元1800年以前世界人口史呈现什么样的变化?表7.1的第二栏显示从公元前13万年(解剖学定义的现代人首度出现的年代)到公元1750年间,世界人口的概略估计值。这些数值存在着巨大的误差。比如说,公元前1万年,也就是新石器革命兴起前的人口,是用(观

表 7.1 公元前 13 万年至公元 1800 年的人口与技术发展

年代	人口（百万）	人口增长率 (%)	技术增长率 (%)
公元前 13 万年	0.1	—	—
公元前 1 万年	7	0.004	0.001
公元 1 年	300	0.038	0.009
公元 1000 年	310	0.003	0.001
公元 1250 年	400	0.102	0.025
公元 1500 年	490	0.081	0.020
公元 1750 年	770	0.181	0.045

资料来源：Durand, 1977, 285.
注：公元前 13 万年的估计值，以那个年代人类可猎捕之动物族群的扩张幅度为推算基准。参见 Stiner, 2001, 2005。

察而得）现代狩猎采集人口的密度来估计。我们从考古学的实证资料中得知，在新石器革命之前，人类不断扩张他们以狩猎、采集等方式消耗的食物范围，始终允许人口密度增加。[11] 在这张表中，我推测公元前 13 万年约有 10 万人，但这个时间太久远，数字精确与否的意义不大。

表 7.1 的最后两栏显示各时期隐含的人口增长率，以及依照上述公式计算出来的技术发展率（假设公元 1800 年以前租金占总收入的四分之一）。[12] 公元 1750 年以前的技术发展率明显偏低。自工业革命之后，富裕经济体的技术增长率起码在 1% 以上。反观前工业时期，综观全世界，长期的技术发展率连每年 0.05% 都达不到。如图 7.1 所示，在 0.05% 的年发展率之下，生产可能性曲线每一百年只会向上移 5 个百分点。因此以经济的特性来看，工业革命是一个唐突的转变，而率先反映这个转变的，就是技术发展率急转向上。

这张表也启发了另一种联想：自马尔萨斯时代，经济发展率是随时间递增的。马尔萨斯时代并非完全静止，其实到它步入尾声之际，已出现动能增强的迹象。但就算技术转变的比例升高了，事情仍变化得非常缓慢。以这些人口估计值判断,在耶稣诞生至工业革命前夕的1750年间,技术总共进步了24%。也就是说,整体来看,在每亩地的人数维持不变下,1750年平均每亩地的产出只比公元1年多出24个百分点。那就是世界会困在马尔萨斯时代这么久的原因。

技术发展的轨迹

一如我们可以用人口密度来估算公元1800年以前的技术发展率,我们也可以用它来估算哪些社会拥有最先进的生产技术。图7.4及图7.5为公元1500及1800年前后,世界各地每平方英里农地的人口数。四个地区呈现的人口密度最高:中欧、中东、印度和东亚,尤以朝鲜、日本为最。虽然到1800年时,拜技术发展所赐,各地的人口密度都有所增加,但全世界的人口密度分布情形仍十分类似。一如现代,世界人口集中在欧洲、印度和东亚等地。

特别值得注意的是,几乎没有迹象显示工业革命前夕,欧洲的技术复杂度与印度次大陆或东亚有任何显著的差异。如果这些社会的生活水准相仿,那么就没有任何事物能够凸显1800年欧洲的技术比包括中国、印度、韩国及日本在内的任何东方社会先进。

图中的人口密度数据显示的是大区域的总人口密度。如果我们着眼于较小的地区或分区,如中国的长江三角洲,那么以欧洲的标准来看,1800年前后的人口密度可就充满戏剧性了。1801年,英国(人口密度仅略高于欧洲水准)每平方英里有166人。反观1721至1846年的日本,每平方英里要供养226人,而中国沿海地区的人口密度更惊人:1787年江苏每平方英里的人口高达875人。或许有人会提出异议,说这种人口是仰赖稻作供养,而欧洲多数地区不会选择种稻。但就算是在种麦的山东及河北地区,1787年的人口密度仍是英国的两倍。因此,以当时这些社会最大的生产活动农业观之,若说1800年时哪个地方拥有技术优势,答案最可能是东亚的沿海地带。

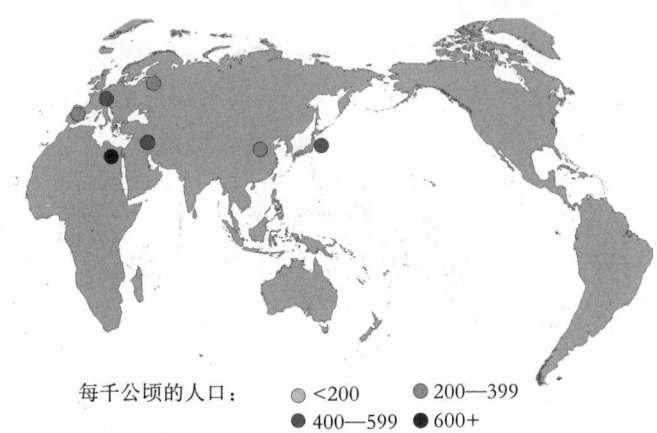

每千公顷的人口：　●<200　●200—399　●400—599　●600+

图 7.4　公元 1500 年前后的世界人口密度

资料来源：人口沿用麦克伊韦迪（McEvedy）及琼斯（Jones）1978 年提出的具有极大猜测性的推测数据。农地面积采用联合国粮食及农业组织（Food and Agriculture Organization, FAO）报告的现代农地面积。

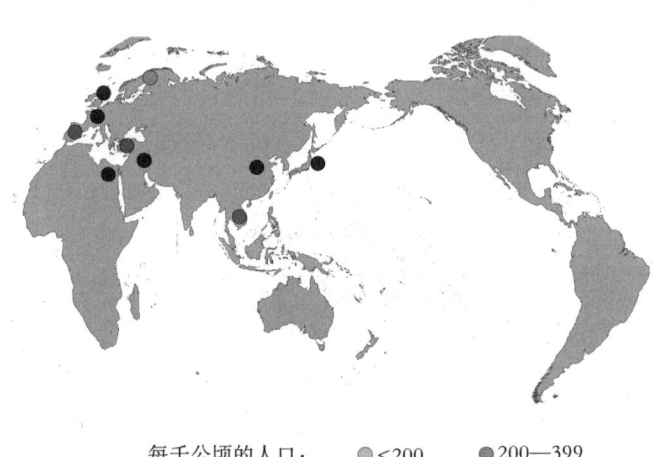

每千公顷的人口：　●<200　●200—399　●400—599　●600+

图 7.5　公元 1800 年前后的世界人口密度

然而，如我们所见，至少在印度、中国及日本，诸多迹象显示他们的物质生活水准远低于英国，甚至可能低于大部分的马尔萨斯经济体。

技术倒退

公元1800年以前，也有很长的几段时期是技术完全不见发展，甚至不进反退的。例如澳洲原住民据说是在4万至6万年前来到澳大利亚，远早于人们抵达美洲。但在1788年英国殖民者抵达前，以双方首次接触时原住民的技术来看，这数万年期间，澳洲大陆的技术似乎呈现冻结状态。

除此之外，也不乏技术不进反退的迹象。据推测这群原住民是经海路到达澳大利亚的，但到1788年时，澳大利亚多数地区不再有适合航海的船只。在塔斯马尼亚，海平面约于12000年前上升，切断了一个约有五千名成员的社群与大陆的联系，使这里技术倒退的情况更明显。欧洲人于18世纪末期与塔斯马尼亚人发生接触时，他们的物质文化仅相当于旧石器早期的水准，比祖先赋予他们的文化更原始。气候寒冷，他们仍赤身裸体，连兽皮都没有。他们没有骨制的工具，没有能力在周遭鱼产丰富的海域打鱼。但考古证据却显示他们曾经有过骨制工具，鱼也一度是他们重要的饮食。他们的技术水准与1800年英国人的技术水准之间的鸿沟，如前文阐述，正反映在两个社会的人口密度上。面积约为英国一半的塔斯马尼亚岛，在英国有800万人口时，只有5000个居民。[13]

复活节岛的塑像同样默默证明了当地居民曾经拥有一些技术及组织能力，但在与欧洲人接触时，它们已不复存在。夏威夷的居民乘船抵达复活节岛，却已不再拥有航海能力。据说他们连自己的故乡在哪儿都不知道，因此当他们得知世上还有其他人存在时，可是惊讶得不得了。[14]

在加拿大的北极区里,19世纪方与外界接触的因纽特人,物质文化比他们500年前的祖先图勒人(Thule)的文化简单许多。图勒人能在开放水域猎捕大型海洋哺乳动物,会在固定的屋舍过冬,屋里贮存着精巧而高雅的手工制品(包括游戏器材和孩子的玩具)、鱼叉、船,以及狗拉的雪橇等。在16与18世纪间的某段时间,因纽特人丧失了大部分原有的物质文化。开放水域的猎捕不复出现,就算有也是猎捕小型动物。冬天现在在暂时的雪屋里度过,因为因纽特人无法取得足够的食粮在一地过冬。手工制品也比较简单,只有少数地区生产装饰过的物品。这其中的差异如此显著,使考古学家久久才接受因纽特人是图勒人后裔的事实。[15]

甚至有人主张,最晚至公元1400年仍在技术精细度方面领先世界的中国,也步入了技术衰退。马可·波罗(Marco Polo)于1290年代造访中国期间,发现中国人的技术能力远优于欧洲人。如他们的远洋舢板船就比欧洲的船只庞大且坚固。葡萄牙人历经百年努力,才由达迦马(Vasco da Gama)于1498年率领四艘70至300吨重,或许有170名人员的船抵达印度卡利卡特(Calicut)。他们到那里才知道,原来郑和在他们之前多年便已到达过那里,而他的船队拥有多达300艘船以及2.8万名船员。[16]但在葡萄牙人于1514年抵达中国时,中国人已经失去建造大型远洋船舰的能力。

同样的,中国深掘的煤矿也曾让马可·波罗极为震惊,但到19世纪时,中国的煤矿又变成完全仰赖体力的原始浅层作业了。11世纪时,中国人会用漏壶准确测量时间,但到1580年代耶稣会信徒抵达中国时,却只看到最原始的计时方法。中国技术能力的衰退不是任何社会剧烈动荡所致。事实上,公元1400年后,中国人仍持续向南方扩张,人口继续增长,社会也愈来愈商业化。[17]

为什么公元 1800 年以前的技术发展如此缓慢？

以 1800 年以后的发展来看，这是世界史上最难解的一个谜。它之所以令人百思不解，部分是因为每一个前工业社会，在我们想得到的社会面和制度面上都各不相同。信仰基督教的欧洲害怕近亲通婚。罗马时期的埃及最理想的配偶是兄弟姐妹。基督教的欧洲嗜酒，甚至会尽情畅饮；阿拉伯世界却憎恶酒精。欧洲人爱吃兽肉，但在信奉印度教的印度，吃肉是有罪、下贱的行径。但欧洲人又对阿兹特克人（Aztec）分食敌军尸体的举动战栗不已。

不过，尽管文化与习俗令人眼花缭乱，这些社会有一个共通点：生产技术进步得十分缓慢。有发展期，也有倒退期。但慢归慢，整体趋势仍是断然向上，因此，经过成千上万年，技术发展仍累积得颇为雄厚。除了文献提到的机械和器具，以及考古发现的遗迹，世界人口增长也是相当有力而直接的证明。

然而，像英国这样的社会，为什么要等千千万万年才有办法达到现代的技术发展率呢？我们必须等到讨论工业革命本身的时候，才能完全解开这个谜。不过，我们要先纠正一个常见的误解——在公元 1800 年以前，社会制度架构完全为给人们投资更好技术的激励。

第八章

制度与增长

> 让人类安心拥有一块荒芜的岩石，他会将它变成花园……"财产"的魔法可以点石成金。
>
> ——阿瑟·扬（Arthur Young），1787[1]

很多人对前工业社会存有这种误解：一大群畏缩的农民被一小撮凶恶、愚蠢的上层阶级统治，除了维持生活的最低所需，一切都被他们搜刮殆尽，因此社会完全缺乏贸易、投资和技术发展的动力。墨守成规的组织化宗教为虎作伥，将所有偏离既定习俗之举斥为异端，帮助这些低能的上流统治阶级压制所有冒险与创新。1633年伽利略因支持哥白尼"地球绕太阳旋转"的学说而遭宗教审判（Holy Inquisition）定罪一事，似乎就是社会被迷信与偏见统治的明证，正因如此，马尔萨斯时期黑夜才如此漫长。

公元1800年以前或许有一些社会符合这种刻板印象。宗教权威常强迫人们信仰他们有关自然世界的荒谬教义。但我们必须了解，这种普遍的误解完全无法说明为何公元1800年以前世界技术发展缓慢。只有当代一支教条主义流派——现代经济学与其牧师般的成员——仍坚持这种论点。

现代经济学的核心见解——即1776年亚当·斯密及其追随者

的中心思想——是人人拥有同样的物质喜好与渴望,不因地域而异。人们的行为模式不同,只是因为动机不一。只要提供适当的动机——低所得税率、财产及人身安全、自由的商品及劳动力市场——增长就肯定会出现。马尔萨斯时期之所以长夜漫漫,是因为公元1800年以前没有任何社会有办法建立这样的制度。

1776年《国富论》中蕴含的世界史,就弥漫着这种进步观。亚当·斯密一再提到前工业世界经济表现不振,是社会制度提供的动机薄弱所致。他的观念渗透了现今的经济学,从国际货币基金组织和世界银行的处理事务的委员会,到大专院校经济学系的理论派学者。1990年代各国就不发达国家增长所必需的制度达成所谓的"华盛顿共识"(*Washington Consensus*),就是亚当·斯密一派的精心之作,简直就像这位大师亲笔撰写的。它说不发达经济体需要低税负和支出、低税率、尽可能的私有化、自由化商品和资本市场,以及财产安全。

在经济史领域,亚当·斯密的观点也是独霸一方的思想传统。事实上,现代量化经济史可以说就是在为他的增长观寻找实证。但这些以过去社会为对象的实证研究,不但未能证实亚当·斯密的假设,反倒系统地发现,许多早期社会其实已经拥有一切经济增长的必要条件,却始终不见技术发展而无法增长。尽管公元1800年前所有社会都呈现出缓慢的技术发展率,有些社会却拥有一如当今世界银行所期盼,能裨益经济增长的制度。

由此可见,经济史学家居住在一个既诡异又悲惨的世界。他们奉献毕生的岁月,只为证明一个与该领域所有重要实证研究相抵触的进步史观。他们深陷在这个愈收愈紧的死亡螺旋,只能通过奇怪的"认知失调"求助于愈来愈精细的概念,如"早期制度何以在无意间提供不好的激励"[2],来力守这种观点。

我们会在下文中看到,私有财产制度的确在逃脱马尔萨斯陷阱上扮演要角,但是以一种更长期、更迂回的方式。不过,我们首先必须澄清的是，早在工业革命前数百甚至数千年，已经有些社会拥有大部分增长所需的制度条件了。

中世纪的英国是个激励制度较完备的社会

如我们在前文看到的，1200 至 1500 年代的中世纪英国，整体而言几乎不见技术发展。但中世纪的英国却拥有非常稳定的制度。多数民众的生命及财产安全都受到相当程度的保障。商品、劳动力、资本，甚至土地等市场，大致上是自由、开放的。若拿国际货币基金组织或世界银行评判经济激励所用的标准来给中世纪英国打分数，它的排名会遥遥领先当今所有高收入经济体——包括现代英国在内。

表 8.1 中世纪与现代英国的经济激励机制

经济条件	1300 年	2000 年
低税率	是	否
适度财政转移	是	否
稳定货币	是	否
低公债	是	否
财产安全	是	是
人身安全	?	是
社会流动	是	是
自由商品市场	是	是
自由劳动力市场	是	是
自由资本市场	是	是
自由土地市场	是	否
知识创新的报酬	?	是

表 8.1 呈现依据国际货币基金组织和世界银行的标准，1300 年及 2000 年英国的粗略评分。在 12 项标准中，有 5 项以中世纪经济

的表现较佳，5 项平分秋色，只有 2 项中世纪经济可能略逊一筹。下文将详细讨论。

税负

总的来说，前工业社会是低税负的社会，其中尤以英国为最。图 8.1 显示 1285 年至 2000 年间，所有政府支出（包含中央及地方）与国民生产总值（GNP）的关系。³ 在 1688 至 1689 年光荣革命（Glorious Revolution），也就是确立英国近代宪政民主的革命之前，政府各方面的总支出可说非常之低。1600 至 1688 年间，政府支出仅占国民收入的 2.2%。溯至 16 世纪前，政府支出更经常连国民收入的 1.5% 都不到。

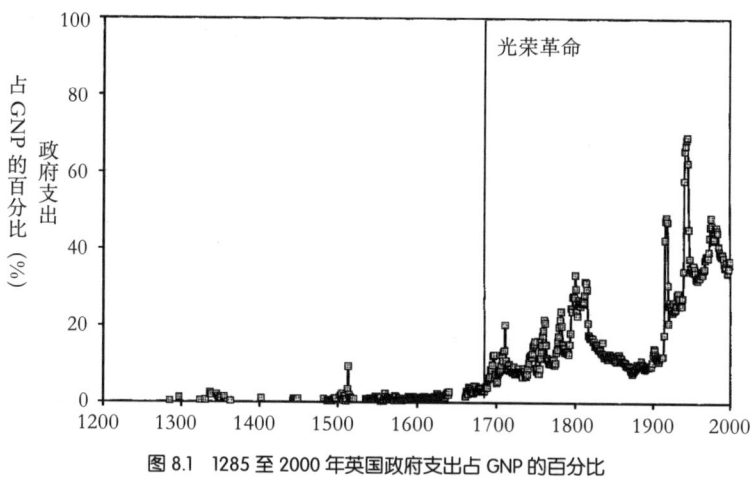

图 8.1 1285 至 2000 年英国政府支出占 GNP 的百分比

公元 1689 年以前，英王试图增加收入之举，屡屡都会遭到人民激烈的反抗。如 1380 年的人头税（poll tax）就是英国因应战争针对所有成年男子所课的暂时税，相当于一名劳工年收入的 1%。它引发一场为时短暂但范围不小的叛乱，造反者占领伦敦，杀害坎特伯雷大主教和国王的大臣。[4] 在这次叛乱之后，英国政府再也不敢课征人头税，直到 1990 年首相撒切尔夫人（Margaret Thatcher）才重施故技，但下场同样难堪。

光荣革命对提高政府税负和支出产生立即而负面的效果。政府支出很快超过国民收入的 10%，此后更迭创新高。钱几乎全部花在战争上。政府支出占国民收入的比例持续震荡走高到现今的水准。1990 年代，政府支出占英国国民收入的 36%。

但相较于其他高收入的现代经济体，英国公民的税负还不算高。有一种衡量税负的方式能更直接地反映税负制度让民众不想工作的因素，即"边际总税率"（marginal total tax rate）——政府从最后一毛钱工资中征收走的比例，包括雇主缴纳的部分及营业税在内的所有税种都要计算。表 8.2 显示一些国家的工薪阶级在 2000 年所负担的边际总税率，由高至低排列，从比利时的 66% 到日本的 32% 不等。

赋税收得款项的用途大多若不是为所有人口（不计收入）提供物品和服务，就是拿来补助低收入者。[5] 政府提供的商品常见的包括公路、法律与秩序、国防、儿童照料、教育、医疗，以及非以收入为指标的养老金，有些是免费提供，有些是部分补助。表 8.2 的第三栏显示 1995 年这类社会支出占各国 GNP 的比重。

对经济活动课以重税，加上供应大量与努力程度无关的收入与服务，正是"华盛顿共识"担心会阻碍人们努力或积极进取的做法。亚当·斯密认为人本理性而自私自利，所以人们在面对这么高的边际总税率时，应该不会想花那么多时间工作。的确，依照亚当·斯密的概念，经济活动何以始终未完全停摆，原因并不明确。中世纪英国等前工业经济体的赋税制度——基本上完全不会以社会服务或转移的形式将税金回馈消费者——应该不会比现代的赋税和转移制度更让人民灰心丧志。[6] 现代欧洲或许不会再出现昔日伽利略面对的宗教审判之类的事情，但它的赋税制度着实大大侵扰了公民的生活。

表 8.2　各国赋税与政府支出

国家	2000年边际总税率（%）	1995年社会支出占GNP的百分比	2000年每名成人的就业总小时数
比利时	66	32	954
德国	65	29	1010
法国	56	33	1003
意大利	53	28	1139
爱尔兰	53	23	1240
荷兰	51	30	1037
瑞典	49	40	1189
丹麦	49	37	1220
西班牙	46	25	1146
英国	41	27	1245
美国	34	19	1364
日本	32	16	1312

资料来源：社会支出出自 Lindert, 2004, 177-78, 236-37。边际总税率出自经合组织（OECD）的赋税数据库。工作时数及20—64岁人口，出自经合组织的生产率数据库。

这些资料暗指两件事：如果经济激励是增长的关键，那么若干前工业社会（如英国）拥有比现代高收入经济体更好的激励；还有，比起亚当·斯密的论点，激励恐怕更不足以说明经济体的产出水准。

表 8.2 的最后一栏显示各经济体的人均工作小时数（20 至 64 岁间）。图 8.2 显示工作时数与大型经济体边际税率之间的关联，图中的边际税率从 20% 到近 80% 不等。工时与税率固然呈负相关，但其效应出奇的低。工资边际税率 20% 的成人，平均每年工时约为 1400 小时，工资边际税率 70% 者则在 1000 小时左右。[7] 高边际税率会将工人推入无记录可证明的"黑色"经济。有记录的工时与税率之间的关系，可能正好反映了这种替代作用。[8]

因此，就同一经济体而言，如果我们以图表表示边际税率与成人平均收入的关系，我们会发现两者呈正相关，如图 8.3 所示。彼

第一部　马尔萨斯陷阱：公元1800年前的经济生活　　145

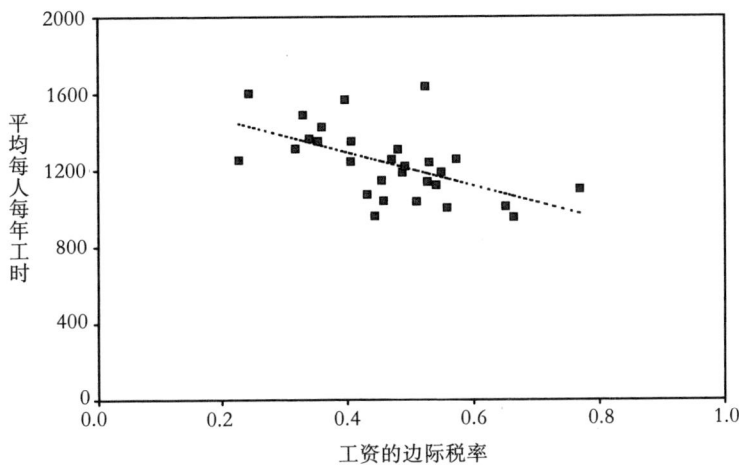

图 8.2　20—64 岁的人均工作时数与边际工资税率

资料来源：同表 8.2。

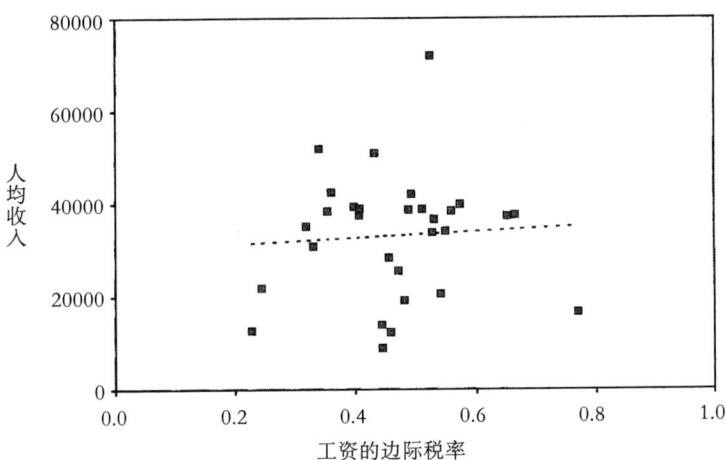

图 8.3　20—64 的岁人均收入与边际工资税率

资料来源：收入数据取自佩恩表（Penn World Tables）所列的 GDP，以 2000 年的美元计价。

得·林德特称之为"免费午餐的矛盾"。[9] 令人意外的是，并无证据显示重税与现代国家的转移机制对产出有任何影响。

回到图 8.1，英国在 1837 年以前的支出比例，仅记述了各级政府的活动。在前工业时期的欧洲，教会是另外一个收入的侵占者：他们以"什一税"向信徒敛财。

理论上什一税等于总产出的 10%。如果全额征收，公元 1800 年以前的教会最多可以获取 15% 的净农业收入（因为有些农产品必须在来年作为种子使用）。但征收实物什一税，尤其是动物产品的什一税有其困难，使什一税实际收取的税率低得多。公元 1800 年以前所收的什一税一般只有 11% 的土地租金或 4% 的农场产出。所以前工业时期英国的什一税收入，可能不到国民收入的 4%。[10]

因此，就算把教堂的征税权也纳入考量，光荣革命之前的英国整体赋税，通常也不及收入的 6%。

英国是少数几个我们可以评估税负—收入比的前工业社会之一。如表 8.3 所示，据估计，帝制中国晚期与奥斯曼土耳其帝国的税率也相当低。

表 8.3　前工业时期的税负—收入比

国家	时期	所有税别（包括教会）（%）
英国	1285—1688	6
	1689—1800	14
中国 [a]	明朝，约 1550 年	6—8
	清朝，约 1650 年	4—8
	清朝，约 1750 年	8
奥斯曼帝国 [b]	1500—1599	3.5
	1600—1699	3.5
	1700—1799	4.5

资料来源：[a] Feuerwerker, 1984. [b] Pamuk, 2005, graph 1, central government only.

前工业时期农业社会的税负为什么这么轻？一个原因是统治阶级不必仰赖征税就已经拥有一项丰富的收入来源——土地所有权。如图 7.3 所示，英国土地租金就占了收入的 20% 左右。1300 年时，英国统治阶级拥有的土地大部分不是以商业行为租给佃户，就是由佃户以定额租约的方式持有，并有世袭的权利。

物价稳定性

货币，附有价值的代币，对任何社会而言都是极重要的制度。每年持有一笔货币的成本为名义利率（nominal interest rate），也就是实际利率加上通货膨胀率。如果你钱包里有 100 美元，实际利率和通货膨胀率分别为 3% 和 2%，那么持有这笔钱（而非某些实体资产，如土地）的成本，就是 5%。这个成本使人们斤斤计较于他们持有的现金余额，也降低了货币在促进交易及保值方面的价值。

因为铸造货币的成本很低，以社会观点来看，最理想的通货膨胀率是维持在零以下，此时货币作为交易媒介与保值的价值最高。不过，通过印更多钞票引发通货膨胀，政府也可以向经济结构榨取通货膨胀税。因此，从税收的观点来看，政府会属意较高的通货膨胀，让社会负担成本。[11] 图 8.4 显示政府求取最大收入的激励，与社会最优结果的背离现象。

这张图显示现金的需求曲线是货币持有成本的函数。"通货膨胀税"是图中长方形的区域。当得自这种税负的收益极大化时，会产生严重的通货膨胀，造成一种被称为"无谓损失"（deadweight loss）的重大社会成本：由于货币持有成本提高所导致的货币使用减少形成的损失。

无能的现代政府会极度仰赖通货膨胀税，而近数十年来，许多贫穷国家饱受通货膨胀之害。在过去五十年的某些时期，就连最富裕的国家也面临通货膨胀率节节高升。然而，以现代的标准来看，

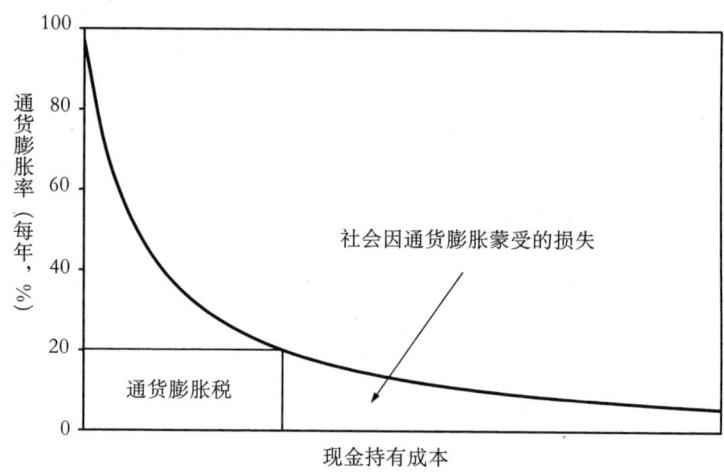

图 8.4 货币需求与通货膨胀的社会成本

在前工业时期的英国——其实许多前工业经济体皆然——通货膨胀率相当低。图 8.5 显示英国 1200 至 2000 年间的通货膨胀率,以 10 年一计。1914 年以前,年平均通货膨胀率鲜少超过 2%,就连史称"物价革命"(Price Revolution,从新世界涌入的白银抬高了物价)期间也不例外。英国在前工业时期即拥有备受认可的货币,在这样的国家,尽管国会对其他税收设立了严格的限制,君主也不会把脑筋动到通货膨胀税上。英国一直到 20 世纪才出现显著的通货膨胀,20 世纪晚期,英国的年通货膨胀率都在 4% 至 8% 之间。因此在工业革命之后,英国的货币管理水准其实是退步而非进步的。

就算某些前工业社会曾在某些时期出现大幅度的通货膨胀,但长期来看,这些社会的物价仍相当稳定。因此在罗马时代的埃及,虽然小麦的价格在公元 1 世纪初,及 3 世纪中叶都曾上涨大约一倍[12],但这种现象也只造成不到 0.3% 的年通货膨胀率而已。

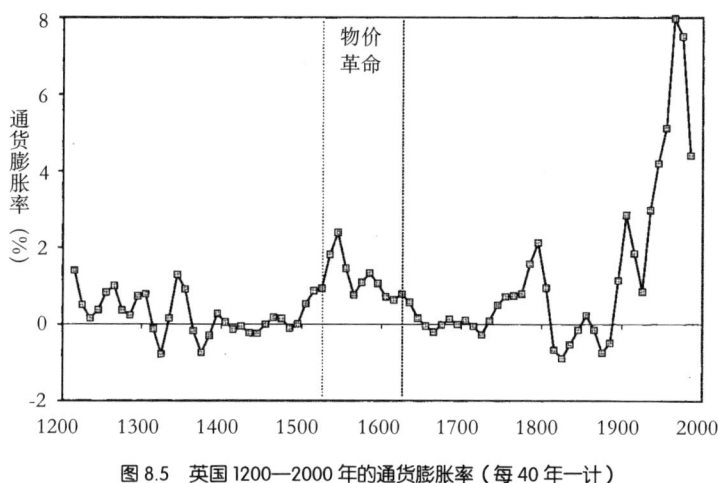

图 8.5 英国 1200—2000 年的通货膨胀率（每 40 年一计）

国债

另一个由于低税基而造成的前工业经济体的总体经济成就，是政府普遍并未大规模举债。例如在光荣革命前，税收能够支撑的国债最多不超过 GDP 的 10%。

但 1689 年之后，政府的征税权一扩增，国债的发行量也立刻随之提升。图 8.6 显示英国自 1688 至 2000 年的国债—GNP 比。"第二次英法百年战争"的财政压力使国债在 1820 年代大幅攀升，逼近 GNP 的 2.5 倍。1914 年时，和平与经济增长压低了国债与 GNP 的比例，但 20 世纪初期的战争压力，再度使国债发行量大增，至 1950 年又达到 GNP 的 2.5 倍。此后国债开始走低，但以超过 GNP 的 40% 这一比例来看，仍远远超过英国在光荣革命前的水准。

假设一般大众对国债规模和意义认知有限，国债会挤出民间投资、减少资本，继而降低社会整体的产出。当政府以举债的方式筹措资金，不知情的大众并不会有什么回应；若是知其所以然、会以理性思考的民众，就会提高储蓄，存入国债的金额以防未来税

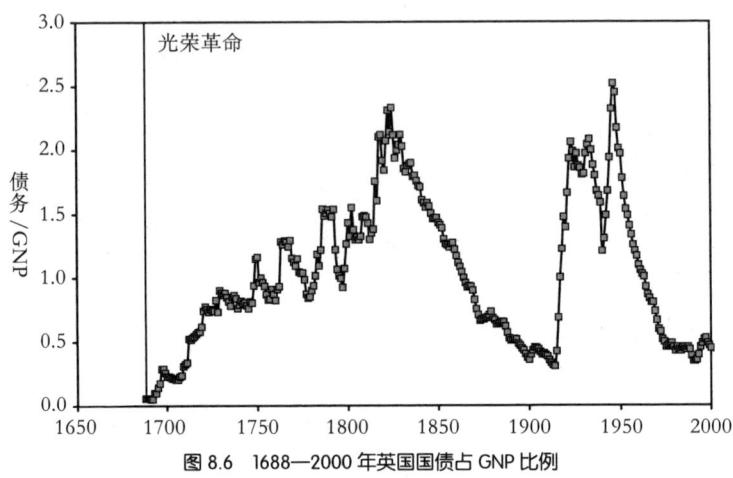

图 8.6 1688—2000 年英国国债占 GNP 比例

负加重。因此国债会提升利率，挤出民间投资。例如杰弗里·威廉森（Jeffrey Williamson）即主张，英国在英法战争期间持续大规模举债，就是一个重大的经济政策灾难，大幅减缓了工业革命期间的经济增长。[13]

经合组织内的经济体，国债平均为 GNP 的 50% 至 60%——再次暗示以总体经济的标准来看，现代经济增长其实体质不良。

财产安全

有一指标显示中世纪英国的财产相对安全，整体社会制度也堪称稳定——财产价值的长期波动幅度很小。图 8.7 显示英国 1200 至 1349 年每亩农地实际均价与农产品价值的关系，每十年一计。[14] 从图中可知，每十年实际地价几乎没什么变动，中世纪的土地是几无价格风险的资产。这表示这个经济体内几乎没有崩溃和不确定的时期，因为经济崩溃通常会在土地或住屋等资产价格留下痕迹。

图 8.7 也显示 1550 至 1699 年佛兰德根特（Flanders Ghent）的

第一部 马尔萨斯陷阱：公元1800年前的经济生活　　　151

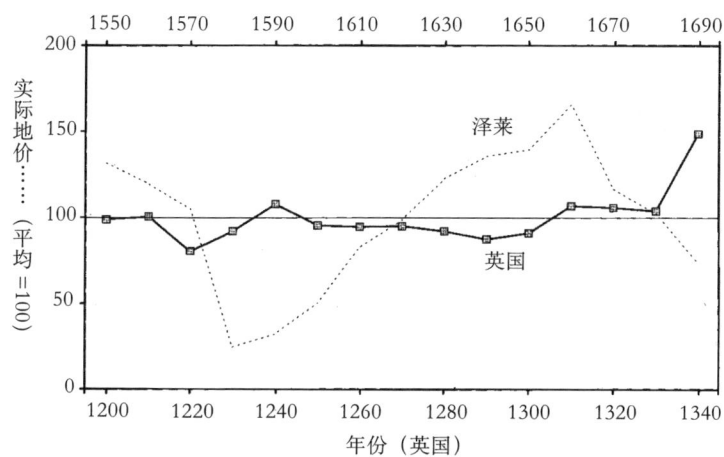

图 8.7　英国 1200—1349 年及泽莱 1550—1699 年的实际农地价格
资料来源：泽莱的地价出自 Clark, 1996.

泽莱（Zele）可耕地每十年的平均实际价格。与英国的资料对照，泽莱的变动就比较剧烈了，个中缘由可从佛兰德的历史中推断。1581 至 1592 年，佛兰德是荷兰独立战争的战场。1584 年，在激烈的战斗后，终于从叛军手中收复根特。自此佛兰德大部分地区沦为西班牙统治，但至 1607 年以前，荷兰人仍持续袭击乡间。战斗的结果反映在泽莱地价的大幅贬值上：在 1580 年代，泽莱的地价跌到连 1550 年代的 20% 都不到。1672 至 1697 年在荷兰及哈布斯堡王室（Habsburg）对抗法王路易十四（Louis XIV）期间，佛兰德也有战事发生。相较于风平浪静的 1660 年代，这段期间的地价也大幅下跌。

因此，尽管英国在中世纪时期的高阶政治时而纷扰——1215 至 1219 年、1233 年、1258 至 1265 年，以及最激烈的 1312 至 1326 年间，英王与男爵都爆发过军事冲突——对平民百姓却毫无影响。在地方层级，财产权既稳定又安全。

个人安全

中世纪的英国还有一个层面既稳定又安全,就是我们在第六章讨论过的:民众受到肢体暴力的威胁较小。自13世纪以降,英国人多是寿终正寝。这里不是烧杀掳掠、遍地尸首的霍布斯式(Hobbesian)世界。

就日常生活而言,英国在中世纪时期的犯罪率固然比现代高,但并未高到干扰经济激励运作的地步。就算在情况最糟的13世纪,0.2‰的谋杀率仍意味着一般人一辈子被谋杀的几率只有0.7%。[15] 到14世纪时,该比率更降至0.12‰。这种比例就算拿到现代世界来看也是高标,但多数旅客不会害怕造访今天一些犯罪率相近甚至更高的社会,如特立尼达和多巴哥(0.12‰)、爱沙尼亚(0.15‰)、菲律宾(0.14‰)、巴哈马(0.15‰)、墨西哥(0.16‰)、波多黎各(0.21‰)和巴西(0.23‰)。[16] 此外,如前面的图6.8所示,多数社会的谋杀率是从1550年就开始向现代水准收拢——早在现代经济增长之前。

社会流动

财产和人们或许安全了,异议可以表达了,但在一个顶层贵族阶级与底层农民分际严格的社会,这种安全只是一种僵化的社会秩序,无法孕育出经济增长的契机。但这是对前工业世界的又一误读。每一个案例、每一份研究都显示,中世纪的英国是高度流动的社会,人们可能生活在每一个经济阶级,从无土地的工资劳工到富豪,且各社会阶层间的流动相当频繁。

从赋税记录与庄园的法院名册来看,英国早年的收入和财富差距悬殊。例如1297年的动产税记录就呈现出财富的差异,只要财产总值超过劳工一季工资左右的家庭,就必须缴税。[17]

就算是最低阶的工人和农民阶级,最晚从13世纪开始即有活

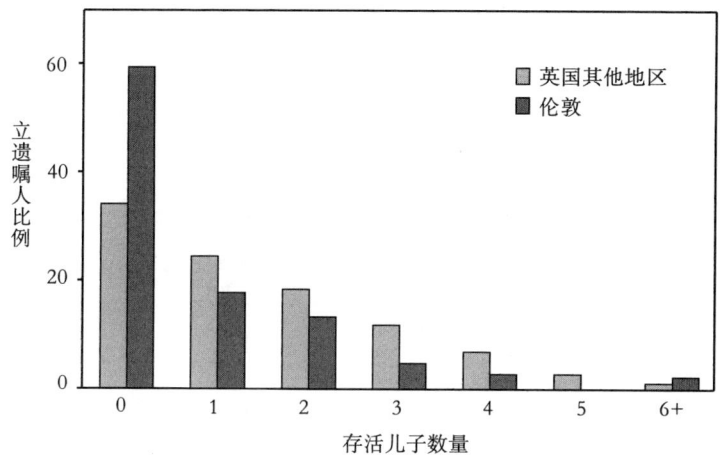

图 8.8　1620 年左右英国每位男性立遗嘱人的存活儿子数

络的土地市场,让名义上由非自由佃户持有的土地可以转移给不相干的个人。因此精力旺盛又省吃俭用的农民或劳工也可以累积土地,在农村社会阶级步步高升。这个事实揭露了从最古老的年代开始,土地持有一事就存在着极度不平等。例如 1251 年一份针对黑弗灵王室庄园的调查就揭露,在 4 个佃户各拥有 200 英亩土地的同时,41 个佃农持有不到 1 英亩土地,另外 46 名则有 1 至 3 英亩。[18]

另一个造成中世纪英国等马尔萨斯社会剧烈流动的原因,是偶然因素。图 8.8 呈现了英国男性立遗嘱人(包括伦敦及伦敦以外地方)的存活儿子数,资料沿用自我们在第六章讨论过的遗嘱。这种分布情形已成为整个马尔萨斯时代的一大特色。在伦敦之外,有三分之一立遗嘱的男性没有儿子存活,11% 还有四个以上的儿子尚存。少有父亲刚好有一个儿子,而可将其财产及地位悉数转移。旁系继承的情况时有所闻,也不乏这种案例:为维持他们的社会地位,大家族的儿子必须靠自己的力量累积财富。这表示出生和继承的偶然因素不断让人们在社会阶层间上冲流动。

这份资料也阐述了一个众所皆知的事实：前工业时代的城市，如伦敦，是人口不能自我替代的，必须靠乡村移民补充。近60%的伦敦立遗嘱人没有儿子。因此伦敦的工匠、商人、律师和行政阶层，不断通过社会流动，从乡下补充新血。

中世纪的英国在经济方面或许是个静态的社会。但我们不该被这表面的静止现象蒙蔽，而忽略社会结构的运动：个人在社会阶层上上下下，甚至暴起暴落。即便是在中世纪时期，英国有土地的贵族当中，有很多人的渊源并非贵族世系或军事功臣，而是成功的商人和律师；在12世纪以后，这些人用其积累的资金购买土地，进而晋升贵族之林。[19] 教会的高级职位又更开放了，低阶神职人员都有机会取得。在中世纪时期，英国主教——神职人员中的特权阶级——只有27%是贵族出身。其他则是较低的士绅阶级、农人或商人、商贩之子。[20]

中世纪英国的社会流动是马尔萨斯时代的常规，而非例外。中国明清两代（自1371年一直到1904年）的情形相仿，通过科举考试达到帝国官僚最高阶层者，平民就占了40%以上。何况，最晚自1450年以后，中国的有钱人也可以花钱买个一官半职。[21] 在旧制度（ancien regime）的法国，贵族阶层如果出缺，同样也会自前一代的富商和政府官员中补足。[22]

市场

中世纪英国的市场也较健全且具竞争性。例如劳工并非不能流动，不固定在某块土地或传统职业。大致来说，中世纪欧洲的地理流动（geographic mobility）高得惊人。由于城市人口的生育成效很低，一直有大量的劳动力从乡村涌向都市。1219年被称为美男子的法王腓力四世（Philip the Fair）向巴黎平民家庭征税的记录即显示巴黎有6%的外国人，包括2.1%的英国人、1.4%的意大利人、0.8%

的德国人、0.7%的佛兰德人、0.6%的犹太人,以及0.4%的苏格兰人。[23]1440年英国对外国侨民课征的人头税也显示,伦敦有1400至1500个未归化的外国男性,而当时伦敦成年男性人口大约只有15000人,所以外国男性就几乎占了全部男性人口的10%。[24]

商品市场同样是开放的。中世纪伦敦的谷类交易发展得非常完善,连私人谷仓都可以出租,按周计算。[25]从1211年以来,当地的产量就不会对庄园贩售小麦的价格构成影响。国家价格是唯一可预测当地售价的因素。[26]

目前我们拥有最早的财产交易记录来自12世纪,这些记录已让我们看到活络的土地及房屋市场。庄园的法院记录(1260年开始大量保存)也显示农民之间有非常热络的土地市场,各户农家来回买卖小块农地。[27]当时土地市场的限制当然比现代英国小得多——现在,规划者的决定可以让一亩地瞬间增值或贬值数百万美元。

知识产权

相较于现代世界,中世纪英国在财产权方面较不足的部分是知识产权。早期社会的创新者多半没有明确的权利,这些社会缺乏构想及创意也可以是财产的法律观念。因此在希腊罗马世界,如果一个作者出版了一本书,他没有任何合法或实际的做法来阻止剽窃。取得手稿的人爱怎么抄就怎么抄,而且想怎么改就怎么改。一篇文本以新"作者"之名重新发表的事时有所闻。[28]这种剽窃作品或构想的做法固然常被斥为不道德,但写作和创作完全不被视为具有市场价值的商品。[29]一直到1416年左右,威尼斯才率先推行相当于现代专利制度的规范。

但如我们所了解,制度通常反应经济环境,而非决定经济环境。在技术创新率偏低的社会,如前工业世界大部分地区的社会,不会觉得有必要建立制度来保障创新者的财产权。16世纪北欧开始建立专利权等制度，为的是想吸引拥有专门制造知识的外国工匠。倘若知识未受到法律保障，这些工人是不会移居的。

像中世纪英国这样的社会，也存在着其他应该能鼓励创新的制度。许多城镇的制造商会组织"基尔特"（guild）来保护及促进行业的利益。基尔特可向会员收取会费，支付给愿意向会员说明成效卓著之新技术的创新者。他们也会鼓励会员之间的竞争（荣誉与地位的问题大于金钱报酬），看谁把新技术运用得最好。[30]

只要我们能找到具备良好激励机制，技术发展却缓如牛步的马尔萨斯社会的例证，如中世纪英国，正式制度就不会如同多数经济学者所想象，是马尔萨斯时代如此漫长的原因。倘若正式制度是关键因素，那一定是因为马尔萨斯经济体少有甚至缺乏鼓励技术创新的激励机制。但我们稍后会在探讨工业革命本身时看到，尽管创新是工业革命的核心所在，但生产效率的大幅提升，却发生在鼓励创新的机制大幅增加之前。因此，在所有前工业社会中，一定有非正式并自我强化的社会规范抑制了创新。

下一章将探讨这些规范为什么可能一直存在于所有前工业社会之中，久而久之却被马尔萨斯机制对农业社会的文化，甚至基因等方面——的巨大影响力所瓦解。

第九章

现代人的出现

> 由此可见，现代资产阶级本身是一个长期发展过程的产物，是生产方式和交换方式的一系列变革的产物。
> ——马克思（Karl Marx）和恩格斯（Friedrich Engels），
> 《共产党宣言》，1848[1]

以现今标准及技术变革来看，马尔萨斯时代是个停滞得难以置信的时代。在这种经济结构内，我们可以预期只有一种经济特征——土地租金，会随时间而改变。至于工资、资本回报率、人均股本、人均工作时数和技能溢价（skill premium），从市场经济露出曙光到马尔萨斯时代落幕，应该都维持在同一水准上。以上种种，让"经济如何逃脱马尔萨斯陷阱"之谜更加扑朔迷离。公元1800年以前的静止，究竟是如何转变成后来的动能呢？

前面几章我们已经列举了许多实证，充分证明该时代的生活水准停滞，生产效率也累积得相当缓慢。然而，虽然有这些事证，马尔萨斯时代经济的基本特征仍发生深刻的变化。尤以四种变化最为明显：一、公元1800年时，利率已从早期社会的天文数字下降到接近现代水准；二、识字与算术已从罕见的能力变成基本能力；三、工作时数从狩猎采集社会时代一路增加，1800年时已达现代水准；四、人与人之间暴力相向的情况愈来愈少。以上种种转变，证明社会有逐渐蜕变成"中产阶级"的倾向。节俭、审慎、协商及勤奋逐渐取代先前的挥霍、冲动、暴力与喜欢安逸,成为社群的价值观。

人类的喜好会产生这种显著的变化,一个貌似有理的原因是在前工业时期的英国,富者生存的现象非常明显。自公元前7000年至前6000年起,新石器农业革命所造就的制度稳定的农业经济,已慢慢塑造了人类的行为——或许在文化上如此,基因上亦可能如是。[2] 动物族群的实证显示,就算某项特性先前对生存毫无影响,而以各种频率存在族群之间,强大的选汰压力仍可能在短短数代之内改变该族群的特征。[3]

在1800年左右制造工业革命的定居农业经济体的成员,虽然日子没有比旧石器时代的祖先好过,态度和能力却有根本性的改变。工业革命爆发的确切日期和导火线或许仍是个谜,但在制度稳定的马尔萨斯经济结构内,它发生的概率与日俱增。在长达八千年至一万年的前工业农业时代,技术、制度和人民携手跳了一支精心编排的舞。

利率

不论在哪个经济体,除了土地租金和工资,最深奥的一种价格莫过于使用资本需付的利率。资本,即用以协助现有生产的累积产出,存在于所有经济体中。在工业革命前的定居农业经济,它最主要的形式就是住宅及土地的增值。但在气候温和的地区,还有一项要素是土地累积的肥力,这相当于一家银行,让农民可视需求的缓急存提款。因此,中世纪的欧洲、印度和中国单位产出的资本,不下于现代经济。

将资本结合劳力与土地就可以提高产能,因此资本和土地一样也有"租金",而这种租金若以资本价值的回报率计算,就是我们所谓的"利率"或"资本回报率"。实际利率就是指贷方出借价值100

元的资本每年可获得多少钱的租金,扣掉资本贬值后的净利。实物的腐坏或(以金融资本为例)通货膨胀造成的价值损失,都是资本贬值的原因。在每一个社会,这种内含的利率都可以计算,而土地和房屋即是以这种利率进行租赁和买卖。

在通货膨胀率较高且大幅波动、资产价值变动迅速的现代社会,要计算实际利率并不容易。但一如我们在英国的例子中所见,高通货膨胀大体上是一种在马尔萨斯时代看不到的现代问题。所以在1800年以前的英国,资产的名义回报率(nominal return),即每年付给地主的款项除以价格,就可以算出颇为精确的实际资本回报率。就英国而言,我们有两种计算回报率的方法,可从近代一路回溯至1200年,其间遇到的阻碍不多。其一是农地所有权的回报率,农地是公元1800年前最重要的资产。其二是租金的回报率(译注:这里的租金为"rent charge",指土地所有权的继承人按遗嘱或合同应向第三人定期给付的费用)。租金是长期不变、名义上的债款,有土地或房屋作为担保。由于租金的金额一般远不及土地或房屋的出租价值,所以每年租金总金额与租金价格的比例,即为另一种低风险资产的利率。

以这两种报酬来衡量前工业欧洲的资本回报率,还有一个值得注意之处:在天主教教义下,两者皆能免于高利贷的污名。既然土地和房屋是具有生产力的资产,持有人收取报酬一事就不会被视为放高利贷,报酬的金额也无上限。但这两种报酬的清白得来侥幸——因为综观中世纪欧洲各地,教会正是最大的地主与租金的收取人。

图9.1显示1170至2003年英国农地及租金的回报率,每十年一计。中世纪英国的实际回报率大多维持在10%以上。至工业革命前夕,这两种回报率皆已降至4%至5%。

中世纪英国的回报率其实就足以代表同时期欧洲的回报率。表9.1显示1200至1349年间,欧洲其他地区土地购买与租金的回报率。各国之间的差距小得令人意外。欧洲其他地方也呼应了英国利率下

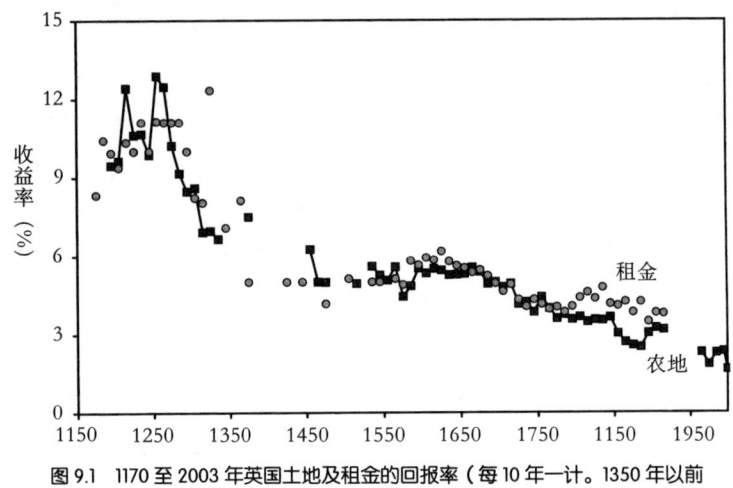

图9.1　1170至2003年英国土地及租金的回报率（每10年一计。1350年以前的土地回报率为每30年的平均值，因为这些年代的计算方式较有争议）

滑的现象。1600年时，热那亚、荷兰、德国和佛兰德的回报率均已自这样的中世纪水准有所下降。[4]

表9.1　1200—1349年欧洲各国的资本回报率

国家	土地	租金
英国[a]	10.0	9.5
佛兰德[a]	—	10.0
法国[a]	11.0	—
德国[a]	10.2	10.7
意大利[b]	10.1	10.7

资料来源：[a]Clark, 1988, table 3. [b]Herlihy, 1967, 123, 134, 138, 153 (Pistoia).

以现代标准来看，公元1400年以前，在我们握有充足实证、可计算利率的每一个社会，利率都相当高。[5]在公元前5世纪至2世纪的古希腊，以不动产做担保的贷款平均可创造近10%的报酬。提洛岛上的阿波罗神庙，在这段期间内就将稳定流入的献金以10%的贷款利率进行投资。[6]基督出生后的三百年间，罗马时代埃及的土地一般能创造 9% 至 10% 的报酬。有土地做担保的贷款则普遍有 12% 以上的回报率。[7]

中世纪印度同样是高利率的社会。公元 1 至 9 世纪的印度法律容许有财产质押的贷款收取面额 15% 的利率，若只有人身担保，贷款利率甚至可提高到 24% 至 30%。从记录公元 10 世纪时印度南部寺庙捐赠细目的铭文，我们得知当时的投资利润在 15% 左右。[8] 1535 至 1547 年，印度南部寺庙的投资回报率仍至少有 10%，远胜于当时欧洲的利率。毗奢耶那伽罗帝国（Vijayanagar Empire）时期，蒂鲁柏蒂神庙（Tirupati Temple）的投资灌溉改良工程就创造了 10% 的回报率，超越捐赠者的目标。但由于这座神庙平均只收取灌溉土地租金的 63%，因此这些投资的社会回报率其实高达 16%。[9]

上述利率已经很高，更早期农业经济的利率更是高得惊人。在苏美尔地区（Sumer），即古巴比伦尼亚的发祥地，公元前 3000 至前 1900 年借出银器（不是谷物）的利率为 20% 至 25%。在公元前 1900 至前 732 年间的巴比伦尼亚，借出银器的回报率一般在 10% 至 25% 之间。[10] 公元前 6 世纪，巴比伦尼亚的平均贷款率为 16% 至 20%，就算这些贷款通常有房屋或其他财产做抵押。来到 16 世纪的奥斯曼土耳其帝国，对簿公堂的债务诉讼案例也显示，当时的利率在 10% 至 20% 之间。[11]

若要讨论狩猎采集社会的回报率，我们就缺乏直接的事证了。狩猎采集社会没有明确的资本市场，由于缺乏可拿来抵押的不动产，借贷可能会面临很大的拖欠风险。不过，在任何社会，决定利率的基础都是相同的，即所谓的"时间偏好"（time preference）。时间偏好的概念很简单——在其他一切条件相同下，人们会偏好现在就消费，而非以后再消费。我们以"时间偏好率"来计算这个倾向有多强，这个百分率是指明年某物品的消费量必须比今年高多少，人们才会不在乎现在还是以后再消费。

时间偏好率以小孩子最高，而随年龄下降。实验显示，6 岁美国孩童的时间偏好率大约为每天3%。也就是说，要给他们相当于3%以上的日利率（或150%的月利率），他们才愿意延迟收取报酬。[12]同一社会不同人的时间偏好率也有差异。贫穷及教育水准较低的人时间偏好率较高。就以加州学龄前的孩子来说，时间偏好率较高的孩子，日后的学业表现会比较差，学术能力评估测试（SAT）的分数也比较低。[13]

人类学家已设计出多种方法来计算前市场社会的时间偏好率。比如他们观察一些利益会在未来不同时间分次出现的活动，看它们的相对报酬，例如挖掘野生块茎和捕鱼是立即报酬，而设置陷阱、清理土地及栽种、饲养动物的报酬则在未来几天、几月、几年后才会实现。

举个例子，最近一项以马达加斯加米其雅（Mikea）采集农人为对象的研究发现，典型米其雅家庭耕种的土地不及喂饱自己所需的一半。而玉米游耕的报酬非常丰厚，工作一小时平均至少能生产74000大卡。反观采集块茎植物平均每小时的报酬只有1800大卡。虽然如此，米其雅人的食物仍有相当大的比例仰赖采集，因此他们大部分的时间也花在采集活动上。这表示米其雅人的时间偏好率非常高。[14]詹姆斯·伍德伯恩（James Woodburn）主张坦桑尼亚哈扎人也不关心遥远的利益："采收莓子的时候，他们通常会砍断整条树枝以便摘取，完全不考虑未来产量减少的问题。"[15]就连可预见的未来也无关痛痒。巴西的皮哈西亚人（Pirahã）更无视于未来的利益。长年研究皮哈西亚语言及文化的语言人类学家丹尼尔·埃弗里特（Daniel Everett）断言，皮哈西亚人对于未来的事情和利益几乎漠不关心。[16]

利率为什么会下滑？

我们可以说实际回报率（r）由三大要素组成：时间偏好率（ρ）、

违约风险溢价（default risk premium, d），以及反映整体预期年收入增长的溢价（ψg_y）。因此：

$$r \approx \rho + d + \psi g_y$$

人们在消费方面的时间偏好并不能归因于理性行动的考量。事实上，有些经济学家反而认为它代表人类心理有系统背离理性行为的现象，理性的人应该没有纯粹的时间偏好。经济学家认为，时间偏好率是内置于人类心智上，而且从演化过程初期就产生并延续至今。[17]

利率中的"增长溢价"反映了以下事实：如果每个人的收入都在增长，就更难说服人们把钱借出去而延迟消费。假设每个人都知道20年后他们的收入将会倍增（这是许多现代经济会发生的实例），那么人人都会宁可向未来借支，现在就享受更棒的消费，而不会在他们比较穷的时候存钱，等有钱了再挥霍。唯有利率升到更高的水准，才会有够多人愿意现在存钱，而不是消费。既然收入持续增长的情况是在公元1800年以后才出现，依照上述收入效应，利率应该会随着我们从马尔萨斯时代进入现代经济而提升（当然，我们并未见到这种升息的现象）。活在高利率社会的应该是我们，而不是马尔萨斯时代的英国人。

违约风险也无法解释早期利率为什么会那么高。违约风险溢价（d）也反映所有投资都有若干风险，投资资本未必会造就未来的消费，可能反而造成损失的事实。投资人亡故是其中一个原因——不过如果投资人愿意造福子孙，或许就不会要求这么高的风险溢价了。但我们从马尔萨斯时代的死亡实证得知，投资人的死亡风险并未随时间改变，因而无法解释公元1800年以前利率为何会下降。

中世纪英国投资回报率中那6%至8%的额外回报若来自违约风险，就一定是衍生于资产征收上的风险。但我在前一章一再强调，中世纪英国是非常稳定的社会，土地投资背负的风险其实非常的低。充公或强制征收的情形非常罕见，长期来看，实际土地价格也非常稳定。

中世纪土地市场几乎保证能提供 10% 以上的实际回报率，风险微乎其微。那是一个任何人都可以靠存钱和投资小部分收入来显著改变社会地位的社会。就以 13 世纪一个无土地的农工为例，身处社会底层的他，如果从 15 岁开始每年拿年薪的 10% 投资土地，收得的租金也转入再投资，到 50 岁的时候，他就能累积 85 英亩地传给子女或让他们自己安逸终老，自己也可以在多数中世纪村落跻身最大自耕农之林。

在任何社会购买土地还有一个风险来源：可能另有人主张土地归他所有。中世纪的司法制度是否如此残破不堪，让房地产买卖充满风险呢？

任何诸如此类的解释都会碰到一个问题：中世纪英国的不同时期，有截然不同的司法体系与法律结构。例如公元 1200 年前，伦敦从国王身上拿到许多特权。首先是伦敦被允许向国王缴纳定额的"伦敦农地税"，可为此每年缴纳一次的税款自行设计征税方式。伦敦也获许任命自己的法官，权力甚至高于刑事法院（crown court），因此伦敦人只归伦敦人审判。土地诉讼会依伦敦的法律裁决，就算在国王法庭也一样。伦敦人可免于决斗审判（trial by battle）这个始于诺曼王朝的传统，此一传统让 1270 年代以前的某些财产诉讼可通过武装战斗来解决。

在理查一世（Richard I）及约翰王（John）统治时期（1189—1215），国王的财政问题迫使他们低价售出许多其他城镇的权力与特权，和伦敦的情况类似。因此在 1200 年时（或不久之后），英国都市地区已拥有诸多地方司法管辖权，财产管辖权也包括在内。若说土地和租金的高回报率是财产法内容有缺陷或执行不力所致，那么我们可以料想，有些地区的执法优于其他地区。在财产权界定最清楚的地方，回报率将最低。就 1349 年以前的租金回报率而言，我手边有一小群城镇的数据，可将它们的平均回报率与全国平均值做比较。比较结果如表 9.2 所示。六个地区的回报率与全国平均值相去无几。如果财产权的不安全可用以解释中世纪的高回报率,那么不同的司法体系竟创造出程度相仿的"不安全",这巧合也未免太惊人了。

表 9.2　1170 至 1349 年各地的租金回报率

地点	数据量	平均回报率（%）	回报率中位数（%）
全国总平均	535	11.0	10.1
坎特伯雷	30	11.8	12.2
考文垂	48	11.4	10.0
伦敦	84	10.3	10.0
牛津	68	10.2	10.0
埃文河畔的斯特拉福德	8	11.7	12.3
萨德伯里	8	11.1	12.3

注：计算平均回报率时，我们舍去了 21 个低于 4% 或高于 25% 的数据。若不舍去，整个样本的平均值为 11.5%。

依赖"财产不安全"这种解释的第三个问题是，即使财产权在早期社会普遍未受保障，也会有一些时期较有保障、一些时期较无保障。因此，如果被没收充公的风险是造成早期社会利率走高的缘由，那么利率就应该随时期波动，且与政治变化脱不了关系。但利率不仅是平均值高，而且在我们可以计算得相当精确（例如用租金计算）的时代，它似乎一直都很高，而且稳定。因此，请注意看图 9.1 中，1180 年代至 1290 年代的租金回报率，每十年的下跌幅度都在均值 10.4% 的 1% 以内。如果这些高回报率是财产极度不安全所致，为什么在这个政权变化剧烈的时代，每十年的回报率并未出现显著的差异？

例如在 13 世纪，约翰王（1199—1216）及亨利三世（Henry III，1216—1272）当政期间是英国最混乱的时期。约翰王末年曾有男爵公开叛乱，后于 1260 年代亨利三世在位时又造反一次。爱德华

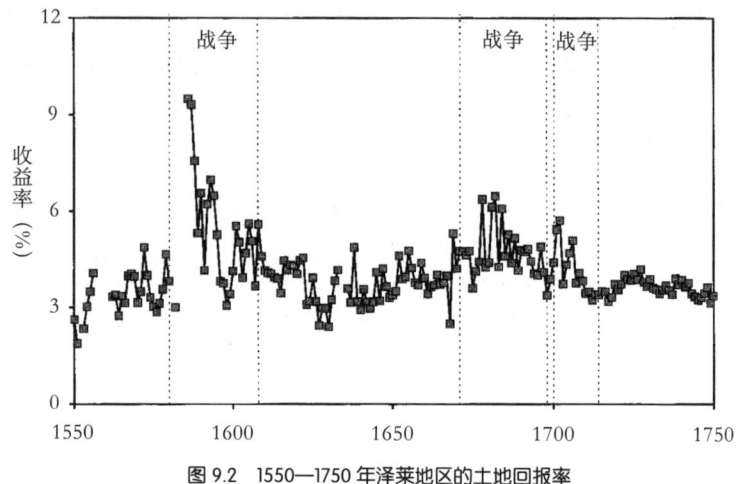

图 9.2　1550—1750 年泽莱地区的土地回报率

资料来源：De Wever, 1978.

一世（Edward I, 1272—1307）带来近 40 年的安定与强大的中央政府，但他的儿子爱德华二世（Edward II, 1307—1327）又是个无能昏君，最后竟被妻子和情夫罢黜、谋杀，由他们的儿子继任王位。但太平盛世（如爱德华一世在位时）与盛行利率之间并无关联。不论政局如何，公元 1300 年之前的利率始终居高不下，不过在 1307 至 1327 年的动荡时期，确有下降迹象（见图 9.1）。

　　1550 至 1750 年间佛兰德泽莱地区的投资回报率可见图 9.2。当时这个地区饱受战争及内乱之害，这些回报率再度呈现战争的影响：1581 至 1592 年购买土地的回报率比其他年代高出甚多。但值得注意的是，尽管战乱频仍，这 140 年的平均土地回报率只有 4% 左右。荷兰和比利时是前工业时代回报率率先逼近现代回报率的欧洲地区。就算在 1581 至 1592 年间再度沦入西班牙之手，许多新教徒逃离泽莱等地，奔向荷兰的悲惨岁月，土地投资资本的平均回报率仍低于 10%——就算是中世纪欧洲最安全的环境，土地回报率也始终稳定维持在 10%。

识字能力与计算能力

随着工业革命愈来愈接近，在我们看到利率下滑的同时，社会基本的识字与计算能力却有显著提升。在古典与中世纪欧洲，就连一般富人的识字能力与计算能力也弱得惊人。表 9.3 显示公元 3 世纪罗马时期的埃及一位有钱地主奥勒留·伊希多鲁斯（Aurelius Isidorus）曾五次提及自己的年龄，但每次都不一样。显然伊希多鲁斯先生完全不知道自己的年龄，两年内提到的年纪竟然相差八岁。由其他资料也显示伊希多鲁斯根本是文盲一个。

表 9.3　奥勒留·伊希多鲁斯提到的年龄

日期	提到的年龄	推算生年
297 年 4 月	35	262
308 年 4 月	37	271
308 年 8 月	40	268
309 年 6 月前	45	264
309 年 6 月	40	269

资料来源：Duncan-Jones, 1990, 80.

伊希多鲁斯宣称的年龄反映了无识字与计算能力者的常见模式：他们有用 0 或 5 做尾数的倾向。在年龄记录正确的人口中，会有 20% 的年龄是以 5 或 0 做尾数。因此我们可以设计一个变量 H——计算"年龄积算"（age heaping）的程度，公式为：

$$H = \frac{5}{4}(X - 20)$$

X 是宣称年龄以 5 或 0 为尾数的比例——计算未知实际年龄者的比例。这样计算出的未知真确年龄者所占的比例，与现代社会识字率有一定的契合性。

罗马上层阶级普遍不知道自己真正的年龄，这点从生者在墓碑上所刻的年纪即可获得印证,如表 9.4 所示,他们年龄积算的程度很高。一般来说,有一半的逝者其年龄不为亲友所知。年龄的认知程度确实与社会阶级有关。有 80% 官员的年纪为其亲人所悉。若拿这份资料与近代欧洲的死亡记录做比较,我们发现,在工业革命前夕,一般民众对年龄的认知程度有显著的提升。18 世纪时,巴黎只有 15% 的一般民众在死时不知自己的年纪,日内瓦及列日(Liege)则分别为 23% 和 26%。[18]

表 9.4 各时代的年龄积算

地点	日期	类型	群体	不知自己年龄者的比例
罗马[*a]	帝国	城市	富人	48
罗马时代非洲[*a]	帝国	城市及乡村	富人	52
迦太基[*a]	帝国	城市	富人	38
英国[b]	1350 年前后	城市及乡村	富人	61
意大利佛罗伦萨[a]	1427	城市	所有人	32
意大利皮斯托亚[a]	1427	城市	所有人	42
佛罗伦萨领地[a]	1427	乡村	所有人	53
英国科尔夫堡[c,d]	1790	城市	所有人	8
	1795	城市	穷人	14
英国阿德利[e]	1796	乡村	所有人	30
英国特尔林[f]	1801	乡村	穷人	19
英国棉花产区[g]	1833	城市及乡村	工人	6

资料来源:[a]Duncan-Jones, 1990, 84-90. [b]Russell, 1948, 103-11. [c]Hutchins et al., 1796, xc-xciii. [d]Dorset Record Office, P11/OV197. [e]Essex Record Office, D/P 263/1/5. [f]Essex Record Office, D/P 299/12/3. [g]Parliamentary Papers, 1834, 21-31.
注:* 指死亡年龄。因为年龄积算的情况在老人间比较明显,这张表设定的年龄层在 23—62 岁间。

我们也可以通过检视生存者的人口普查来看年龄觉知情况。中世纪意大利率先做了一些历史最悠久的人口普查,包括知名的 1427 年佛罗伦萨人口普查(catasto),这是为利于征税而做的大规模财产调查。尽管佛罗伦萨是当时世界最富裕的城市之一,更是文艺复兴的中心,却仍有 32% 的人口不知道自己几岁。反观 1790 年代英国小镇科尔夫堡的人口普查显示,在镇上区区 1239 位、且大多为工人的居民中,只有 8% 不晓得自己的年纪。如表 9.4 所披露,1800 年左右的英国贫民,比罗马埃及时代的官员还清楚自己的年龄。[19]

罗马墓碑记载的年龄还有一个特色:许多年龄都被严重高估。我们知道古罗马时代的出生时预期寿命只有 20 至 25 岁。但墓碑显示的死亡年龄竟高达 120 岁。在北非,传说有 3% 的人活到 100 岁以上。[20] 这些应该几乎都是不可能的。相对来说,1600 年前后英国 250 位较富有的立遗嘱人(他们的年龄可从教会记录证实),最高也不过活到 88 岁。但纪念富裕罗马祖先的子孙,在记录这些惊人年龄的同时,却未察觉到任何荒谬之处。

至于识字能力,我们手边最早的衡量方式便是人们能否在各种法律文件上签名,如图 9.3 所示。就英国而言,这种判别识字能力的替代方法可回溯至 1580 年代,诸如新郎能否在结婚登记上签名,以及目击证人能否在法院具结书上签名等等。衡量结果亦显示,随着英国走向工业革命,识字率也呈现长期向上的趋势。

我们很难找出方法测量公元 1580 年以前的识字率,但我们知道中古欧洲的识字率一定低得可怜。例如在 1066 年诺曼征服后的英国,神职人员拥有只在教会法庭受审的特权,俗称"圣职特典"(benefit of clergy)。普通法庭的被告能否主张拥有圣职特典,就看他能否朗读一段《圣经》文字。1351 年时,这成为法律明文规定的测验。在中世纪时期,未受过神职训练的人很少有识字的,因此识字能力被视为相当准确的测验。

早期社会的低识字及计算水准,乃伴随俗称"长期茫然"(chronic vagueness)的早期人类心理而来。记事及编年史里常出现惊人的数据,就连最粗略的调查都能证明它们有多夸大。例如坎特伯雷的热尔韦(Gervaise)在记录 1159 年英王亨利二世与法国图卢兹伯爵

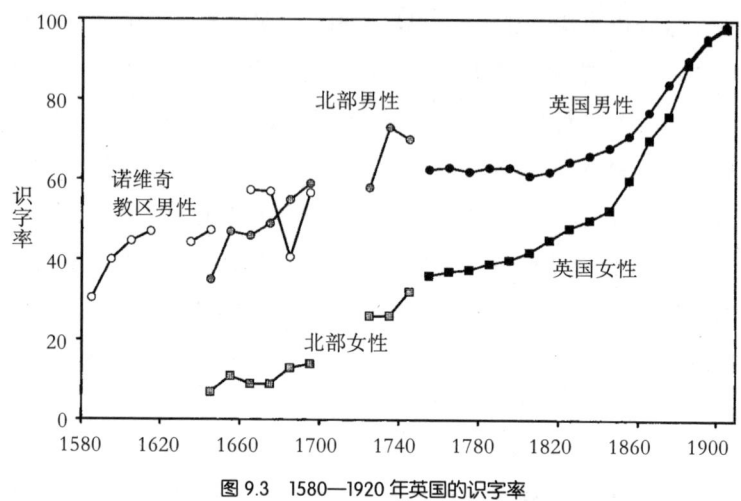

图 9.3 1580—1920 年英国的识字率

资料来源：1750—1920 年代的资料引用自 Shofield, 1973，签署结婚登记的男性及女性；1630—1740 年代北部的资料出自 Houston, 1982，签署法院具结书的目击证人；1580—1690 年代诺维奇教区的资料引用自 Cressy, 1980，签署教会法庭声明的目击证人。

（Count of Toulouse）的交战时就写到，英国征收了 18 万英镑的特别税来支应战争开销。英国财政部的记录则显示确切金额只有 8000 英镑左右。文多弗的罗杰（Roger of Wendover，当时的顶尖学者）指出 1210 年时牛津有 3000 位硕士和学者。但根据后来的大学历史，真正的数字应该不超过 300 人。伟大的罗马史学家塔西佗（Tacitus）形容一起发生在斐德内镇（Fidenae，位于罗马附近）某私人竞技场的事件造成木制看台崩塌，夺走五万条人命。但从后来的经验我们可以得知，这类发生于大型运动赛事的观众席崩塌意外，了不起多添一百条亡魂。[21]

计算能力与识字能力的提升，似乎不是由马尔萨斯经济体系中的任何市场因素所驱动。例如，没有任何迹象显示 1800 年时英国给予计算能力和识字能力的报酬高于 1200 年时。我们固然不能直接测量这点，但无疑的，劳动力市场其他技术的溢价，长期来看似乎确实呈现下滑趋势。因此,如果我们要测算1200至2000年期间建筑工匠与其助手的工资,如图9.4,我们会发现技术溢价在早期,也就是在1349年黑死病暴发前是最高的。当时工匠的工资接近工人的两倍。如果有任何累积技术的动机,那存在于早期经济中。此后,从1370至1900年的五百年间,技术溢价开始下滑至较低但相对稳定的水准,进入20世纪后又进一步下跌。因此,技术与训练在市场能获取最大报酬的时期,距工业革命相当久远。

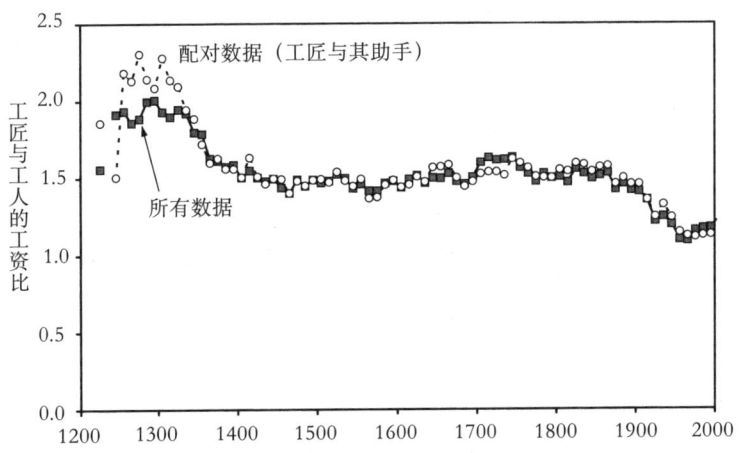

图9.4 1200至2000年英国工匠和其助手的工资比较(早期的相对工资看来有所差异,乃取决于使用所有工资资料或仅使用工匠与其助手的成对资料来计算)

在英国等地,识字与计算能力会在1800年的前夕有所提升,也非任何形式的政府规范或干预所致。人们的教育经费绝大部分是私自筹措的(不过慈善机构的捐助日益增多)。

工作时数

我们在第三章看到,相较于狩猎采集及游耕社会,1800年英国的工时相当高。由于前工业时代记录不全,我们很难断定工时究竟是从什么时候开始拉长。英国的转型显然发生在工业革命开始之前。但以狩猎采集社会的标准来看,中世纪英国的工时已经很高了。[22]

因此,尽管前工业社会的生活水平停滞不前,尽管我们不明就理,但我们已经看到届 1800 年之际,至少在欧洲一些地方,已经出现截然不同的社会。资本收益跌到接近现代水准,工作远比狩猎采集社会辛苦,技术溢价变低了,人与人间的施暴率也下降了,识字能力与计算能力业已提升。在社会每一个层面,英国等地区都变得愈来愈"中产阶级"了。[23]

违法暴力

前文提到,英国在 1190 至 1800 年的前工业时期,谋杀率(但英国是我们唯一可以算出这一数据的前工业社会)逐渐下降。伴随人际暴力趋缓而来的,是大众对血腥、酷刑及暴行的喜好减弱。早期的社会——如巴比伦尼亚、希腊、罗马、印加——日常生活中的许多细节似乎与我们雷同,唯独一件事除外:他们显然嗜血如命。罗马人似乎是最恶劣的。人们把处决罪犯当成一种运动,在大竞技场(Coliseum)或小型城镇的露天剧场施以焚烧、强奸、凿穿、砍劈或分尸。罗马人的俘虏也要在寻求刺激的民众面前互殴至死,以供娱乐。暖场秀则是野生动物相互攻击,或是人兽搏斗。

就算在中世纪时期,英国也绝对不会见到这般邪恶的场景。不过斗鸡、犬咬熊、犬咬牛、公开处决以及公开展示处决后的腐尸,至 18 世纪仍是广为流行的消遣。拥有高雅音乐和文学品味的佩皮斯,在他的日记中冷冷地记录了 1660 年 10 月 13 日的事件:"走到查令十字街,看到哈里森少将吊在那里,扭曲了,肢解了;他看起来跟任何处于那种情况的人同样愉快。他刚被割下,头和心脏展示给人们看,引起阵阵开心的呼喊……从那里带卡坦斯船长和谢普莱先生到太阳酒馆,请他们吃牡蛎。"[24] 他轻描淡写地叙述的是某人被勒至半死，而后被开肠剖肚、阉割、眼看着自己的器官被烧毁，最后终于被斩首的画面。这种建立在别人痛苦上的快乐逐渐褪去：英国最后一次因叛国罪进行的这类处决发生在1782年；1789年后，谋害丈夫或伪造货币的女性不再施以火刑。[25] 到贝德兰姆（Bedlam，英国第一家精神病院）看精神病患（这是18世纪伦敦颇为风行的消遣）的观光客聚众闹事，迫使当地政府在1764年雇用四名警察加四名助手在假日巡逻走廊。[26] 最后，1770年起，仅限持有医院当局核发之门票者才能入内参观。1832年，对死刑犯尸体实行绞刑的做法被废止；斗鸡和犬咬熊、犬咬牛等活动也在1835年被法律禁止。最后，公开处决在1869年宣告落幕。

选汰压力

随着工业革命的日子愈来愈近，马尔萨斯社会为什么会发生这样的变化？社会历史学家或许会诉诸16世纪的宗教改革，思想史家会归因于17世纪的科学革命或18世纪的启蒙运动，所以才会有这种说法："西方世界的启蒙运动是人类史上唯一一次因转化为经济增长而不可逆的思想运动。"[27]

但将工业革命归功于经济领域外的动力，会产生一个问题：他们只是把问题往后推一步而已。就像将"世界从何而来"的答案诉诸上帝，势必会衍生"上帝从何而来"的问题一样。

新教徒或许会说北欧的识字率是在公元1500年后才开始上升。但为什么要到天主教教义确立一千多年后，才出现那位籍籍无名的德国传教士使一般民众的信仰产生深刻变革？科学革命或许可以解释其后的工业革命，但为什么人类会错过少说五千年的机会，直到17世纪才开始对自然世界进行有系统的实证研究？[28] 还有，要是那突然出现且不明缘由的科学革命未曾发生，世界会永远深陷马尔萨斯陷阱吗？意识形态或许改变了社会的经济观，但意识形态本身也是基本心态的表现，包括源出经济领域的基本心态。

基于我们在第六章讨论的强大选汰过程，其实我们并没有必要召唤那位带领我们脱离马尔萨斯时代的天降神兵。社会之所以变得较有耐心、较少暴力、工作勤奋、识字程度高，且更细心周到，其力量本就存在于巩固前工业社会的马尔萨斯假说中。如图9.5就显示1630年左右的识字率与财富的关系。我们在第六章讨论过，最有钱的立遗嘱人（几乎都识字）留下的子女是最贫穷者（只有约30%识字）的两倍。世代更迭后，在人数上识字者的儿子会多于文盲之子。

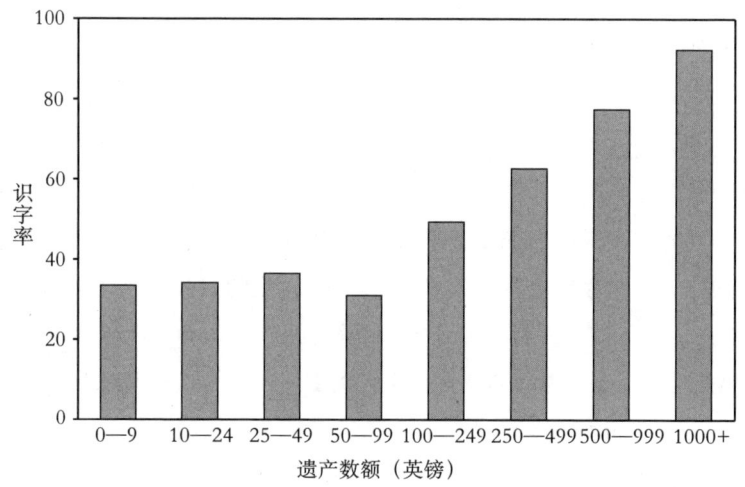

图9.5　1630年英国男性立遗嘱人的识字率与遗产

农业社会与狩猎采集社会的差异，在两方面最为关键。农业能供给更高的人口密度，因此人们现在不再以20至50人为聚落，而是在有数百乃至数千、数万人以上的社区生活。据估计，公元前2500年苏美尔人已有规模达四万人的城市。[29] 农业社会中也有一些人拥有大量的资产，如土地、房屋和动物。这些社会的规模让货币可作为交易媒介而广泛使用。这种规模，以及资产收入的重要性，使人们必须长久记录财产的所有权及转移情况。因此，从古苏美尔和巴比伦尼亚时代,即有大量的泥板文献记载租赁、销售、遗嘱及劳力契约等情况。

在这些社会的制度及技术背景下,有全新的一组人类基本特性,对于累积马尔萨斯时代唯一重要的"货币"——生育成效——至关重大。从前无关紧要的识字与计算能力,在前工业时期的农业社会却双双有助于达到经济成就。由于生育成效与经济成就息息相关,数字及文字能力也变得重要起来。耐心和勤奋在资本庞大的社会中找到新的报酬,因此这些特性也开始为人所好。

贸易和生产的循环也有助于激励人们创造新的算术与书写方法,以便于计算及记录。例如欧洲人会以阿拉伯数字取代罗马数字,贸易及商业需求就是背后的助力。在中世纪欧洲,"商业需求为算术的传播和增长构成重要的刺激"。在欧洲,没有市场压力的宗教团体和政府,往往最晚采取这些创新。英国财政部到 16 世纪还在用罗马数字记录。但从 13 世纪以后,阿拉伯数字逐渐宰制商场,而许多探讨算术的专著,显然是以商界人士为目标读者。[30]

于是,定居农业社会的市场特性在两方面刺激了知识生活。它创造了一种需求——如何以更好的符号系统掌握商业和生产;也创造了一种供给——熟悉如何运用这些系统,以达经济目的的人。尽管生活水准陷于停滞,受制于这种水准的人类文化,甚至基因,却在选汰压力下起了变化。所以马尔萨斯社会,诚如达尔文所识,天生就会被"适者生存"形塑。社会以生育成效奖励若干行为,而这些行为终将成为社会的规范。

定居农业时代的拂晓,也就是公元前 8000 年新石器时代的社会,究竟是何风貌?从现代的狩猎采集及游耕社会观察,我们可以料想早期农民是冲动、激烈、不会算数、不识字又懒惰的。这些族群的人种凸显了他们的高时间偏好率、高施暴率,以及低工作投入。抽象的推理能力也相当有限。

巴西亚马孙地区的狩猎采集族群皮哈西亚人是最极端的例子。

他们只有三种代表数量的语言："hói"（约为1）、"hoí"（约为2）和"aibaagi"（很多）。一旦物体的数量超过9，他们可能就无法形容。[31] 但皮哈西亚人是非常厉害的猎人，有关空间与其他能力的测验成绩也很出色。同样的,许多现存狩猎采集社会的量词也只有1、2和"很多"。由此可见狩猎采集社会并不面临非拥有某种心态及能力不可的选汰压力，而正是这种心态和能力促成了工业革命。

新石器革命后的新世界将经济成就赐予狩猎采集社会普遍缺乏的特质：有耐心、为了在未来享受更大的消费而愿意等待的人，喜欢长时间工作的人，以及会运用正规方法计算林林总总的投入及产出（生产何种作物会有获利、要为它投入多少、投资哪块土地有利可图等）的人。而我们在英国的例子（至少从中世纪开始）里看到，在经济制度有所成就者——即累积资产、取得技术、有读写能力的人，在每一个世代所占的比例愈来愈高。因此我们或许可以这么说：人类在穿过漫漫农业长廊，步向工业革命的过程中，生物构造上已愈来愈能适应近代的经济世界。

这并不是说在工业革命前夕定居农业经济的民众已变得比同时期狩猎采集社会的居民"聪明"。因为正如贾雷德·戴蒙德指出，狩猎采集者可是运用了许多复杂的技能，才得以继续生存及繁殖。[32] 图9.6即阐述了这点。图中显示1830年代一群英国农业劳工的收入数据，以及亚契猎人的收入资料（以每名猎人每天猎得肉类的重量计算）。英国农场工人收入的黄金时期是在20岁左右，亚契猎人却到40出头才达到巅峰——尽管亚契人的身体在20来岁时最强壮。[33]

由此可见，不同于农业劳动，狩猎是一种需要岁月累积方能驾轻就熟的复杂活动。重点不是农业社会把人类变得更聪明。就一般人而言，与农业社会有关的劳动是把工作变得更简单、重复性更高。重点是农业社会以经济成就和生育成效来奖励一套与前农业世界迥异的技能和性格，诸如一连数小时、日复一日地执行简单、重复工作的能力。在一切生存基本需求均已满足后仍继续工作，这毕竟不

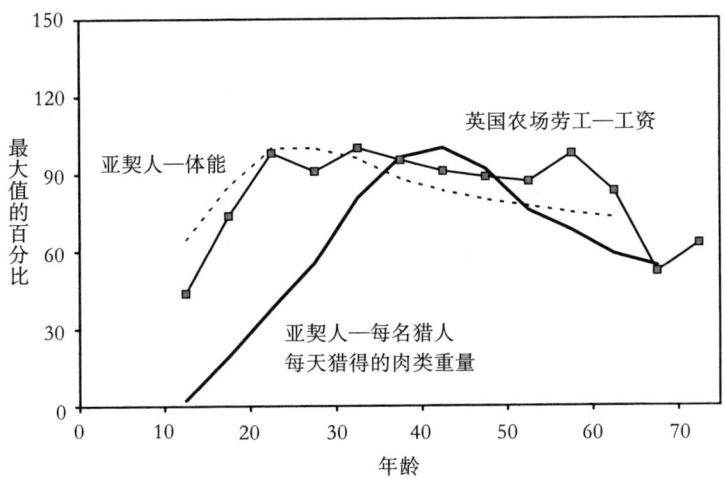

图 9.6　狩猎采集与农业社会的终身产出

资料来源：狩猎成就及体能的资料出自 Walker et al., 2002, 653；英国农田工资来自 Burnette, 2006.

是什么正常、和谐的性格。

通过富者生存进行的选汰过程，强度似乎也会因定居农业社会的环境而异。因此在 17 世纪新法兰西（New France，今魁北克）土地丰富、人口密度低而工资极高的边远地区，生育成效最高的是最贫穷、识字程度最低的人。[34] 社会愈安定、生育成效愈少依赖战争与占领，这些机制就愈有运作的可能。

我们在第八章讨论过，经济学的基本概念是：各个社会之所以有不同的经济成果，是由于不一样的社会制度会创造出不一样的激励所致；如果每个人都得到相同的激励和信息，就会采取同样的行动——在经济方面。但我们在这一章证明，就前工业时代的世界史而言，这个假设是站不住脚的。随着世界走近工业革命，禁不住马尔萨斯经济的压力，人们的喜好已然转变。

下面几章我们将探讨马尔萨斯时代的选汰压力及其对各社会的不同程度影响会如何左右工业革命的时间、地点和性质。

[第二部]

工业革命

第十章

近代的增长：各国的财富

> 看呀，我立了条圣约。我会在你们所有人面前创造奇迹，是从未在整个尘世或任何国度里出现的事情。
>
> ——《圣经·出埃及记》34:10

公元1800年前后，在西北欧及北美，人类在马尔萨斯世界的漫长历程告一段落。人口与生活水准之间的铁律——即人口增加会立即造成工资下降的定律——终于彻底瓦解了。例如在1770至1860年间，英国人口增长两倍，但实际收入不但没有下滑，反而还提升了（图10.1）。一个新时代揭开了序幕。

在这次看似突如其来、对唯物论者宛如越过约旦河一般的大脱逃中，英国率先摆脱马尔萨斯的困境，而且这次人类逃得非常彻底，使"工业革命"之名流芳百世。

不过，工业革命的"工业"二字，取得并不恰当且容易使人误解。人们会这么称呼这次革命是因为英国国内最显著的转变大多是工业部分的大幅增长，包括棉纺织厂、陶器厂、玻璃厂和钢铁业等。多数马尔萨斯经济体有70%甚至80%的人口从事农业，到1861年的英国，比例骤降至21%。但我们将看到，这种产业转移现象其实是英国地理学及人口统计学的表现方式所致。事实上工业革命并未

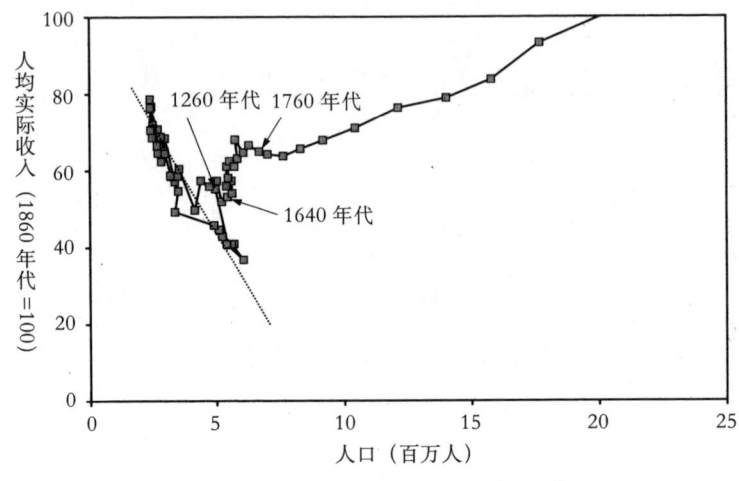

图10.1　1260年代起英国每十年的人均收入及人口

拥有"工业"的本质。1800年起，农业生产率的提升程度不亚于经济其他部分，而没有这些进展，近代的增长根本不可能出现。我们必须认清这个事实：人类史上最重要的一件大事被贴错标签了。

自工业革命起，在富裕经济体内，物质福祉提升到了一个1800年的人类绝对无法想象的境界。如图10.2即显示英国从1260至2000年代每十年的人均收入。在六百年的停滞后，收入自1800年起增加了近10倍，至今仍势不可挡。不过请注意一点：虽然传统上认定英国工业革命始于1760年代，但在1860年之前，收入并没有迅速增长的迹象。

拜工业革命所赐，经济发展成功的国家——如英国、美国、法国和日本——比他们马尔萨斯时代的祖先富裕甚多。

不过，近代经济还有一个不寻常的特征：相较于公元1800年以前，近代富国与穷国人民的生活水准之间，存在着巨大的落差。在前工业时期，有着优越人口因素的社会，收入或许是条件最差社会的3至4倍。他们就像是站在小山丘上俯瞰不幸的人们。如今，最

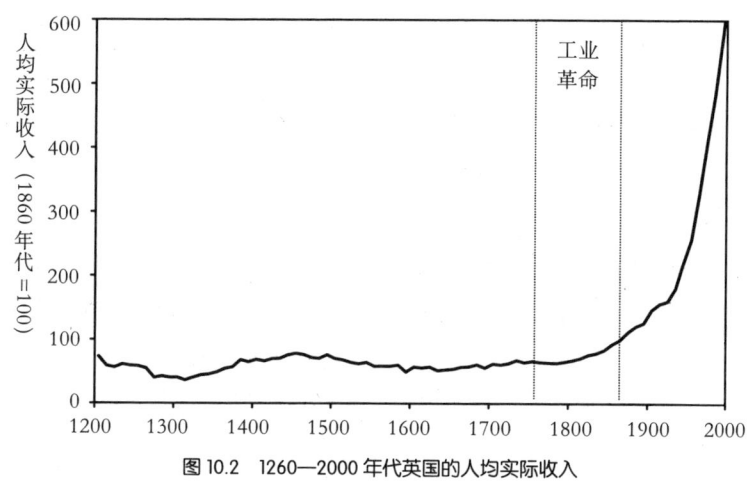

图 10.2　1260—2000 年代英国的人均实际收入

富裕的国家可以说是站在高峰上睥睨最贫穷的国家。

在先进经济体内，经济生活结构的转变大多与一个简单的事实有直接关系：1800 年后史无前例、势如破竹、遍地开花的收入增长。现代经济体内一般民众的生活方式，在早期社会并不陌生：那是古埃及或古罗马有钱人的生活。差别在于今日的贫民过得像王子，王子过得像皇帝。

消费者的购物习惯也随着收入增加而发生了预期内的改变。我们已经讨论过需求随收入增加的情形因物而异。其中最重要的是，就算我们达到高收入，粮食消费也不会增加多少。例如德国的实际收入从 1910 年至 1956 年增长了 133%，人均粮食消费量却只增加了 7%，人均热量和蛋白质摄取甚至还分别减少了 4 个及 3 个百分点。的确，尽管现代欧洲人比 18 世纪的欧洲人富裕 10 至 20 倍，饮食所含的热量几乎没有增加。[1] 但饮食的种类却转向更昂贵的热量来源。人们一旦可以获得充足的热量，便开始求新求变，对昂贵食品贪得无厌，更多的人换面包为寿司。

因此，随着收入增加，农产品在消费市场的占有率却不升反降，农人在生产者间的比重也跟着下滑。在前工业经济中,农人约占总人口的 50% 至 80%。而如今,在有自由食品市场的情况下,2% 的人口就足以喂饱所有人。这些人有一半是靠政府补助金来继续从事农业,政府试图以补助金阻挡人口离开耕地与农村的洪流,但仍徒劳无功。欧盟砸下重金让 3.3% 的法国人留在他们挚爱的"乡村"(campagne)。不那么重感情的英国则只雇用 1.2% 的人口从事高效率的农业。[2] 工业革命之所以看似聚焦于工业,最重要的原因是:拜高收入所赐,人口和生产纷纷脱离农业,转入工业。

这种劳动力退出农业的现象,深深影响了社交生活。在马尔萨斯社会中,多数人口住在仅有数百人的小型农业据点。他们的家必须靠近每天耕作的农地——因为他们走路去工作。例如在英国东南部,18 世纪的村落平均仅相距 2 英里,而且居民通常不到 100 人。乡村居住密度很高,因为前工业时期的农业效率不彰,什么都需要劳动力:不论是犁地、收割、打谷、搬运肥料,或是照顾牲畜。

随着离不开土地的务农人口比例日益减少,现代人口是不受束缚。人们可以定居在任何地方,但往都市中心集中的情况愈趋明显,因为都市中心提供较充裕的劳动力市场和社会设施。尤其是双薪家庭的崛起使具有更密集劳动力市场的都市获得更多人青睐,尽管大型城市的生存成本不低。在城市化之后,富裕社会继而产生了诸多我们现在视为工业社会特点的转变。这一切转变都是收入——永无止尽、永难抑制的收入增长——驱动的。我们为什么会朝着无尽的财富前进呢?

近代增长的原理

近代经济体表面上似乎是一部复杂得令人透不过气的机器,能如此和谐地运作近乎奇迹。数十万种不同的商品在超大型消费神庙中贩售;这些产品的制造、配销和零售,皆需要数千种专业机器、建筑和工人的整合与合作,不论是纸杯或个人浓缩咖啡机都是如此。要了解经济增长的原因及方式,似乎需要数年的研究与博士水准的训练。但事实上,要明白近代增长的基本特性,仅需要基本算术能力和基础经济推理。

因为,近代经济体虽是极为复杂的机器,却有着出奇简单的核心架构。我们可以为复杂的经济建立一个简易的模型,所有与近代增长有关的特征,均涵盖在此模型之中。

这个模型揭示,只有一个单纯而决定性的因素驱动了近代的增长——各社会为扩充生产性知识所做的投资。要了解工业革命,就要先了解这样的活动为什么在公元1800年以前并未出现,或者无法成功,又为什么在1800年后锐不可当。

这个简单的模型将所有经济体的复杂因子分解成五大变量:产出 Y、劳动力 L、实体资本 K、土地 Z,以及效率水准 A。在这个模型中,经济是一部巨大的机器,吸收实体资本、劳动力和土地等投入,像灌香肠般将之转化成唯一一种产出,而以 A 标示每一单位的投入可换得多少产出。由于我们将考虑平均每位工人的产出、平均每位工人的资本等条件,就以英文小写代表"平均每位工人"的量。如 K 是资本,k 即为人均资本。

我们必须具体说明这些数量的相互关系。而我们再度发现,尽管当今世界有各式各样的经济体,却有一个简单的关系适用于任何时间与任何地点——基本增长式:

$$g_y = ag_k + cg_z + g_A$$

g_y、g_k、g_z 和 g_A 分别代表人均产出增长率、人均资本、人均土地和效率。[3] 若我们着眼于长期增长,效率即表示社会技术的复杂度;a 和 c 分别代表资本及土地所有者在总产出中获得的份额。

这个公式呈现的是,人均资本、土地或效率每发生1%的变化,会为每名工人的产出带来多少变化。我们只需要简单推导(请参见书末附录)即可证明这个基本关系。

这个公式的一些原理相当明显且合乎直觉。如果经济效率增长1%，人均产出也会增长1%。如果增加1%的人均资本存量，人均产出只会增加 a，即资本在全国收入中所占的比例。由于该比例一般约为 0.24，因此如果我们将人均资本存量扩充 1%，产出只会增加 0.24%。

这种现象暗示，想靠投资更多资本来换取更快速的增长，必须付出很高的成本。在较富裕的现代经济体中，实体资本与产出的比例平均约在 3∶1。要增加 1% 的人均资本存量，需将当前 3% 的产出由消费转成投资。但就算如此，未来的收入也只会增加 0.24%。

但这道基本增长公式也有一些惊人的意涵。首先，在近代世界中，每人平均持有的土地——在公元 1800 年之前完全主宰收入的因素——不再是经济增长的关键。这是因为在现代高收入经济中，土地租金在总产出中所占的比重，已跌至只剩几个百分点。图 10.3 显示英国的趋势。农地租金在 1760 年还占全国收入的 23%，到 2000 年只剩 0.2%。在过去，农地租金减少曾被都市地租上涨所抵消；但到 2000 年，都市地租只占全国总收入的 4%，就算在地狭人稠、居住成本极高的英国也是如此。因此，虽然人口增长可能会让 g_z 成为近代经济的负面因素，这个收入的阻力已无关痛痒。确实，土地在当今经济的重要性大不如前，使经济学家常将这道增长公式简化成更鲜明的：

$$g_y \approx ag_k + g_A$$

在前工业世界中，平均每人拥有的土地面积是决定社会财富的关键因素，但现在除了少许资源丰富的经济体，它大致上已无关紧要。诸如新加坡和日本等人均土地微乎其微的国家，可以跟澳大利亚等地大物博的国家一样富裕。

因此，尽管工业革命之后，各国经济发展愈趋复杂，但我们从 1800 年起目睹的持续增长，可能只是两件事发生变化所致：平均每名工人的资本增加，以及生产过程效率大幅提升。以直接因果关系

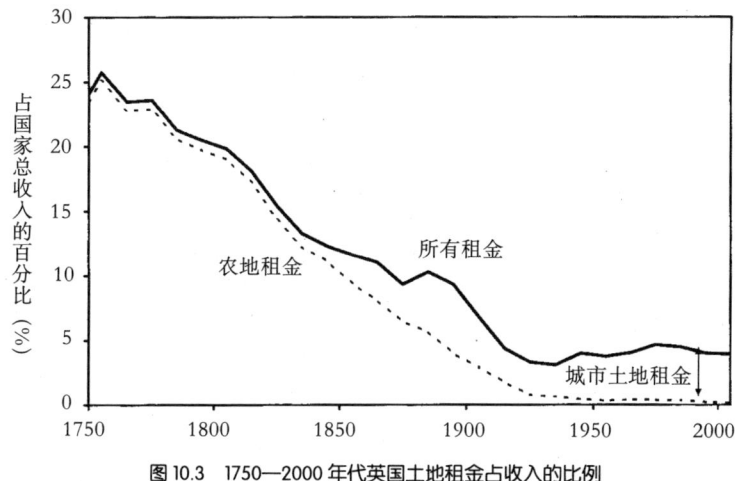

图10.3　1750—2000年代英国土地租金占收入的比例

资料来源：收入资料出自 Clark, 2007b; 1845—1913 年的都市地租数据出自 Singer, 1941, 224; 1947—2004 年的都市地租是依据英国住宅及建筑物的资产价值，以及资产价值包含之净资本存量之间的差距推估。1997 年以前的土地回报率约为 3%，1997 年后的租金则由住家租金的趋势推估。其他年代的都市地租则从住宅存量的价值推估，资料出自 Clark, 2007b。

来看，近代人均收入增长就那么简单！

这个结论是从只有一种产出、一种劳动形式、一种土地类型以及一种资本形态（就是积累的产出）的经济体推导出的。但它很容易归纳、类推出一种可用于现实世界经济结构的公式，详见附录说明。

这个基本公式的第二个令人惊讶的意涵是：从工业革命时代开始，实体资本累积只能直接解释四分之一的人均产出增长。其他四分之三肇因于效率提升。

为了解这点，我们注意到，工业革命后各经济体实体资本存量增长的速度大致与产出相同，因此资本与产出比出乎意料地维持不变。就 OECD 国家而言，这个比例在 1960 年代估计为 2.93，2000 至 2001 年也不过 2.99。[4] 表 10.1 为 1960 至 2000 年部分 OECD 国家的每工时产出与每工时资本的增长率。以 22 个 OECD 国家的平均值来看,这段期间内,这两种增长率是相同的。

表 10.1　1960—2000 年现代经济增长

国家	每工时产出增长率(%)	每工时资本增长率(%)	资本占收入比	产出增量中由资本创造的百分比
新西兰	1.18	1.55	0.27	35
美国	1.75	1.59	0.20	18
澳大利亚	1.97	1.65	0.30	25
英国	2.40	2.87	0.23	27
德国	3.29	3.07	0.25	23
爱尔兰	4.20	3.98	0.15	14
日本	4.47	5.34	0.27	32

资料来源:资本与产出沿用 Kamps, 2004. 1970—2000 年的工时出自 OECD。1961—1979 年劳动力出世界资源协会(Earth Trends)。1985—2000 年产出增量中由资本创造的百分比出自 OECD 生产率数据库。

既然平均而论,在这些国家中,资本租金占收入的比例只有 0.24,这意味着每工时的产出增长只有约四分之一是实际资本投资促成。增长的主要动力乃是效率进步。

上述等式里的效率项 g_A 常被视为余数(residual)。这是因为公式中其他几项都可以直接测量或计算,效率增长却往往是为了使等式两边相等而置入的余量。摩西·阿布拉莫维茨(Moses Abramovitz)有句名言,说它不过是"测度我们的无知"。[5] 它正是我们眼中所见,与经济学家可以做出的解释之间的差距。经过计量,就工业革命后的典型富裕经济体,投入转化成产出的效率每年都会增长 1% 以上。

若将人力资本(对员工教育、培训的投资)纳入资本,这个余数可能会变小一些。低技术、未受教育工人的产能远逊于高技术、受过教育的工人。这一类的生产率提升,部分可归因于技术和教育的投资。

表 10.2 为 2000 年美国整体经济中，人均人力资本存量估计值。劳动力分为四个教育水平——高中（不含）程度以下、高中、大学，以及大学（不含）程度以上，表中列出各类劳工的相关资本支出。这些费用包括直接支出（教师及教室的费用），以及间接支出（花时间学习而损失的工资）。目前，平均每名美国工人相当于 18.3 万美元的资本。以整体经济来看，总人力资本更是高达 26 万亿美元。

表 10.2　2000 年美国人力资本存量的替代成本

教育程度	受教育年数	人均成本（万美元）	劳动力（百万）	直接社会成本（十亿美元）	放弃的收入（十亿美元）
高中（不含）程度以下	10	7.7	11	879	0
高中	12	12.2	63	5963	1767
大学	14	19.9	32	4167	2155
大学（不含）程度以上	16	31.2	35	7075	3727
劳动力		18.3	141	18084	7650

资料来源：United States, Census Bureau, 2002, tables 198, 199, 210, and 211.
注：各教育程度劳动者每年放弃的收入是按 25—29 岁次一级教育程度者平均工资的 70% 推算。（假设学生每学年学习 1350 小时——明显有所高估。）

2000 年美国人均实体资本存量仍略高于 21.05 万美元，而这个计算结果凸显了人力资本在现代经济中的重要性。假设投资回报率为 10%，来自每名工人人力资本投资的收入比例为 26%，出自实体资本的则只有 20%。[6]

因此在现代美国，通过资本赚取的真正收入，可能占总收入的 46%。但显而易见的是，纳入人力资本尽管会使余数变小，但并不会消弭效率提升对于增长的重要性。因此，若为 1990 至 2000 年的美国估算基本增长公式，就算纳入人力资本，剩余的增长率为每年 1.36%，这个数字仍足足占了每工时产出增长的 72%。[7]

在较久远的年代,例如工业革命期间的英国,人力资本存量比现在小得多,因为多数人根本连小学都没念完。所以计算人力资本固然会使余数变小,但这个余数仍是增长最主要的直接因素。

是什么造成这个余数呢?它衍生自资本积累的一个未度量的形式:创新。创新包含了无数大大小小的投资——每年生产者为提升生产效率所做的投资。

有产权、属合法持有的知识,也被计入近代的资本存量,因为它是可为公司赚取利润的资产。表10.3显示英国1990年的资本存量,分成建筑物、工厂和机械、运输工具,以及无形资产(包括专利权及其他形式的知识产权)。然而,纵使我们以资本赚取多少租金(无形资产的租金较高)为测量基准,诸如此类的知识仍仅占现代资本存量的极小部分。

表10.3　1990年英国的资本存量

资本形式	占存量的比例(%)	占租金支出的比例(%)
建筑物	72	54
工厂和机械	17	31
运输工具	10	12
无形资产	1	3

资料来源:Oulton, 2001.

法律制度只保障某些等级的新构想,而且只保障一段时间。在那段时间后,这些构想就变成谁都可以使用的知识了。但现代经济大部分的知识资本不归某人所有,而是任何人皆可免费使用,因此无法以这种方式纳入计算。创造者无法将其纳为私有,因此其他人都可以免费利用。

有个例子可以说明人们有多难以从创造知识中获利,即工业革命的象征性产业:棉纺织业。在下一章我们将了解,经过计量,工业革命期间提升的效率,约有一半源于纺织业的创新。但这群重新塑造世界的纺织企业家,收入却普遍未高于从事零售或制靴、制鞋业等萧条行业的人。他们创新的收益流向英国及世界各地的消费者——以降低纺织品价格的形式造福人群。

因此,这群创新者为新方法投资的时间与心力,虽然只让自己获得微薄的私利,却创造了非常高的社会报酬。若要避免这种免费的效率增长,在计算 a 的时候必须在私人资本回报率中加入外部效益(external benefit)。

因此就工业革命之后的世界而言,这道基本增长公式可简化成这个概略的公式:

$$g_y < \approx a^* g_{k^*}$$

k^* 是增加的资本量,包括经济体内的所有资本存量——实体资本、人力资本,以及知识资本。a^* 则表示假如知识投资的一切外溢效益(spillover benefits)皆会回到投资者身上,收入会流向资本的比例。

但有一点要注意:在我们终于发现近代增长真正的本质时,却已失去所有实证验证的能力。这个说法是一种推理、一种信念,而非实证论点。实际资本可以测算,资本收入占经济体总收入的比例也可以测算。但创新活动的外溢量却无法加以实际测算,为改善生产效率而进行的投入也不能。投资于创新在所有经济体内都普遍存在,但在各个不同的时期、不同的社会,却有未知的因素推波助澜或横加阻碍。

创新是所有近代增长之因

这道基本增长公式似乎暗指工业革命后的增长有两个互不相干的缘由。最重要的是知识资本投资促成的效率增长,一如余数显示,它对社会有庞大的外部收益。而对于实际资本与人力资本的投资也有相当大的贡献,可解释 30% 至 50% 的人均收入增长。

但创新造就的效率增长才是所有增长真正的源头，也是实体资本增长的原因。实体资本表面上对近代增长的独立贡献其实是虚幻的。

如果效率提升与实体资本真的是现代收入增长两个互不相干的因素，那么一定会有某些经济体是人均实体资本激增而无效率提升，某些经济体是效率高升而人均实体资本原地踏步的。事实上，无论在哪个时代或哪个国度，只要是自由市场经济，资本存量增长与效率提升的关系始终密切。[8]

例如图10.4就显示不同收入水准的OECD国家，1960至2000年间效率增长率与人均资本增长率的比较。尽管资本存量是出了名的难以测算，但资本增长与效率增长的关系仍十分密切。

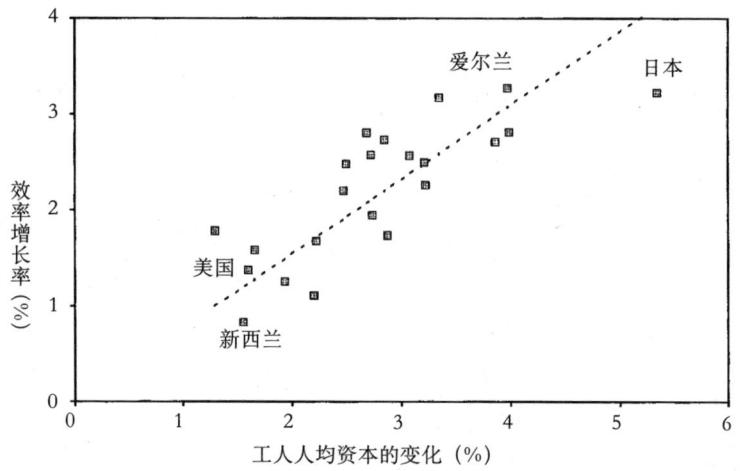

图10.4　1960—2000年的效率增长率与人均资本增长率

资料来源：资本及产出资料出自Kamps, 2004. 1970—2000年工时出自OECD。1961—1970年的劳动力规模出自世界资源协会。

若两个变量的关系如此密切，那么两者必定有某种因果关系。[9] 效率增长一定也会提升人均资本存量，过程如图10.5所示。

图10.5下方的曲线显示某效率水准的产出与人均资本存量（k）的关系。增加资本一定会提高产出，但随着人均资本存量持续增加，

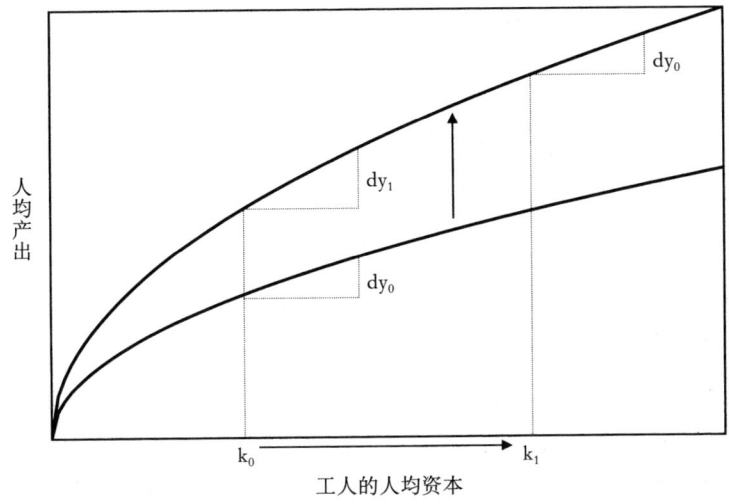

图 10.5 效率提升对资本存量的影响

提高的幅度会愈来愈小。投资者会将资本存量扩大到 k_0,这时增加一块钱资本所创造的净增产出(dy_0)就等于一块钱的实际利率成本。因此实际利率,即资本价格,便决定了任何经济体内的资本存量。

如图 10.5 显示,效率提升一定会让生产曲线上移。它也会将资本增加创造的净增产出提高到图中的 dy_1。因此投资者会买进更多资本,直到收益在新资本存量 k_1 处再次追上利率。在这个新资本存量上,每增加一单位的资本也会让产出增加 dy_0。所以只要利率维持不变,创新会刺激实体资本投资。

因此,经济体每通过创新提升 1% 的效率,会使产出增加不止 1%,因为它也促成更多实体资本累积。

如图 10.5 所描绘,近代经济的生产函数显示:自工业革命后,实体资本与产出的比例几乎原封不动,因为这些投资是技术进步诱发的。那也意味着资本存量增长的速度与产出增长一样快。因此,技术进步的直接影响,与被诱发的投资所产生的间接效应,会让 1%

的效率提升多创造出 1.3% 左右的产出。即：

$$g_y \approx g_k \approx \frac{g_A}{(1-a)}$$

所以，推动效率增长的知识资本投资不仅是近代经济增长的主因，更是近代各方面增长的原因。

待办事项

知识资本的产量似乎从公元 1800 年前后开始提升，为整个经济结构创造了丰厚的外部收益，这提高了经济体的生产效率。效率一高，实体与人力资本的存量也跟着增加。因此，要解释工业革命这个世界经济史的头号大事，途径相当明确。我们只需要解释公元 1800 年以前，所有社会中——不分战争或和平、一神论或多神论——为扩充实用知识而进行的投资为何如此有限，这种情况又为什么在 1800 年前后的英国首度改观。理解了这个难题，我们就可以了解人类的历史。下一章将详细说明一些解决这个难题的方法，并探讨我们为何仍难以解释工业革命为何发生在 1800 年前后。

第十一章

工业革命之谜

> 综观世界经济史，工业革命是唯一一件大事。而针对它的成因，你却无从解释。这算什么理论？
>
> ——伊拉德·金希（Irad Kimhi），私人通讯，2006

工业革命为什么迟至1800年前后才出现？这是人类史上历久弥新的一大谜团。在本章中，我将概述"解释工业革命"为什么是个近乎不可能的挑战，也会举出几个例子，看世人如何试图解开这个谜团。

我们已经看到，公元1800年后的经济增长，是由为扩充知识而进行的规模不大但极富成效的投资推动的。而既然投资利润大多并未流回投资者身上，结果就是经济体生产效率的提升似乎是平白得来的。效率的提升带动更多实体资本的投资。另外，我们也可看到1800年前的平均技术扩张率非常低。

工业革命如此难以理解，是因为我们必须解释，既然前工业社会的习俗、道德观和制度各有千秋，为什么连维持温和（以现今标准来看）的生产率增长都没有一个社会能够做到。为什么所有前工业社会的效率增长率都如此低落？这种停滞结构又发生了什么样的变化，才造就出工业革命？

解释工业革命的理论

本书对工业革命采取一个特殊的观点——它一定得在社会经济制度安定（如古巴比伦尼亚）几千年之后才会出现。因为在这段过渡期间内，制度本身会和人类文化产生互动，进而改变人类文化。人类必须先在安定社会生活数千年，面临强大的马尔萨斯压力：奖励努力、积累及限制生育，鼓励能促进近代经济增长的文化，包括工作投入、时间偏好及家庭组成等方面。

在某种程度上我主张，基于这个问题的本质，没有其他解释可完全符合工业革命理论所要求的标准。历史学家、经济史学家、经济理论家和社会学家提出的现有理论总体可归纳为三种基本典型，而每一种都有其各自的问题。

外生增长理论（exogenous growth theories）：某些经济外的因素（如社会法律制度，或缺乏某种生产投入、原料的情况）改变了，进而引发更多提升生产技术方面的投资。这样的改变不一而足，管理知识专属性或产权安全性的制度变化即为一例。因此诺斯（Douglass North）和温格斯特（Barry Weingast）主张，1689年英国的君主立宪是促成近代经济增长的关键政治新制。[1]按照这些理论，我们在1760年或稍早就可以在英国或范围更大的欧洲地区，见到早期社会未曾出现的制度或其他社会革新。乔尔·莫克认为启蒙运动是刺激工业革命的关键因素，也是出自这样的理论，不过他也主张启蒙运动本身即根源于稍早欧洲经济的商业扩张。[2]

多重均衡理论（multiple equilibrium theories）：一些冲击——疾病、战争、征服新大陆——引领经济从不良、停滞的均衡飞跃到近代世界良好、动态的平衡。最近其中一派理论吸引了相当多经济学界的拥护者：家庭从多子女的均衡（每个子女只能获得父母很少的时间投资）转变成少子女的均衡（每个子女可获得大量的关注）。[3]

内生增长理论（endogenous growth theories）：在漫长的前工业

时代，某些经济制度固有的因素随时间演变，终于创造出近代经济增长的先决条件。因此，工业革命早在非洲大草原出现第一批人类时就已注定。它迟早会发生，等到人类创造出让技术突飞猛进的经济条件，自然瓜熟蒂落。那么问题来了：公元1760年的英国经济，和1300年的佛罗伦萨、500年的中国、耶稣时代的罗马或柏拉图时代的雅典有何不同？该理论断定，是经济制度内含的驱动力创造了工业革命，包括人口本身的规模以及人口特征的变化。[4]

在细究工业革命之前，我们将先检视这三种理论的主要变种，看看事实与三者相符还是抵牾。

外生增长理论

在经济学家眼中，这个不断被召唤来塑造人类生活与经济命运的强大外生力量，就是管理社会的制度——决定谁拥有什么、财产有多安全，以及财产如何转移。最多人采纳的假定是：在所有人类社会中，人的欲望和理性基本上是一样的。不论是中世纪的欧洲农夫、印度的苦力、巴西热带雨林的亚诺马米人，或是澳大利亚塔斯马尼亚岛的原住民，全都怀有共同的渴望，也有同样的能力采取理性的行动来实现这些渴望。但各社会管理经济生活的制度各异。如果公元1800年以前没有哪个社会出现持续而快速的生产率进步，那一定是因为这些社会比我们还不擅于奖励创新。于是乎：

> 制度构成了社会的激励结构，因此政治与经济制度就成了经济绩效的根本决定因素。[5]

想想，假如没有财产权……经济会如何运作。这么一来，创新者就无法赚取利润，从一开始就没有进行研究的动机，所以根本不会有任何研究出现。没有研究，就不会创造出新的构想，技术会一成不变，人均收入就不会增长。总的来说，在工业革命之前，世界普遍就是这种情况。[6]

　　研究制度让我豁然开朗，为什么有些国家那么富有，有些国家那么贫穷……这种作为经济与政治制度基础的制度，其质量是决定社会福祉最重要的因素。[7]

这个外生理论的好处是它或许可用来解释1800年前后的生产效率增长率何以看似突然发生转变。制度是可以突然转变和剧烈转变的——法国大革命、俄国十月革命和伊朗1979年革命就是最好的例证。

但在提倡这个理论的经济学家中，比较老练的都明白，技术停滞的前工业社会与现代增长经济，一如我们所见，两者在制度间的差异微乎其微。[8]

但这个理论仍在经济学界大行其道，部分是因为多数经济学家并未熟读历史。许多近代经济学者对工业革命以前世界的印象，集合了所有描述早期社会的烂电影之精华：北欧人驾长船劫掠手无寸铁的农夫、焚毁修道院的图书馆；蒙古游牧民族策马轰隆隆地离开大草原、洗劫城市；宗教狂热分子将胆敢质疑晦涩教义者绑在火刑柱上烧死；农民在贪婪地主的魔爪下呻吟，而地主除了吃喝打猎，终日无所事事；阿兹特克的祭司挥动黑曜石刀挖出面孔扭曲、惨叫不绝的活祭品的心脏。在这样的世界，谁有时间、精力或动力来发展新技术呢？

尽管外生增长理论获得经济史及经济学家的双重支持，却面临两个几乎无法克服的难题。

首先，据我们了解，没有任何迹象显示知识产权在工业革命后不久即有显著的进展。

其次，也没有证据显示社会制度（至少就长期而言）是经济运行的决定性因素，意即社会制度独立于经济系统之外。对于社会制度如何影响经济生活，学界有另一个观点：长期以来，社会制度会使自己适应经济体的技术和相对价格，而成为经济史的第一配角。有趣的是，这是诺斯1973年在《西方世界的兴起》(*The Rise of the Western World*)一书中的观点，之后他才改信"制度是经济绩效的外生决定因素"的观点。[9]让我们姑且称之为"有效制度"假设。

制度外生的论据如下。经济制度只是一套有关谁拥有什么以及如何决定所有权的规则，不必耗费多少资源即可改变。拥有高效率的制度，也就是能充分发挥社会产出潜力的制度，所需的成本基本上不会高于拥有效率不彰制度的成本。如果某个制度对社会发挥生产潜力构成阻碍，一定会遇到压力迫使其改变为能促进效率提升的制度。许多人会从变革中获益，并且他们的净利高于失败者的损失。因此他们会想办法补偿失败者，劝他们接受变革。就算在前工业时代，人们也不会对物质利益无动于衷。有损产出的制度终将遭到革除。于是制度会因时、因地制宜，主要是由于技术、相对价格和人们消费欲望的不同，导致不同的社会组织制度发挥效用。[10]

依此论点，制度并无法解释长期的经济发展。制度的进化很有趣，但它是由更基本的经济力量驱动的。要解释当前的结果，制度史也不是重点，因为制度的起源和它们现阶段的运行几乎没有关联。你从哪里开始没有什么差别：至少就长期来看，制度史并没有"路径依赖"(path dependence，指依发展途径而异、受到随机性因素干扰)的痕迹。[11]

综观人类历史，效率不彰的制度在一段时间后被推翻或重新设计的例子比比皆是。一个例子是中世纪英国用"决斗"来处理诉讼的做法。1066年，诺曼征服者引进在法律诉讼（包括财产争端）中被告可用此种方式证明清白的权利。在此程序中，被告要和原告进行仪式化的格斗，甚至可以打到其中一方丧命为止。这种习俗源于诺曼社会的武士传统，以及"上帝会介入战斗，让正义一方得胜"的信仰。[12]

我们从最早的记录得知，被告及原告双方会指派战士替他们决斗。[13] 大修道院——拥有大量土地，因此也有许多土地争议——甚至会自己训练战士。1287 年，贝里圣埃德蒙兹修道院就曾为了两座庄园的所有权进行决斗。修道院的编年记录写道："修道院长自掏腰包付给某位名叫罗杰·克拉克的战士 20 马克的前金。决斗后罗杰还可以拿到 30 马克的后谢。等候（打斗）期间，这名战士全程由他的训练师陪同，和我们坐在一起……我们的敌人获得胜利，而我们的战士在伦敦的决斗中被杀。于是我们就这样失去塞摩尔和葛洛顿的庄园，毫无取回的希望了。"[14]

由于当时每名劳工的年薪不到 3 马克，赢下一场决斗就能获得 50 马克的战士，堪称高技术性工人。不同于前例中的罗杰·克拉克，拿钱的"打手"多半不会至死方休，一般都会在受到致命伤之前投降。[15] 我们或许可以说"决斗诉讼"不是一种能确保土地被有效运用，或鼓励土地投资的制度。[16]

但早从 1179 年起，某位土地所有权遭质疑的佃户可以花点钱向皇家法院申请"和平令"（writ of peace）——禁止战斗而要求诉讼由十二位当地骑士组成的陪审团裁定。由于被告可以选择要通过决斗或由陪审团解决争端，导致决斗出现的频率很低，选择决斗的原因通常不出下面两点：持有土地的一方明白他的所有权有瑕疵，或担心组成陪审团的邻居持对他不利的观点。尽管决斗诉讼到 1819 年才正式废除，但要求以决斗作为审判依据的权利，在 1300 年代已弃而不用，完全由陪审团审判取代。[17] 在没有任何正式改革下，这个制度自动进化成较有效率的状态。

对于制度是否会朝效率演化的问题，正反两面的证据皆有。不过，社会成本高的制度确实有消失的倾向。经济利益的力量是如此强大，一旦意识形态与经济利益抵牾，解决之道通常是让意识形态调适。

贷款的利息给付即为一例。在早期基督文明，以及从古到今的伊斯兰国家，获取利息均被视为牟利，是不道德的行为。[18] 这背后的概念是（至少基督文明是如此）：金钱本身不会生出财富，如果某人借钱，一年后归还，他们为什么非得付利息不可？金钱本身无法生出任何东西，所以要求利息的协议对借钱的人是不公平的。

但禁止所有有利息的借贷却会阻挠许多有互惠可能的协议。因此无论在基督教或伊斯兰地区，宗教学者很快便开始探索折中的方法来调和坚贞的信仰原则与市场的获利机会。

尽管整个中世纪，天主教会形式上仍遵守反对放债取利的教义，但脑袋灵光的神学家仍表明多数种类的付息行为其实与高利贷无关。由于教会本身就是最大的出借人，他们自然面临了强大的压力，非得找出折中方案不可。

因此，到1300年，以下收取贷款利息的"例外"普遍为欧洲基督社会接受：

1. 合伙人利润。只要每一名合伙人都承担了风险，直接投资于企业的资本就可以有利润（股权融资是被允许的）。

2. 租金。任何人都可以变卖一部分出租的土地或房屋换取一笔金额。因此以房地产为担保的永久债务是被允许的。事实上，教会本身就收取了相当多的租金，作为其大量捐赠财产的投资。

3. 年金。年金是预先支付一笔钱，再每年取得一笔固定收入，直到年金的领受人死亡为止。这种制度可被允许是因为支付金额是不确定的。温切斯特修道院有贩售年金，许多德国城市也相当风行。

4. 放弃的利润。贷方因出借资金会损失一些利润，可就这部分收取一些补偿金。

5. 汇率风险溢价。如果贷款是以不同货币借出与归还，贷方可以收取一些额外报酬来覆盖汇率风险。若要钻这个漏洞，贷方会拟定契约，在一次交易中用两种货币写成两笔借贷，便可消弭所有汇兑风险，又能收取溢价。

禁止放款取息的制度，并未造成前工业基督社会多大的损失。它顶多只限制了若干形式的债券融资。由于社会仍有这种贷款的需求，这种需求会以两种方式达成：其一是允许犹太人（或非基督徒）从事这样的借贷，其二是干脆忽略教会的规定。大规模的融资——借给各国王室和罗马教廷——几乎未受宗教规范影响。1341年甚至还发生国际金融危机：英王爱德华三世拖欠债务，导致当时欧洲三大银行倒了两家〔1343年的佩鲁齐（Peruzzi）银行及1346年的巴尔迪（Bardi）银行〕。

无独有偶，伊斯兰社会也找到聪明的办法来规避这项禁令。最重要的办法是"双重销售"（double sale）。比如借款人在交易中会拿到100第纳尔的现金和一小块布——双方认定这块布的价值是高得离谱的15第纳尔。一年内借款人必须归还100第纳尔的现金借款，以及15第纳尔的"布钱"。伊斯兰教廷认同这种借贷方式。一份针对16世纪奥斯曼帝国宗教法庭记录所做的研究，发现了一个更堂而皇之的事实：有数千份债务契约是由法院强制执行的。同样的，虔诚的教徒为维修清真寺、付钱给伊玛目（Imam，是对伊斯兰宗教领袖或学者的尊称）、扶养穷人或提供公共物资而创立的"瓦克夫"（waqf，即基金会），就常持有用来借款取息的现金资产。[19] 就连明令禁止放款取息的国家也有其银行体系，存款人仍收取利息，只不过是以"合伙人"而非"利息"的名义。目前埃及、科威特、阿联酋及马来西亚都有这样的银行。

回到英国，放款取息在英国国教取代天主教后成为合法行为，亨利三世的婚姻问题是部分原因。但往后三百年，法律皆明文规定最高利率。违反限制的贷款就不能合法执行。如果法定利率设得很低，就会严重干扰资本市场。但实际上，法定利率一般都定在自由市场利率的水准以上。借给皇室的贷款可免于法规限制。这是因为约在1710年以前，皇室这个信誉不佳的借款人会提供远高于市场的利率。再者，法律明文规定的利率并不可能实行，因为缔约的两方可轻易在书面契约上虚报贷款总金额,来规避放款取息的限制。放款取息的规定之所以能在英国存活这么久,正是因为它们没什么约束力。

我们还可以找出更多惊人的事例,证明经济利益对意识形态的破坏。例如在太平洋的西萨摩亚,传统上推举部落首领的规则是选出与前任首领有较接近血缘关系的亲属。在接受人类学家访问时,当地人都说他们奉行这个规定。为确认首领的正统性,每支家族都要详细记录族谱。但部落成员的经济利益使他们更愿意推选有钱人当首领,因为首领的职责之一就是设宴款待整个家族。于是他们常采取"变通"的办法:篡改族谱让中选者显得与前任首领血缘更接近。采访者会发现,尽管大家都说新首领与前任首领血源关系密切,但事实并非如此。[20]

多重均衡理论

若想在因经济压力而生的制度以外,亦包含制度可解释工业革命的可能性,我们需要一个理论来说明坏制度为何会长久存在。这里最重要的概念是:尽管"坏"制度总是有损总产出,却可能甚至必定让某些个人受惠。如英国1688年前的基尔特由于可向会员募款,在英王需要时提供资助,因此拥有雄厚的政治势力。基尔特垄断式的规范可能会侵犯消费者的权益,但这些消费者因为无法团结一致、较缺乏金援英王的能力,遂成为弱势团体。

由此我们可创造出一套制度理论,制度的"政治经济学",说明制度如何随着统治阶级的物质利益崛起又衰落。例如麻省理工学院的约翰逊(Simon Johnson)、阿西莫格鲁(Daron Acemoglu)和加州大学伯克利分校的罗宾逊(James Robinson)就提出图11.1所示的概要图来说明制度的未来趋势。以"有效制度"的观点,社会的基本驱动力不再是经济结构,而是社会的政治结构,以及资源在各政治参与者间的分配情形。握有政治权力者终会筹划出能将自身经济利益扩展到极致的经济和政治制度，而非顾及整体经济效益的制度。当然，改变原有收入分配及政治权力的外生力量，也可能迫使原有制度产生变化。但原始政治制度或资源分配中的差异，却可能造成长期的影响。[21]

如果制度的"政治经济学"可解释公元1800年前全球普遍的增长缓慢现象，那它一定可以说明早期社会何以不断出现抑制增长的制度。因为，如果制度是通过各种利益团体的相互影响选择出来的——就算是随机选择也罢——那么公元1800年以前，为什么每个社会都要实行不良的制度？为什么不会至少有一些社会偶然发展出好的制度？一定有某种系统性的因素阻止早期社会奖励创新。当英国人于1788年到达澳大利亚，发现一个五万年未经历任何技术发展的社会，他们也发现三百多种殊异的原住民语言，光是仅有五千居民的塔斯马尼亚岛上就有五种语言。由此可见，澳大利亚不是一个未能展现任何技术发展的原住民社会，而是三百多个。[22]

诺斯及奥尔森（Mancur Olson）等人的主张有一个共通点：前工业社会都是由"不动的匪徒"统治的掠夺性社会，当权者会牺牲经济效率来扩张自己的利益。直到民主制度降临人世，经济制度才开始发展，促成现代经济增长。[23]英国达成工业革命时已开始实行宪政民主，英王只是虚位元首。[24]最晚从1870年代起即为世界经济龙头的美国，也一直是个民主国家。[25]如果社会是由少数阶级行强迫统治，就不可能以同一套产权规则同时刺激增长，又最大化统治精英的利益了。

我们可以想想奴隶或农奴社会的例子：1793年以前的海地、1860年以前的美国南方、1861年以前的俄罗斯，以及1880年以前的巴西。很多人主张奴隶和农奴制度的效率低下[26]，因为业主可以在任何时候夺取一切产出，奴隶根本没有努力生产的动力。何况业主也必须投入相当可观的资源来监控奴隶的工作。福格尔（Robert

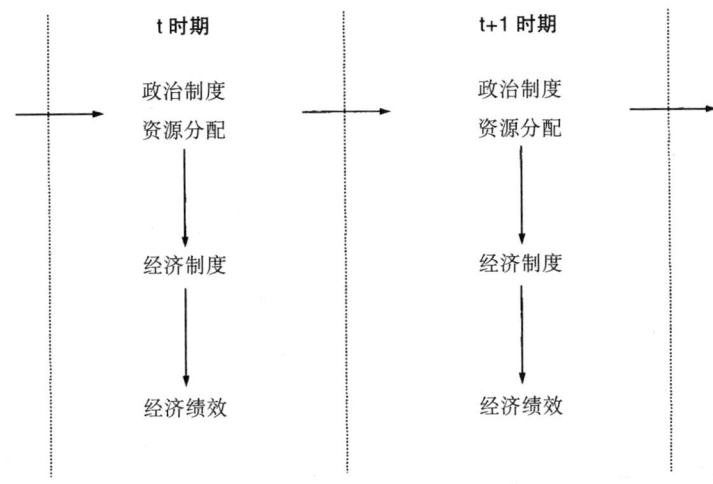

图 11.1　政治作为经济的驱动力

资料来源：Acemoglu et al., 2005b.

Fogel）和恩格曼（Stanley Engerman）对美国南部奴隶制度进行的实证研究质疑了以上观点。但为便于立论，我们姑且假设奴隶和农奴制度是效率不佳的。

奴隶制度缺乏效率的说法就等于是说：如果我们释放一名奴隶，社会总产出就会提升一些。假设一名奴隶的产出，即他（她）个人为主人贡献的生产量为 y_s。这名奴隶恢复自由之身后的生产量，会高于被奴役时。自由工人的边际产出，也就是这名工人对社会总产出的贡献量，以他的工资 w 计算。因此，如果奴隶制度欠缺效率，那么 w 必定大于 y_s。假定奴隶主必须花费等同于 w_s 的工资来供给奴隶食物、衣物和住所，所以拥有一名奴隶的年收益，也就是他（她）所生产的盈余为：

$$p_s = y_s - w_s$$

被解放之奴隶的生产量，$p_f = w - y_z$，高于 p_s。这表示奴隶就算付了 p_s 给前主人，剩下的收入还是多于之前维持生计的消费。其实奴隶和主人可以达成协议，各分得部分盈余而互蒙其利。

因此，如果奴隶制度真是一种效率奇差无比的社会制度，它应该会通过市场力量自行消失（图 11.2）。理应不必发起废奴或反奴运动，更遑论南北战争。其实，在古雅典社会，很多有一技之长的奴隶在城市自力更生，仅需每年付给主人一笔钱，主人便放他自行其事。但这些被释放的奴隶理应不会享受这种自由，不会每年开开心心地付钱给他的前主人，而会组织起来推翻这种将他们贬为统治阶级苦力的不公平社会秩序，或者利用他们的自由迁徙到附近的社会，从此不必年年付钱给主人才对。

"假使言之成理，那会是非常有力的构想。"

图 11.2 制度论?

基于上述可能，解放奴隶尽管能提升社会总产出，却会减少统治阶级的收入。这个情况如图 11.3 所绘。例如，设一个奴隶制社会生产的总盈余为 1 单位，这全部归统治阶级所有。现有的报酬集合(set of payoffs)为图表下方的（1, 0），第一个数字代表主人的盈余，第二个数字为奴隶的盈余。也假设解放奴隶可将总盈余提高至 3 个单

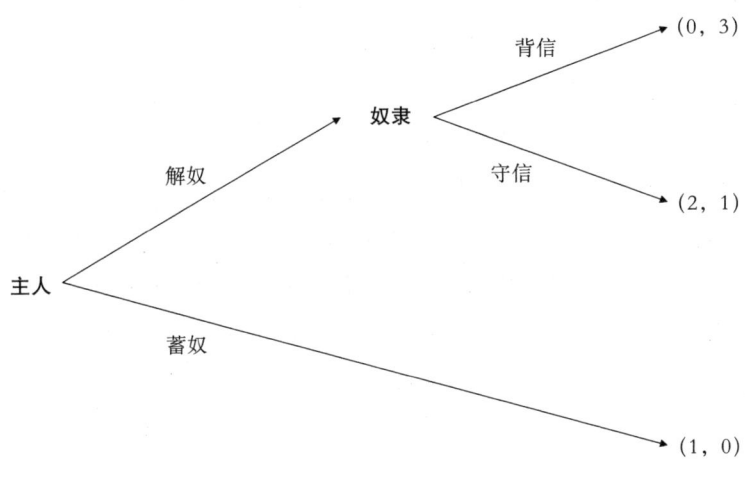

图 11.3 解放奴隶决定之分析

位,那么奴隶花钱为自己赎回自由之身的条件似乎是存在的。

尤其解奴后主人可得新盈余的 2 单位,前奴隶则得 1 单位,这笔交易双方理应都会接受。这个结果显示于主人解奴、前奴隶守信的路径。可一旦解奴情况发生,前奴隶应该就能掌控收入的分配。接着他们会拿走所有的盈余,让主人每况愈下。在这种情况下,奴隶不可能保证维持原始的交易,因此主人绝对不会接受。若缺少财产权的仲裁者,尽管这个协议能提升产出,仍会遭统治阶级抵制。

"制度论者"主张前工业社会普遍存在一个问题:物品与权利的分配始终悬而未决,因此限制了产出,而奴隶制度只是其中一个明确的案例。但我们要注意的是,在许多(并非全部)前工业社会,确实有奴隶花钱赎身,或以独立之身工作、每年付给主人一笔钱的情况。因此,尽管公元 1 年左右罗马帝国的意大利有大量奴隶人口(为罗马征服的俘房),到公元 200 年时,在没有任何解奴运动之下,多数奴隶已不见踪影。在中世纪英国,虽然 1086 年的《末日审判书》

(*Doomsday Book*)记录全国人口有半数以上为奴隶与农奴,但到了1500年,所有奴隶和农奴皆已获释——同样也没有解奴运动。

所以,制度论者普遍会有这样的论调:前工业时代的精英阶级——一般为军事统治阶级——不会施行助长技术发展的政策,因为经济增长会损害精英阶级的财产权。不知怎么,在因缘际会下,英国等国家在1800年前出现了一种社会架构,多数人口的利益恰好代表政府的利益,让政府愿意追求经济效率。但前工业时期如此漫长,这样的事情为什么只出现一次?多数社会的统治者为何不能放心、开心地收割技术发展的果实呢?

人力资本

"前工业社会深陷于不良平衡"的论点还有其他表现形式。最近备受经济理论派学者瞩目的一个是:马尔萨斯世界的双亲会生下多名子女,因而无法给予充分的训练和教育;自工业革命滥觞,先进工业经济所发生最大的社会变革之一,便是平均每位女性生育的子女数减少,从五至六名减至两名以下。这类说法的支持者,如诺贝尔奖得主加里·贝克尔(Gary Becker)与罗伯特·卢卡斯(Robert Locus)主张,这种随经济环境变迁而起的转变,大幅提升父母为每名子女投注的时间和心力。每个社会的情况不尽相同。得到双亲充分关注的子女,日后在效率上的表现会远优于他人。也就是说,现代世界持续的效率增长,得自优秀人士的高生产率。

我们已在第九章提供识字能力与算术能力在工业革命前夕大幅提升的证据。第十章则看到现代增长似乎是社会投入更多资金创造新的生产技术,而使知识存量大幅扩增下的产物。前文提及的制度论则认定,创新的需求是由较优良的社会制度所提升。而上一段提到的诠释方式又说,家庭规模的改变造就出受过较好教育,因而在创造新技术方面更有效率的经济活动者。经济人的素质取决于双亲的时间投入，而双亲的时间投入又由家庭规模决定。这些观念的对比如图 11.4 所绘。制度变革论的支持者视创新者的私人报酬为工业革命的动力，人力资本投资的支持者则认为同等报酬下的创新供应量的提升才是关键。依照人力资本论的解释，我们完全不必考虑私人收益在工业革命中扮演何种角色。

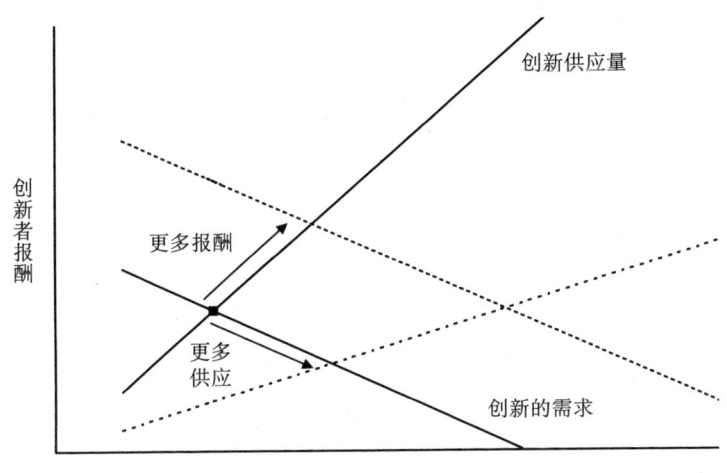

图 11.4　工业革命的供需解释

是什么促使家庭少生孩子而给予子女更好的教育呢？从个别家庭的观点来看，一定有某些信号暗示受过教育的子女会有较高的收入。但这样的转变为什么会出现在马尔萨斯经济中？如果子女教育就部分而言算是父母购买的消费品，那么促成这种转变的明显因素之一，是我们在工业革命爆发后看到的高收入。但这会暗示高收入家庭早在工业革命之前便开始缩减家庭人口，而我们在第六章看到，前工业时期，高收入父母的实际家庭规模（以父亲过世时存活的子女数计算）比其他家庭高出甚多，即便达到非常高的收入水准亦是如此。

减少生育以便给予子女更好教育的做法还可能有另一个成因：

市场会提供较多溢价给这些受过高教育的子女。然而，进行 1800 年的研究时，我们完全没有发现任何事证显示，父母为子女注入更多有关教育或训练的投资，可在市场得到什么利益。如图 9.4 就显示，建筑工匠高出低技术性建筑工人与助手的技术溢价，确实在 1348 年黑死病暴发前达到高峰，当时工匠的收入几乎是出卖劳力者的两倍。如果真有累积技术的激励，它也该出现在早期经济中。从 1370 到 1900 的五百多年间，技术溢价滑落到一个较低但相对稳定的水准，进入 20 世纪后又跌得更深。因此，市场给予技术和训练最高报酬，是在工业革命之前很久的事。

一些人认为"社会是由前工业时代的低人力资本平衡转向现代高人力资本社会"，但对于是什么触发这种平衡上的转变，可以说毫无头绪。例如贝克尔、墨菲（Murphy）和田村（Tamura）都主张，造成这种转变的是"技术及其他方面的惊人发展……煤炭的使用、铁轨与海洋运输工具的改良，以及对于价格及国外贸易的限制减轻"。[28] 但为什么会产生那些惊人发展，又是需要解释的问题。

人力资本理论在实证方面还面临一道决定性障碍：欧美人口转型的时间点大约是在 1890 年，也就是传统认定工业革命发生年代的 120 年后。图 11.5 即显示英国及瑞典的人口转型，这两国的文献记录皆较为翔实。两国的资料皆显示，直到 19 世纪末期，也就是传统认定工业革命发生年代的 100 年后，生育率才出现大幅下降的趋势。从这点我们可以发现，人力资本论成立所需的三大要素——工业革命本身、家庭平均规模，以及劳动力市场付给技术的溢价——发生变化的时间并不一致。

另外，就英国而言，我们手边有关识字能力的事证可追溯至 1580 年，类似指标包括新郎在结婚登记书上签名，以及目击证人在法院诉讼中签署具结书的人数比例。这些事证确实显示识字率呈现长期上升趋势。但一如我们在图 9.3 所见，在 1760 至 1860 年间，即传统认定的工业革命期间，识字率只有很有限的变动。

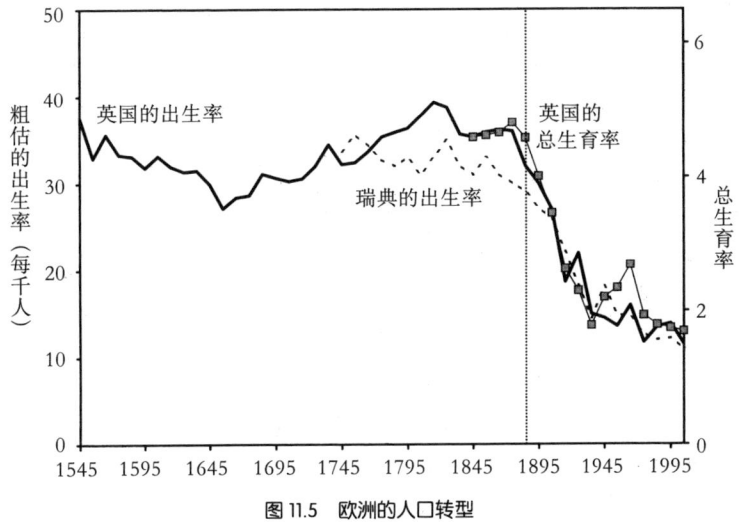

图11.5 欧洲的人口转型

内生增长理论

上述种种强调制度变革或平衡转变的理论,都无法说明工业革命为什么非发生不可——或者为什么会发生在1760年,而非公元前1800年的古巴比伦或公元前500年的古希腊。内生增长理论试图在解释工业革命为何会发生之余,也试着说明它为何会发生在那个时间点。他们主张,最终造就现代增长的是经济制度内部的演化。

迈克尔·克雷默(Michael Kremer)的理论是内生增长理论的范例。克雷默认为为创造知识提供激励的社会制度在所有社会都一样,也因此每个人创造新构想的概率都是给定的。这么一来,知识增长率应与人类社群规模成正比。你接触到的人愈多,受益于他人想法的机会就愈大。在公元1800年以前的世界经济中,生产率有幅度不小但缓慢的增长,而那也转化成世界人口的大幅扩张。现代经济增长就是这种惊人规模的结果。

克雷默为他的立场援用两种事证:其一是以前工业时代全世界

的人口增长率为基础。在 1850 年以前，当人口增长率可准确表现出效率发展率，世界人口规模与效率发展间呈现强烈的正相关，如图 11.6 所示。

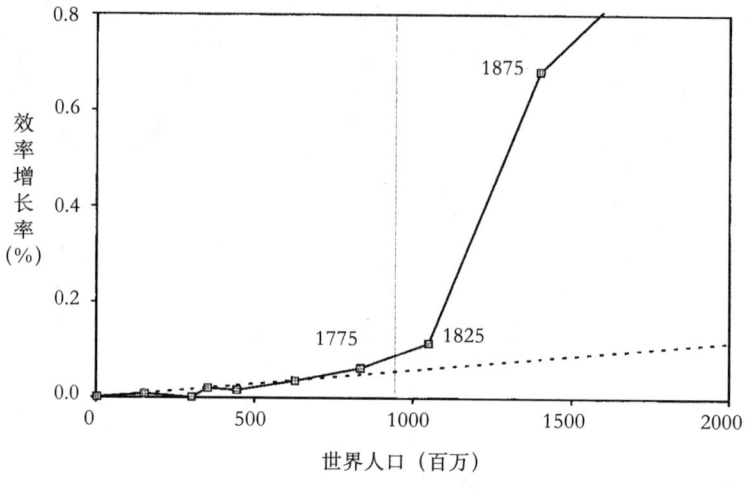

图 11.6 世界人口与效率增长

资料来源：世界人口数据的出处同表 7.1。1850 年以前的效率增长率从人口推算，1850 年后则套用基本增长公式计算。

克雷默提出的第二项证据是 1500 年前后各大陆——分离数百万年的欧亚大陆、美洲大陆以及澳大利亚——的人口密度。为什么再次接触的时候，欧亚大陆的人口密度远超过美洲，更遥遥领先澳大利亚？克雷默认为，在同一技术水准下，欧亚大陆可以容纳最多的人口。这些较多的人口继而为欧亚大陆创造出更迅速的技术增长率。[29]

"技术发展率是因人口规模渐增（即前工业时期技术变革的成果）而提升"这一观点确实有一定道理。但同样明确的是，光凭世界人口一个条件并无法解释图 11.6 中，1800 年后效率快速增长的情况。

依照克雷默的论点，构想的增长率顶多只能和人口规模成比例，意即人口增加,构想就会成比例增加。更贴近事实的是,人口愈多,就会有愈多人同时采用相同的构想,以致构想传播的速度会比人口扩张的速度慢。构想增长率要和人口增长率成比例,构想的创造也必须和现有的构想存量成比例。每个构想都会开启一条延伸的道路:我们知道得愈多,就愈容易为我们的知识存量增添新鲜血液。[30]

依照上述两个假定,我们可用1800年以前的世界人口观察资料来测定人口规模与效率增长率的关系。这就是图11.6中的虚线。若用这条虚线来预测1800年至1850年的效率增长率,我们会看到真正的增长曲线完全偏离预测的比例。

这种失拟(lack of fit)是所有工业革命内生增长理论共同的问题,即工业革命看似不连续的本质。例如戈勒(Oded Galor)和莫亚夫(Omer Moav)就提出一种理论模型,结合克雷默的人口机制与另一个内生因素:家庭开始重视子女质量而非数量。但他们也未证明这种模型能创造出工业革命的不连续性。[31]

前方的挑战

对于工业革命这个人类史上的巨变,众多理论争执不休。每一种都有破绽,没有一个看起来特别可信。下一章将探讨工业革命的细节,以及究竟有没有哪一个理论能够解释这些细节。

第十二章

英国工业革命

> 在1780年后的八十多年间,也就是英国人口增加近两倍的时期,利物浦和曼彻斯特变成巨大的城市,人均收入倍增,农业占全国总产出的比例从接近五成掉到两成以下,纺织品与铁制品的制造搬进以蒸汽为动力的工厂。这些事件太不可思议了,发生之前,没有人料到它们会发生;发生的时候,又没有人理解为何会发生。
>
> ——唐纳德·麦克洛斯基(Donald McCloskey),1981[1]

英国工业革命——让这个蕞尔岛国不到一个世纪便看似意外地突破了数十万年来极低的经济增长——是人类史上最大的谜团之一。它发生得如此突然,且发生在一个向来(今天仍是如此)以渐进性社会变革著称的社会,着实令那些想提供经济解释的学者困惑不已。

工业革命和另一种人类解放运动的模式——法国大革命——同时发生,这是人类史上绝妙的一大反讽。不过,1789年这场宣称"自由、平等、博爱"的政治革命很快淹没在名单愈开愈长的敌人血泊中。而当革命开始以彼此为食,革命的平等旋即向爱慕虚荣的军事独裁者屈服,并以数十万人在俄罗斯大草原冻饿而死告终。在此同时,满脑子似乎只有牛肉布丁的"店小二民族"(nation of shopkeepers,此为拿破仑对英国人的形容——译注),却改变了全人类的前途。而且,如我们所见,在工业革命的过程中,他们造就了数千年来最平等的社会。

多亏两百年来的历史研究，工业革命的种种事件已广为人知，且获得一定程度的共识。但对这些事件的解释仍充满争论，而且没有学者对于工业革命的成因，以及它在哪个方面影响最为深远，抱持同样的见解。

在简短介绍工业革命的重大事件后，我将试图说明，工业革命并不像表面看起来那样，它的起源其实可追溯至数百年前，而且它的发展是渐进、演化性的，对其他欧洲经济体的影响不亚于英国。它是农业社会趋向更理性、更经济取向的渐进过程的产物，我们在第九章讨论的许多面向均可证明这点。

毋庸置疑的，在生产率零增长的前工业社会，与年增长率超过1%的现代社会之间，一定有某项划时代的变革发生于某个时间点，只是确切的转型日期难以确定，或许永远不得而知。

尤其，叙述史学家钟爱的个人性格与事件，其实无关紧要。假如理查德·阿克莱特爵士（Sir Richard Arkwright）——曾在博尔顿当过理发师、做过假发、开过酒吧，后于1768年引进机器纺纱厂——开的是一家鱼店，世界历史也不会有重大的转变。就算詹姆斯·瓦特（James Watt）并未发明蒸汽引擎的冷凝器，而是发现上帝、受训成为牧师，我们也不会仍在马尔萨斯时代逗留。

表面上看，经济制度的意外转折是偶发事件造成。特别是英国在1760年后的人口激增、英国在法国革命战争及拿破仑战争的军事成就，以及美国的发展，共同促成此种突然背离的表象，而非渐进、持续性的变革。

工业革命的情况

工业革命在世界史中之所以独树一帜，就是因为从表面来看，于早期经济始终维持不变的效率发展，突然在这段期间急速增长。

在任何竞争性经济中，或在经济体内部的任何部门，效率皆可简单地以单位生产投入（资本、劳动力及土地）成本与单位产出价格的比例估算，即：

$$A = \frac{单位投入成本}{单位产出价格}$$

效率较高的经济体，单位投入可生产较多产出。因为支付给投入的金额必须与产出的价值相等，在效率较高的经济体中，产出的价格会低于投入的价格。详细的计算结果参见附录，不过这个概念本身非常简单。

多亏英国社会最晚从 1200 年开始就处于出奇稳定的状态，这段期间的工资、价格、人口、租金与资本回报率等记录得以建立，我们才能评估久远如 1200 年英国经济的效率。

图 12.1 显示 1700 至 1869 年间，以这种方式计算出来的生产效率。在马上就要跃入工业革命的 18 世纪，并没有任何效率持续增长的迹象。18 世纪的英国经济，是一如既往的马尔萨斯经济。到 1790 年，具有近代特征的稳定、无法阻挡的效率上升趋势首度出现。虽然自 1780 年代至 1860 年代，效率增长率每年仍只有 0.5%，不到典型近代增长率的一半，但这段期间效率持续进步的情况，却是前所未见的。

生产率在 1790 年后大幅提升的直接来源，是众人知之甚详的。表 12.1 显示 1760 至 1860 年代整体的生产率增长率，以及有著名革新出现的重要行业的贡献。如前文所述，总生产增长率有一个很好的特性——它正是各行业生产率增长率（按该行业产值占全国产值的比例加权）的总和（见附录）。

如表 12.1 最后一栏显示，在为期百年的工业革命中，纺织品生产率的提升占了总生产率提升的一半以上。小部分的贡献来自煤和铁，但其他两个有重要付出的行业是运输业和农业。运输业是因为其生产率迅速提升，至于农业，虽然生产效率进步缓慢，但其产业规模够大，因此也在全国性的贡献中占有一席之地。

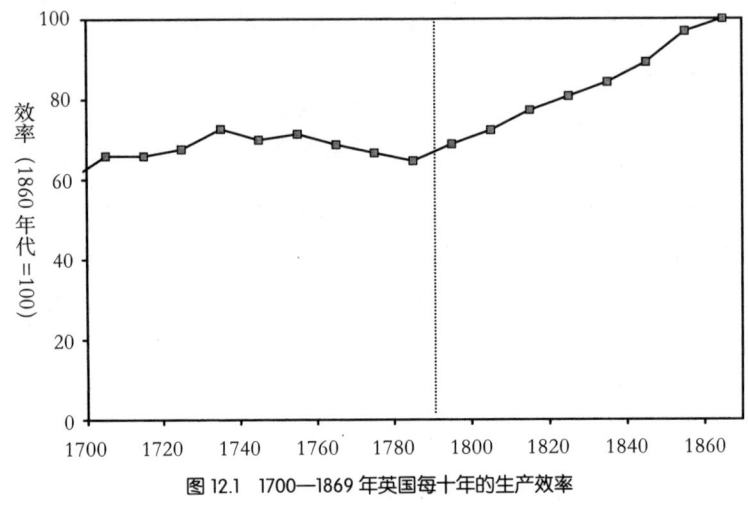

图 12.1　1700—1869 年英国每十年的生产效率

表 12.1　1760—1860 年代工业革命的来源

行业	效率增长率（%）	在全国总收入中所占的比例	对全国效率增长率的贡献（%）
所有纺织品	—	0.11	0.24
棉	2.4	0.06	0.18
羊毛	1.1	0.04	0.05
钢铁	1.4	0.01	0.02
煤矿开采	0.2	0.02	0.00
运输	1.2	0.08	0.09
农业	0.3	0.30	0.07
可辨别的技术进步	—	0.51	0.42
总体经济	—	1.00	0.40

纺织业是工业革命的旗舰型产业。从 1760 年至 1860 年，将生棉花转变成布料的效率足足增加了 14 倍，年增长率 2.4%，比现代经济多数产业的生产率增长还快。1860 年代，光靠纺织革新，经济产出就比平常高出 27%——相当于每年 1.69 亿英镑的收入。

1760 年代，一磅棉花需要 18 个工时才能变成布料；到了 1860

年代，只需 1.5 小时就能完成。这个进步的成因也很明确。1760 年代起，纺织界发生一连串的技术革新——有些颇为出名，但多数默默无闻——改变了这个产业。

制度论者宣称，创新之所以增加，一定是经济体为创新者提供更大激励的缘故。但工业革命中的纺织业创新者，就连现今举世闻名的成功者也一样，在当时通常获利不高。

表 12.2 列出工业革命时期，纺织业几位最出名创新者的财务获利。在其他许多人尝试未果的时候，他们是促成纺织革命的少数人，但由努力获得的回馈大都很少。就算是在工业革命时期的英国，市场给予创新的报酬也并不太好。

表 12.2　工业革命期间纺织业创新的获利

创新者	设备装置	结果
约翰·凯伊（John Kay）	飞梭，1733 年	因行使专利权的诉讼而一贫如洗。1753 年其住处被破坏机器者毁损，在法国潦倒而终。
詹姆斯·哈格里夫斯（James Hargreaves）	珍妮纺纱机，1769 年	专利权被否决。1768 年在破坏机器者的胁迫下逃亡。1777 年死于救济院。
理查德·阿克莱特	水力纺纱机，1769 年	1792 年身故时财富达到 50 万英镑。多数财富是在 1781 年之后累积的，那时其他制造业者已不再尊重他的专利权。
萨缪尔·克伦普顿（Samuel Crompton）	走锭纺纱机，1779 年	并未替他的发明申请专利。1790 年获制造商致赠 500 英镑；1811 年获国会致赠 5000 英镑。
埃德蒙·卡特莱特教士（Reverend Edmund Cartwright）	动力织布机，1785 年	专利无价值。工厂在 1790 年被破坏机器者焚毁。1809 年获国会致赠 1 万英镑。
伊莱·惠特尼（Eli Whitney）（美国人）	轧棉机，1793 年	专利无价值。后来靠担任政府军火承包商赚钱。
理查德·罗伯兹（Richard Roberts）	自动机，1830 年	专利权的收入仅能支付发明的开销。1864 年潦倒而亡。

资料来源：Usher, 1929, 249-69.

从纺织业大公司的利润率，我们也可得知这些发明大多很快就从创新者身上泄露给其他同业者,而且发明人并未获得多少回馈。棉纺业的萨缪尔·格雷格合股公司(Samuel Greg and Partners)从 1796 至 1819 年平均赚了 12% 的利润,这在当时是正常的利润率。同样的,威廉·格雷合股公司(William Grey and Partners)1801 至 1810 年每年的利润不到 2%——这是相当差劲的利润率。如果创新的公司可以通过保密或强制执行的专利权来捍卫他们的发明,他们的利润理应高出竞争对手甚多。反之,棉纺织业创新的效益主要反映在降低价格、造福消费者上。因此,经营织造业(到 1810 年才机械化)的理查德·霍恩比合股公司(Richard Hornby and Partners),在 1777 至 1809 年间的平均利润率达 11%,利润和经营创新产业的格雷格公司不相上下。[2]

还有一个证据可以证明工业革命期间,纺织业界的创新报酬微薄:19 世纪有钱人的遗嘱。只有少数几位纺织革新者,如阿克莱特及皮尔(Robert Peel)变得富有。1860 年代英国共有 379 人在身故时留下 50 万以上的遗产,其中只有 17 人(相当于 4%)从事纺织业。[3] 但纺织业却占了英国全国总产出的 11%,而且是工业革命期间效率进步的最大宗。这段时期经济对创新的激励情况仍然很糟。工薪阶层和国外的顾客才是创新最大的受惠者,企业家则不然。这就是为什么英国只有少数基金会可以与美国伟大的私人慈善事业和大学匹敌。工业革命并没有让穷人变王子。

在工业革命的英国,其他创新的重心:开采煤矿、钢铁和铁路,也诉说着类似的故事。例如英国的煤产出在工业革命期间暴增。图 12.2 显示 1860 年代的产出几乎是 1700 年代的 20 倍。煤能让家里温暖、把矿砂变成铁、给火车头提供动力。但与 19 世纪晚期美国工业化过程中从石油、铁路与钢铁中获得巨额财富的大亨不同,英国的创新者未能得到多少报酬。

至于奉献给新工业的"教士":开发英国煤矿、铁路及运河的工程师,过着富足但通常并不奢侈的生活。虽然名留青史——理查

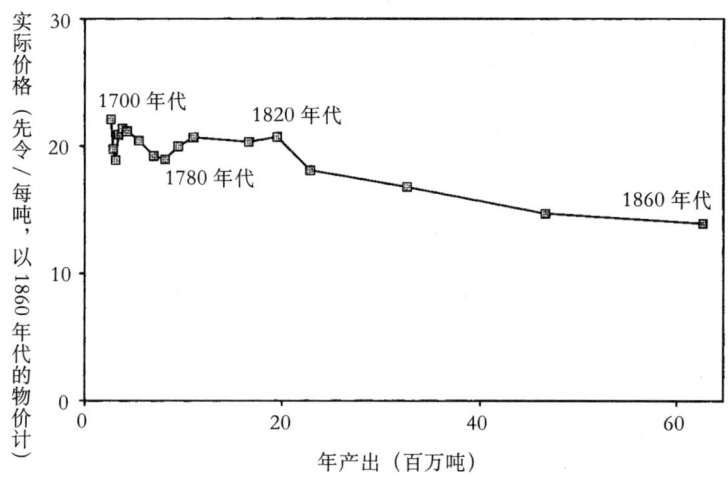

图12.2 1700年代至1860年代的煤产出及实际价格

资料来源：Clark and Jacks, 2007.

德·特里维西克（Richard Trevithick）、乔治及罗伯特·斯蒂芬森（George and Robert Stephenson）父子、汉弗莱·戴维（Humphry Davy）——他们的创新事业也几乎未获得社会回馈。火车机车的开山鼻祖特里维西克1833年过世时一贫如洗。乔治·斯蒂芬森——他著名的"火箭号"机车在1829年试车时时速可达15英里，这是当时前所未见的陆上交通速度——境遇好得多，但以他对铁路工程的卓越贡献，他在切斯特菲尔德乡下的房子只能算是微薄的报酬。那场著名的试车还有其他多部机车同场竞技，过没多久，英国就有一大堆机车制造者供应日益扩张的铁路网。

如图12.2所示，工业革命时代的创新，通常是以降低价格的形式造福消费者。随着煤产量激增，出售给消费者的实际价格也稳定下滑：1700年代的实际价格是1860年代的1.6倍。在工业革命时代的英国，煤、钢铁和铁路车厢的竞争十分激烈。专利制度无法给予这些行业的创新保障，使得新创意在制造者间迅速流通。

工业革命时期，英国的创新率节节上升，不是报酬奇佳，而是创新供给量大（但报酬不高）的结果。图 11.4 呈现出创新率可能增加的两种方式。制度论者认为，此时市场提供的报酬高于所有前工业时代的经济体，但没有证据显示这样的变化。前一次专利系统的重大改革发生在 1689 年，距效率普遍提升已有一百年的光景。况且专利制度本身对工业革命英国大部分的创新发明，影响力微乎其微。

相对而言，以图 11.4 来看，工业革命创新大增的情况，反映了供给量的高涨。即使创新的利益不优于早期经济，创新的供给量却巨幅上扬。尽管面对的挑战和激励一如他国的制造商，英国人却较可能尝试新奇的生产方式。

工业革命主要是创新供给量的变化而非激励的改善，这个概念可从农业发展的历程获得印证。史学家向来对于伴随工业革命发生的农业革命有诸多着墨。的确，世世代代的英国学童都读过（或许觉得既无聊又困惑）杰斯罗·塔尔〔Jethro Tull, 1733 年《马耕农法》(*An Essay on Horse-Hoeing Husbandry*) 一书的作者〕、"芜菁"汤森（"Turnip" Townsend）和阿瑟·扬等英雄般创新者的丰功伟业。但农业革命是个迷思，是史学家太过高估这段期间英国农业的产出增长所致。[4] 这段期间农业生产率的年增长率其实只有 0.27%，低于整体经济。但这点增长却比 1200 至 1800 年间的平均增长率高出许多。图 12.3 显示 1211 至 1453 年英国平均每颗小麦种子的产量。中世纪的农业似乎陷入数百年的停滞。

但工业革命时期的农业进展与该产业发生的事件并无显著关联。即便到 1860 年，英国农业仍几乎未实现机械化，唯一大量机械化的作业是打谷。同样的，尽管学校课程再三强调，但当时的农业并没有英明神武的发明家，一如纺织界和蒸汽界——没有哈格里夫斯、克伦普顿、瓦特或斯蒂芬森——只有一群难以归类、姓名不详、用某种方法挣得多一点钱糊口的庄稼人。后人的记录都是累积而成的变革，经过绵亘漫长的光阴，才由大批农人实现。[5]

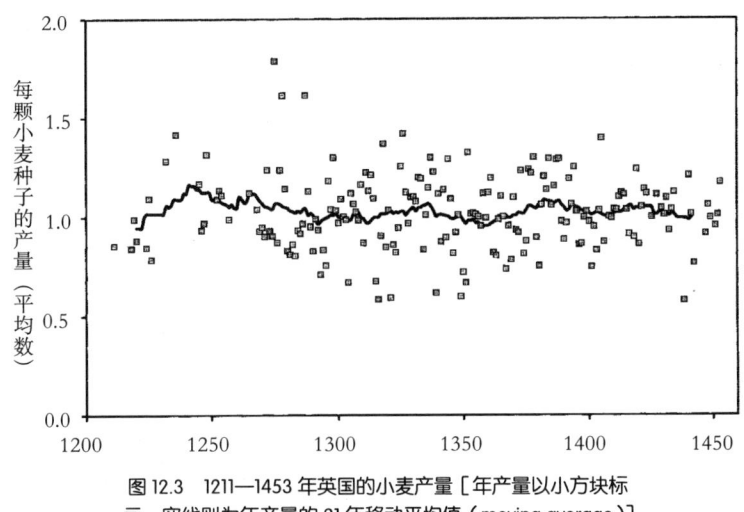

图12.3 1211—1453年英国的小麦产量〔年产量以小方块标示,实线则为年产量的21年移动平均值(moving average)〕

资料来源:Clark, 2001a.

工业革命时期,英国的农民从邻居或个人观察中逐渐发现了更好的耕作方式。虽然他们的中世纪祖先也面临同样的激励机制,却未能取得相似的进步。

工业革命在何时发生?

前面的讨论告诉我们,至少维持十万年之久的静态马尔萨斯经济与近代经济之间的转型,始于1760至1800年之间。有人认为这两者之间有个决定性的突破点(以人类史来看宛如一眨眼),这是错误的见解。这一连串共同造成这次突破的偶发事件,其实并没有表面上看起来那么关键而意外。

有许多征象暗示这段转型时期并不如传统历史所言那么明确。第一个征象是1246年起英国经济效率的变动情形。这里衡量的是获得收入的效率,不论被消费的物品是来自国内或国外。[6] 在这段期间内，随着海外贸易大幅增加，且贸易常与英国移民及封建领主管辖的土地有关，"英国经济"的界线变得愈来愈模糊。图12.4显示1250至2000年间的英国经济效率，以十年的移动平均呈现。

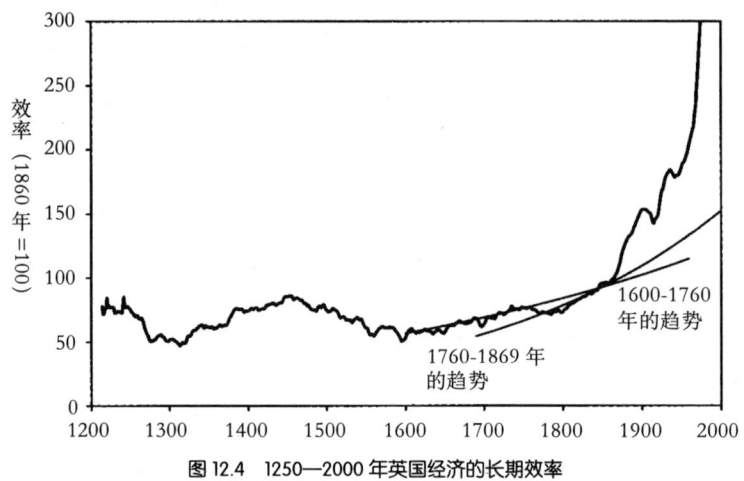

图 12.4　1250—2000 年英国经济的长期效率

总的来说，从前工业世界到近代世界的戏剧性转变相当明确。但在工业革命期间，或者说1800年前后的效率增长，以此长期图示来看并不显著。同样清楚的是，英国在1760年前的一百六十年间，也经历了稳定但不惊人的效率增长。以现代标准来看，0.2%的年增长率相当缓慢。但1600至1760年间的缓慢增长，却足以让英国经济的效率提升37%。这个进步速率比马尔萨斯时期的平均速率迅速得多。事实上，若非18世纪的最后数十年出现空窗期，使1760年以来的持续增长中断，1860年代的经济效率恐怕只有工业革命后所达水准的95%。

从1760至1869年，收入生产效率只增长了0.33%，这个速率以马尔萨斯时代的标准算快，但以现代水准来看仍然缓慢。所以我们也可以说，工业革命只是从马尔萨斯静态平衡迈向近代增长的转型期内的一个阶段，而这个转型期滥觞于1600年的英国经济。它并非突如其来的开端，而是一段起浮过程的延续与加速，就这样带领我们来到现代。

如果增长真的是从17世纪初期开始，那么制度论对于工业革命的简单解释（聚焦于英国现代民主的到来，即1688—1689年的光荣革命）看来就了无希望了。图12.5以较密集的时间观察1600至1760年的英国经济效率，并且以十年的移动平均呈现。任何政治事件——1642至1648年的内战、空位期（Interregnum）国会与克伦威尔当政、1660年的君主政体复辟，或是1688至1689年的光荣革命——皆未对经济效率的缓慢向上趋势造成显著的影响。大部分的短期波动都是收成好坏所致，这点的冲击力远大于政治事件。而效率的增长明显从17世纪开始，早于道格拉斯·诺斯及其追随者口中最重要的制度变革：光荣革命。

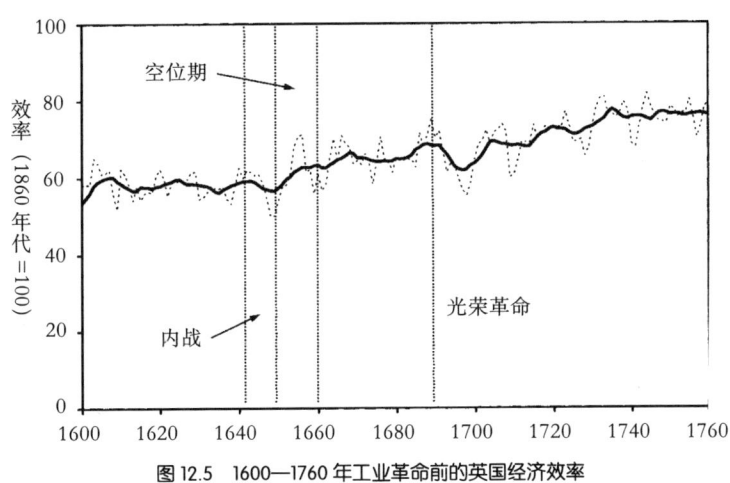

图12.5 1600—1760年工业革命前的英国经济效率

但图12.4也显示，英国经济在公元1600年前出现了几次诡异的震荡。高峰出现在中世纪晚期的1450年前后，当时经济效率有1860年代88%的水准；低点则落在1300年前后，只有1860年代的55%。这显示1600至1800年代呈现的效率增长，其实有可能只是在"赶进度",让效率回到中世纪的平均水准;1800年才是真正突破中世纪模式的起始点。由于缺乏进一步的资料,我们无从判定。

工业革命为何看起来这么戏剧性?

前文提及的效率增长率暗示,在马尔萨斯经济与近代经济之间,有一段无声无息、循序渐进的过渡期,发生在1800年前后的英国。直到19世纪末,生产率的增长速率才完全与近代经济相符。

既然如此,在当代人与后来的观察家眼中,工业革命为何看起来这么戏剧性?为什么在1730年代至1860年代间,非农业产出增加了近九倍之多?以往只是村落和原野的地方,为何会变成大城市?将公有土地圈为私有的做法,为何会让乡村转型?为何会兴建长达两万英里的密集公路网?为什么能开采巨量的煤矿——1860年代的煤矿产出是1730年代的18倍——让废煤弃置场把大好景致搞得伤痕累累?

若非工业革命的惊人利益,为什么这个位于欧洲西北边陲的小国——1700年时人口不及法国三分之一,更只有中国和印度的4%——终于会在1850年跃居世界龙头?

本书给出的答案是:工业革命看似极度不连贯的表象,源于英国较快的生产率增长,与突如其来且不明原因的人口爆炸同时于1750至1870年代发生。因此,英国能登上世界龙头宝座,与其说是英国工人在工厂辛苦的成果,不如说是他们在卧房卖命的杰作。英国人口从1740年代的600万(不多于1300年代中世纪人口最多的时期)增至1860年代的2000万,足足多了两倍有余。欧洲其他国家的人口增长就相当有限。例如法国在同时期只由2100万人增至3700万人。除此之外,美国的西部拓荒也为世界经济带来稳定增长的农业产出。因此,1760年代英国的人均土地面积仍与其贸易伙伴相仿,至1860年代,这个数字便大幅落后于它所有的贸易伙伴了(见

表 12.6)。

英国的人口爆炸似乎与工业革命的特征，即纺织、蒸汽、铁与农业的生产率提升毫无关系。首先，在任何领域的生产率均未明显提升之前，人口增长就已如火如荼。1790 年代的人口已比 1740 年代的人口多出 37%。那正是为什么马尔萨斯在 1790 年写作时只看到人口过剩的问题，而没看到人口增长其实是由经济变革驱动的现象。由于死亡率在工业革命时代几乎没什么下降，可见人口增加的主因乃生育率提升。

我们在第四章看到，在前工业时期的英国，出生率是如何受到女性晚婚、终身不嫁及抱定单身主义等因素的限制。就算婚姻内的生育不受限制，这种于 1650 年左右达到巅峰的婚姻模式，仍避免了半数的怀孕概率。

18 世纪初期，女性初婚年龄开始下降。图 12.6 显示起跌的时间约在 1720 年代。光是初婚年龄降低就足以让出生率持续上升，到 1800 年已提高五分之一。而在女性较早结婚的同时，也有更多女性结婚。1650 年有五分之一的女性终身未嫁，到 18 世纪初，终身未嫁的女性比例降到 10%，经过工业革命的洗礼，这个比例仍保持在这个偏低的水准。婚姻频率提升，为生育率再增加 12%。最后，虽然面临这种风险的女性比例很低，不过非婚生子女数仍有所增加，再把总生育率拉高 5%。综合以上因素，我们可以算出，1650 至 1800 年的生育率增加了 40%。因此 1650 年时，英国每位女性只有 1.93 个子女，人口呈现下降趋势；到了 1800 年，这个数字提升到 2.68，于是人口迅速增长。

这些婚姻状态的变化，似乎不是经济原因所致。它在英国南、北部双双发生，但北部可说为工业革命彻底转型，南部却大半未受其影响。它发生在就业人口以务农为主的地区，也发生在主要从事贸易、手工业和制造业的地区，如表 12.3 所示。这阶段唯一或许能用来解释较早、较多人结婚的特征，是母亲死于分娩的情况有所好

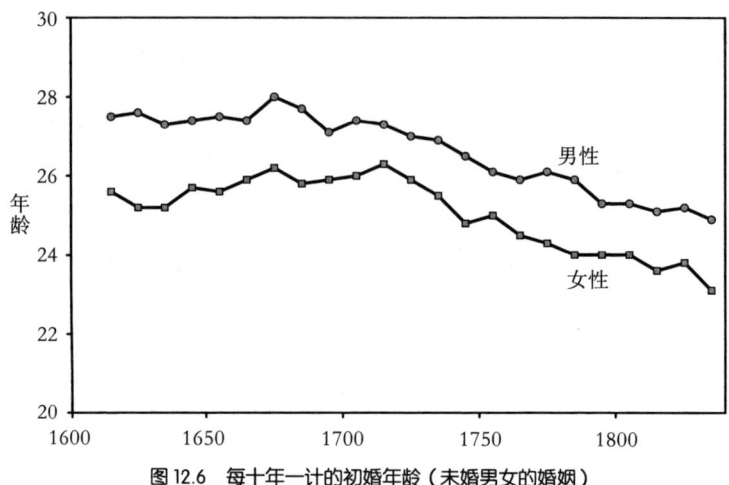

图 12.6　每十年一计的初婚年龄（未婚男女的婚姻）

资料来源：Wrigley et al., 1997, 134.

转。表 12.4 显示，17 世纪时有 1.5% 的怀孕以母亲死亡收场。[7] 一位 25 岁结婚的女性平均可生 5.6 个孩子，所以死于分娩的概率约为 9%。表中最后一栏显示每半个世纪内，一名 20 岁结婚女性的怀孕死亡率，风险相当高。至 1800 年，怀孕引发的死亡风险下降了三分之二，尽管对整体死亡率的影响相当有限。女性应该很清楚婚姻的死亡风险。17 世纪的高风险或许可以说明为什么女性会晚婚（尽量降低这样的风险）和决定避免结婚。

表 12.3　女性初次结婚的年龄（以地区区别来看）

时期	农业区（8）	零售及手工业区（5）	制造业区（3）	混合区（10）
1700—1749	25.2	26.5	26.6	26.3
1750—1799	24.3	24.8	24.6	24.7
1800—1837	23.7	24.0	23.4	23.7

资料来源：Wrigley et al., 1997, 187.
注：括号内为地区数。

表 12.4　怀孕死亡情况

时期	怀孕导致母亲死亡的比例（%）	女性平均结婚年龄	20 岁结婚之女性的怀孕死亡率（%）
1600 年之前	1.23	—	—
1600—1649	1.34	25.4	9.7
1650—1699	1.63	25.9	11.3
1700—1749	1.28	25.7	9.0
1750—1799	0.92	24.4	7.1
1800—1837	0.55	23.5	4.3

资料来源：Wrigley et al., 1997, 134, 313, 399.
注：计算母亲死于分娩并发症的比例时，是假设这是已婚妇女唯一的死亡风险。20 至 49 岁女性其他因素造成的死亡会降低这个比例。

工业革命提升的效率有限，意味着在驱动英国经济产出方面，人口增长比效率增长更重要。图 12.7 显示英国在 1700 至 1860 年间全国总收入增加，以及人口扩增和平均每人收入提升的情况。英国经济总产出至 1860 年代增长接近五倍，人口增长可说是其中唯一的关键因素。

另外，人口增加对英国经济相对规模的影响，比它自己的绝对规模更大。工业革命期间的生产率提升，对于英国在欧洲的竞争对手在收入方面的冲击，不亚于英国本身。这有两个原因：第一个原因是英国向其他国家直接出口较便宜的煤、铁及纺织品；第二个原因是这些国家纷纷开设新的公司，来利用工业革命的创新技术。

因此爱尔兰——因英国工业革命而变得更依赖农业，工业不进反退的国家——获得的利润就似乎与其贸易伙伴英国同样丰厚。如图 12.8 所示，1785 至 1869 年爱尔兰建筑工人的实际薪资与英国工人一般高。图中显示，在 1845 年爱尔兰马铃薯饥荒造成大量人口丧失及移出前，两国工资相差无几。事实上，据估计在 1767 至 1845 年间，爱尔兰人口增加的幅度与英国相仿。

同样的，没有什么迹象显示工业革命时代，英国的人均收入比

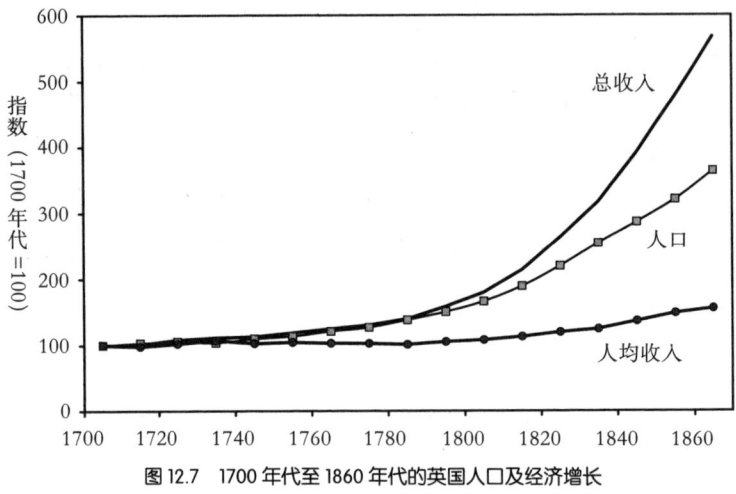

图12.7　1700年代至1860年代的英国人口及经济增长

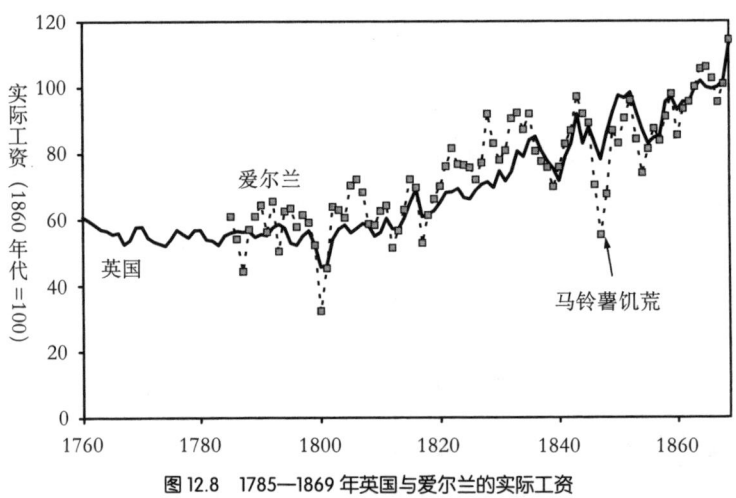

图12.8　1785—1869年英国与爱尔兰的实际工资

资料来源：Geary and Stark, 2004, and Clark, 2005.

荷兰高到哪里去。图12.9显示1800年代到1910—1913年间的英国人均收入，以每十年一计。我们可以看到，1910—1913年荷兰的人均收入是英国的82%。在1800年代及1860年代之间，英国——工业革命最火热的中心——人均收入增加了44%。在同一段时期内，荷兰——对同期产业创新没什么（独立）贡献的外围成员——人均收入则提升29%。就工业革命期间的人均收入而言，英国胜过荷兰11%，但相较于1760年代至1860年代，英国总收入比荷兰总收入多增加64%来看，这个数字微不足道，而英国总收入会比荷兰多增加那么多，正是英国人口增长较快的结果。

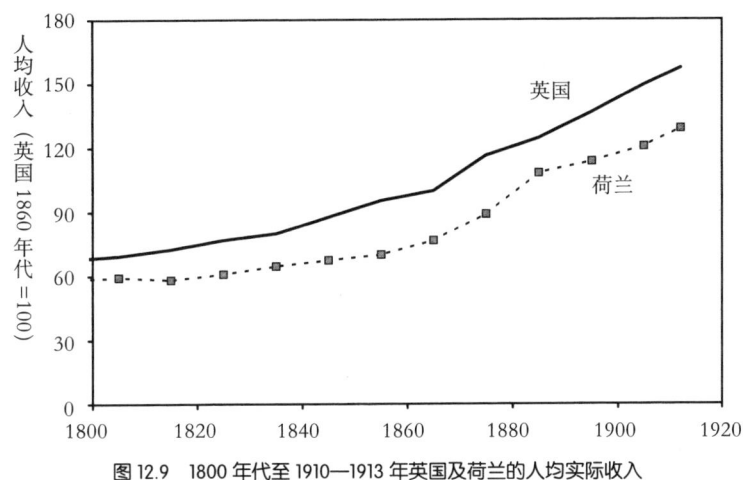

图12.9 1800年代至1910—1913年英国及荷兰的人均实际收入

资料来源：英国截至1869年的人均收入预估值，乃沿用Feinstein, 1972, table T21中英国人均GDP指数计算至1913年。荷兰1805至1913年的人均收入数据出自Smits et al., 2000。

英国人口暴增、工业革命期间实际收入提升，加上土地有限以及农业生产率未大幅提升，意味着英国国内农业已无法满足英国经济的粮食与原料需求。如表12.5所呈现，在工业革命期间人口增加两倍以上之际，国内农业产出量仅增加了不到一倍。至1860年代，英国已从一个对粮食与原料进口量微不足道的国家，变成一个粮食与原料进口占GDP的22%的国家。

表 12.5 人口增长与粮食、原料供应

	1700—1709	1760—1769	1860—1869
人口（百万）	5.5	6.7	20.1
英国农业净产出（百万英镑）	65	71	114
食品净进口（百万英镑）	2	3	80
原料净进口（百万英镑）	−2	−5	61
国内煤产出（百万英镑）	2	3	37
非农产粮食与原料供应（百万英镑）	2	2	178
人均粮食与原料（英镑）	12	11	15

资料来源：农业产出，Clark, 2002b. 进口，Parliamentary Papers, 1870; Schunpeter, 1960. 出口，Schumpeter, 1960; Mitchell, 1988, 221-22. 煤产出，Clark and Jacks, 2007.
注：英镑以 1860—1869 年的币值计。

表 12.6 英国、西欧、俄罗斯和美国的农地与人口比较

	1800—1809	1860—1869
英国		
人口（百万）	9.2	21
农地面积（百万英亩）	26	26
人均农地面积（英亩）	2.8	1.2
西欧		
人口（百万）	103	152
农地面积（百万英亩）	317[a]	317[a]
人均农地面积（英亩）	3.1	2.1
俄罗斯		
人口（百万）	53	74
农地面积（百万英亩）	702[a]	702[a]
人均农地面积（英亩）	13.2	9.5
美国		
人口（百万）	6.2	35
农地面积（百万英亩）	—	407
人均农地面积（英亩）	—	11.6

资料来源：FAO, statistics database; Mitchell, 1988a.
a 以粮食和农业组织所列之现代地区为准。
注：西欧国家包括奥地利、比利时、丹麦、芬兰、法国、德国、爱尔兰、意大利、荷兰、挪威、葡萄牙、西班牙、瑞典以及瑞士。

粮食与原料的贸易条件变得有利，是因为北大西洋贸易区的版图随着美国向西拓展而大量增加。表 12.6 显示 1860 年代美国新增的广大农地面积。

工业革命时期的粮食与原料进口，必须以制造业产品出口来支付。正是这个因素，而非技术发展，使英国成为"世界工厂"。假如 1860 年代的英国人口仍然停留在 600 万，国内农业就能供应国人足够的粮食与原料，那么同时期制造业产品净出口就会趋近于零，不会造就占 GDP 近 20% 的史实。因此，若非人口增长，1860 年代的非农业产出就不会是 1730 年代水准的近十倍，而只会增加一倍。

英国人口于工业革命期间异乎寻常的增长，以及同时期美国耕地面积扩张，对经济与社会转型的影响，比这段时间的特定技术发展更加重要。

从前工业时代到近代增长率的转型究竟有多渐进？

图 12.4 显示，以总生产率水准来看，效率原地踏步的前工业世界与效率不断进步的现代世界之间的过渡期，是无法判定出确切日期的。但这幅图也使这个概念更具说服力：在前工业世界（至少在英国是如此），技术大致呈现停滞。

经过测算，13 世纪经济的总生产率水准和 18 世纪一样高。这个发现和思想及社会的发展并不一致，因为我们看到欧洲从中世纪以后，无论在技术、科学、建筑及艺术方面的创新，都有缓慢却稳定的进展。表 12.7 提供一个简短的时间表列出 1120 至 1665 年间欧洲的重大创新。这显然并非一个一事无成的世界。但令人百思不解的是，这些发展对生产技术的影响微乎其微。

然而，图 12.4 呈现的总生产率，并不只是把各种物品生产率的进步幅度加起来，也要按每种物品的支出比例加权。我们在第七章

表 12.7　1120—1665 年欧洲的创新

时间	创新	地点（人物）
1120 年	哥特式建筑	法国、英国
1200 年左右	风车	北欧
1275 年	火药	德国
1285 年左右	机械钟	北欧
1315 年左右	《神曲》	意大利（但丁）
1325 年左右	加农炮	北欧
1330 年左右	冠状玻璃	法国
1350 年左右	眼镜	威尼斯
1350 年左右	《十日谈》	意大利（薄伽丘）
1390 年左右	《坎特伯雷故事》	英国（乔叟）
1400 年左右	竖琴	佛兰德
1413 年	透视画法	意大利（布鲁内莱斯基）
1450 年左右	活字印刷术	德国（古腾堡）
1450 年左右	四分仪（航海）	—
1450 年左右	阿拉伯数字	—
1475 年左右	滑膛枪	意大利、德国
1492 年	发现美洲大陆	西班牙（哥伦布）
1498 年	到印度的航线	葡萄牙（达伽马）
1512 年	欧洲邮政服务	德国（塔克西斯）
1522 年	环绕地球航行	西班牙（麦哲伦）
1532 年	马铃薯	西班牙
1544 年	番茄	意大利
1587 年左右	《帖木儿大帝》	英国（马洛）
1589 年	针织机	英国（李）
1597 年	歌剧（《达夫尼》）	意大利（佩里）
1600 年	电力	英国（吉尔伯特）
1602 年	《哈姆雷特》	英国（莎士比亚）
1608 年	望远镜	荷兰（利柏黑）
1614 年	对数	苏格兰（纳皮尔）
1650 年左右	机械纺纱	意大利
1654 年	现代温度计	意大利
1656 年	摆钟	荷兰（惠更斯）
1665 年	显微镜	英国（胡克）

讨论过，经济学家这么做是为了测度技术变革对一般消费者有多大的影响。

但如果我们的重点在于测度一个社会内的平均创新率，这就不见得是最好的指标了。重大的创新可能在问世很久之后，才对社会大众产生影响。在创新真正发生的同时，人们或许会因为收入有限或环境不允许而未善加利用。这种"延迟影响"（delayed effect）有一个最经典的例证，就是1452年由古腾堡（Johannes Gutenberg）引进欧洲的活字印刷术。在这项创新出现之前，书本必须用手抄写，和文件奋战的抄写员一天只能抄写3000字。以这种效率来看，复写一本《圣经》需要136个工作日。除此之外，由于手写较不精确，文本的尺寸必须加大，页面每个字所须的空间约是现代排版印刷书的两倍，因此也提高了原料和装订的成本。[8]

图12.10显示1470年代至1860年代每十年的书本制造生产率，以建筑工匠的工资与标准书本售价的比例计算。[9]1460年代至1560年代的生产增长率约为每年2.3%，与工业革命时期棉纺织业的增长一样快。接下来一百年，生产率增长得较为缓慢，每年只有0.6%。但这个比例仍高于工业革命时期多数经济体的生产增长率。自1660年至1860年，印刷业的生产率几乎不再有显著的提升。但书本制造效率的提升对于1660年前的经济效率却没有任何可察觉的影响。在16世纪的第一个十年间，书本平均每年产出2万册左右，占英国全国收入的0.02%。到1550年代时，产出量增加到10万册，但由于价格下跌，书本仍只占全国收入的0.11%。

公元1800年以前效率显著提升，但因占总支出的比例太低而对整体经济效率无甚影响的物品，不只书本一种。表12.8显示每五十年间的铁钉价格，与工资和铁钉生产率的比较。13世纪初期，一磅铁钉要价3.3便士，而工匠的日薪仅2.4便士。因此一磅铁钉比一天的薪水还贵。至1850至1869年，日薪增加了约17倍，变成40便士，而每磅铁钉的价格只有3.2便士，所以工匠用一天的工资买下12磅

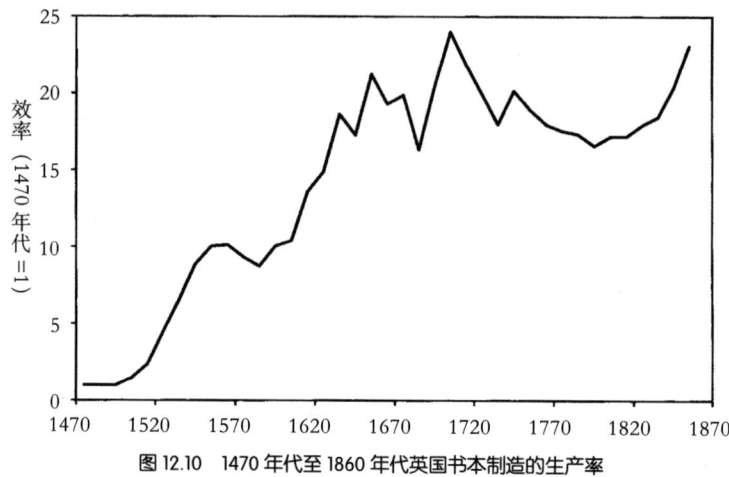

图12.10　1470年代至1860年代英国书本制造的生产率

表12.8　1200—1869年间铁钉制造的生产增长率

时期	铁钉售价（便士/磅）	日薪（便士/日）	生产效率	生产增长率（每年%）
1200—1249	3.3	2.4	100	0.31
1250—1299	2.9	2.4	117	0.09
1300—1349	2.9	2.5	122	−0.35
1350—1399	5.3	4.0	102	0.72
1400—1449	4.3	4.6	147	0.34
1450—1499	3.8	4.8	174	0.38
1500—1549	3.3	5.0	211	0.39
1550—1599	4.6	8.6	256	0.63
1600—1649	4.6	12	351	0.67
1650—1699	4.6	16	492	0.40
1700—1749	4.2	18	603	0.21
1750—1799	4.2	21	670	1.05
1800—1849	4.5	36	1,132	0.81
1850—1869	3.2	40	1,693	—
1200—1799				0.38

注：每个时期的生产增长率是此五十年间效率增长的平均值。所以1300—1349年的效率增长会出现负数。

铁钉绰绰有余。[10]

但铁钉生产效率的提升,大部分都是在工业革命前达成的,以至于在工业革命前夕,铁钉的生产率几乎是 1200 年的 7 倍。由于铁钉始终只占建筑及家具建造成本的一小部分,因此这个进展对整体经济并未造成冲击。其他价格大幅下跌(相对于工资而言)的物品包括纸、玻璃、眼镜、钟、乐器、颜料、胡椒等调味料、糖、丝绸等精致纺织品、烟草和火药。以上种种进步对生活开销均未造成深远的影响,因为它们大多是只有高收入者才会消费的奢侈品。人类支出的大宗仍是粮食、衣服和住所等基本必需品。

不过,如果我们在测度 1200 至 1869 年间英国技术发展率的时候,不考虑当时一般人的消费,而是以现代人的消费情况来衡量,那么我们对于 1800 年前经济相对静止的情况就会产生截然不同的印象。图 12.11 显示 1270 至 1860 年代英国平均收入的真正购买力,以民众确实购买的物品为基准。尽管从中世纪时期到 1860 年代,实际收入整整增加一倍,但增加的部分几乎全是在 1800 年后达成。这张图也显示按现代富裕阶层的消费习惯计算的购买力,也就是花在书本、衣服、玻璃、家具、旅行、香料、糖和酒等物品的购买力(各物品的消费比例由本书作者自定)。以这种方法计算的从中世纪到 1860 年代时期的购买力提高得更多——约为四倍。但这条线在 1800 年前后的变化相当稳定。实际购买力在中世纪及 1800 年间增加两倍。1800 年后这类消费者的实际购买力每年增长约 0.76%,而 1480 年代到 1800 年代实际购买力每年提升 0.33%,远超过前工业世界的平均值。

因此,英国经济在不同时代的动能似乎取决于观察者的消费偏好。若从低薪工人,即农场劳工的角度来看,就算在工业革命进入尾声之际,他们连中世纪晚期黄金年代的生活水准都没能达到。如果对象是有中产阶级消费偏好的近代美国人,消费可能性的变化,在 1800 年以前就已相当剧烈。这些变化让他们可以住在光线充足、

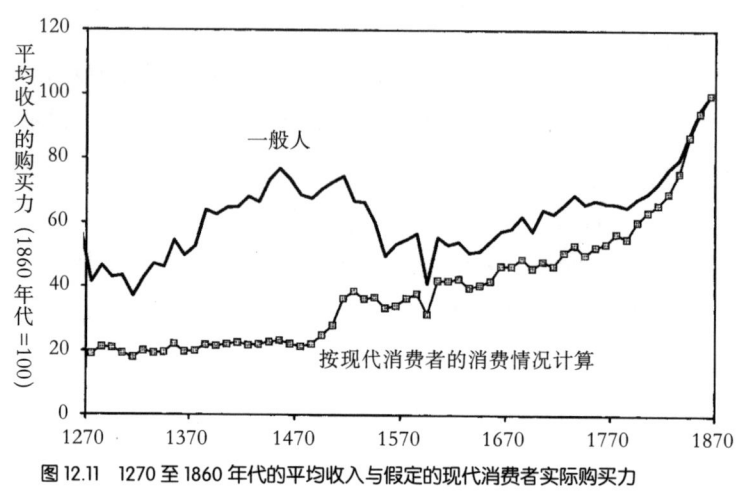

图 12.11　1270 至 1860 年代的平均收入与假定的现代消费者实际购买力

墙壁粉刷过或贴壁纸的房屋，用瓷器和玻璃器皿装各式各样的食物。他们还可以每天看报，廉价的人工照明延长了每日的活动时间。

如果创新是一种符合经济逻辑的活动，如果创新工作的每一分预算都能发挥得淋漓尽致、制造出最大的生产率进步，那么总效率水准会是衡量社会创新率的最佳方式。但如果创新活动主要是由非经济力量所引导，如好奇、喜新厌旧的心理、给别人留下深刻印象的欲望等，那么总效率增长或许就不能拿来当作社会创新率，或社会相对创新程度的指标。工业革命英国的事证显示，至少在早期社会中，利益并不是创造发明的重要刺激。因此，拿总效率增长来衡量创新率并不适当。

转向无机技术

诚如里格利所强调，工业革命象征社会从"有机"的制造体系（organic system）转变为"无机"近代世界体系（inorganic system）的开端。公元 1800 年以前世界的粮食、能源、衣物和建筑的原料都是以有机的方式在农业领域制造出来的。经济对动植物持续性生产的依赖愈来愈低，对能源及矿物的依赖则愈来愈深，就是从仰赖煤、铁的古典工业革命开始的。[11]

有机生产体系有三个重要特色：第一，长期而言，所有从这个体系取得的产出，一定会被同等的投入抵消。在前工业英国的谷类产品生产中，每消费一磅氮都需要空气中有一磅氮被固定〔固氮（nitrogen fixation）是一种通过自然或工业途径，将大气中的氮气转换成"氨"等形式的过程——译注〕。这严重局限了产出的潜能。[12]

此外，在无机体系中，生产效率的基准率为零，在毫无创新的有机体系，效率增长却是负数，这就是它的第二个特色。杂草和病菌常是自然选择中用以降低农作物和动物生产率的神秘力量。事实上，很多人相信，如黑麦等一些近代作物，原本被视为大麦或燕麦收成中的杂质品。在种植条件较严峻的北欧地区，黑麦经证实比原本的谷物更具生产率，最后就被人工栽种了。[13]

1845年爱尔兰马铃薯饥荒和1860年代根瘤蚜袭击欧洲葡萄园等事件，就充分彰显了农业体系这种生产率每况愈下的固有特性。因此在工业革命之前，英国农业并未出现可测量的效率增长，不见得代表没有创新。生产增长率从1800年前的0进步到1800—1860年代的0.3%似乎是一种革命性变化。但假设这代表创新率从每年0.4%提升到0.7%（0.4%用以反抗大自然不断贬抑技术的现象），那么工业革命期间创新率的上升幅度就没有那么剧烈，似乎也算不上什么革命性的变革。

有机生产体系的第三个特色是改良生产方式的实验本身就难以进行。例如在一家棉纺织厂，我们可以进行仅改变制造方式的受控实验（controlled experiment）：提升10%的纺锤速度，立刻就会看到制造成本发生什么变化。但在农业方面，要观察任何改变的影响就很困难了。因为生产期间比较长，若是饲养动物则可能长达数年。每一年，气候和病虫害的变化都会对产出造成巨大的冲击。每一块地，甚至同一块地里面的土壤条件也各不相同，所以一个对甲环境有益的变化，对乙可能毫无效果，甚至有弊无利。因此，步入近代之际，随着人们陆续改用较无机的生产方式，创新率也愈攀愈高。

转型为近代世界

1760 至 1860 年英国工业革命期间，英国经济发生剧烈的变化。但我们仍不确定，世界经济从生产技术创新寥寥无几的旧经济体转型成创新源源不绝的近代经济，是不是在 1760 至 1800 年间发生的事。生产增长率的好转是个漫长的过程。要测量任何社会各种生产技术的效率增长幅度，总生产增长率不是唯一的指标，若照其他衡量方式，近代增长率在 1800 年前就已出现。另外，有人认为在前工业时代，一旦社会没有任何创新，它的效率增长率就是零，这个论调也是不正确的，这些社会还是必须利用创新来维持有机生产体系的生产率。尽管近代世界的转型期比一般人想象中漫长，但它绝对是在欧洲，而非亚洲完成——虽然亚洲长期称霸前工业世界的技术发展领域。下一章我们将探讨个中缘由。

第十三章

为什么是英国？为何不是中国、印度或日本？

> 日本这座岛上的居民本性良善、温文有礼，又骁勇善战：他们法律执行严格，绝无偏私。这里是礼仪之邦，我的意思是，没有一个国度像它这般行礼如仪。
>
> ——威廉·亚当斯（William Adams），1612[1]

前一章强调英国工业革命其实没有表面看来那么突然。在人口大增的同时，与美国等原料出产者的贸易前途也一片大好，使得英国在1800年前后略为上扬的经济增长率看来像是一夕之间的经济巨变。事实上，严格来说，1850年的英国并没有领先美国、荷兰等其他竞争对手太多。

第十二章也强调生产率的加速发展来自供给侧。有些激励机制已经存在好几代人的时间，但人们的反应截然不同。由于前工业英国拥有稳定的私有产权制度，那些激励便自然而然成为动力。人口的特征通过达尔文的物竞天择不断变迁。英国能成为先驱是因为它漫长、和平的历史至少可溯自公元1200年甚至更早以前。中产阶级文化已通过生物机制传播到社会每一个角落。

但以上观察结果仍引发几个问题：为什么同样的条件不会让工业革命同时，甚至更早发生在日本、中国东南部或孟加拉？欧洲有什么特别之处？发生工业革命的为什么是1760年人口只有600万的小小英国，而不是有 3100 万人生活于复杂市场经济的日本，或是 2.7 亿人的中国？18 世纪拥有百万人口的江户（今东京）可是当时世界最大的城市之一呢。

近年来，诸如彭慕兰（Pomeranz）的《大分流》(*The Great Divergence*)[2] 等名著让这个挑战更加艰巨。彭慕兰指出，中国人口密集的地区（如长江三角洲）多数方面都与 1800 年代的西北欧相似，如"商业化程度，商品、土地和劳动力的市场化程度，市场经济增长，以及家庭生育和劳动力配置方面发生的更适应经济增长的变化"。他进一步主张，这些市场发展及专业化的模式本身并非通往"工业化突破"的途径。两套经济结构仍稳稳困在"原始产业的死胡同"，会有增长，但增长只能扩张人口，无法提升生活水准。[3]

彭慕兰因此坚称工业革命不是一个连续发展过程的延续（这是本书的观点），而是一个突然背离前工业时代停滞型平衡的意外。他认为欧洲发生这场意外的源头在于两个地理方面的偶发因素——煤和殖民地。对彭慕兰来说，阻止世界经济核心迅速增长的关键在生态方面。公元 1800 年前，所有社会都必须在固定面积的土地上，以可更新为原则生产资源——粮食、能源、原料。欧洲和亚洲的"先进有机技术"在 1800 年发展到其天然的极限。要大幅提升能源密集物资（如铁）的产出——也就是工业革命的特征——只有一种可能：在体系外发现新的能源或原料来源。

欧洲能跳出这一步，是因为人口重镇附近即有煤矿蕴藏。[4] 另外，它还有广大、空旷的美洲土地可供使用，以一整个大洲的粮食和原料暂时解除了生态限制。这些地理优势——而非创新潜能的差异——正是欧洲成、亚洲败的原因。

彭慕兰认为中国和日本 1800 年时在土地、劳动力及资本市场方面与英国几无差异的说法完全正确。薛华（Carol Shiue）与凯勒（Wofgang Keller）最近针对 1770 至 1794 年的谷物市场进行研究，结果印证了欧洲谷物市场的整合度仅比中国略好。[5] 图 13.1 显示

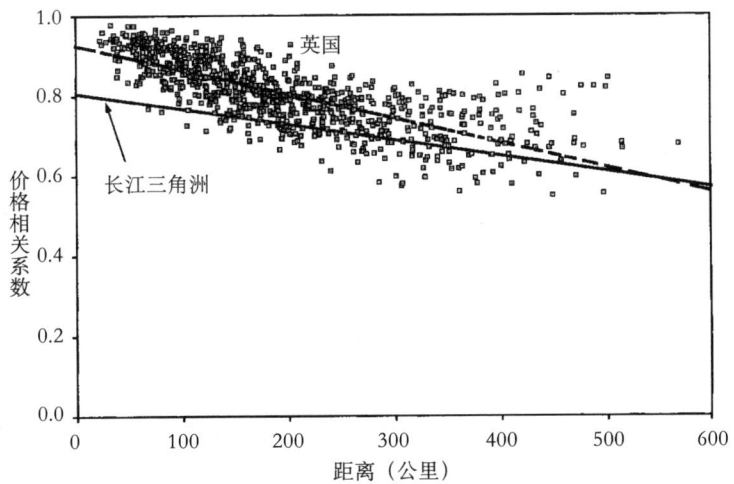

图13.1 1770—1794年间英国与长江三角洲谷物价格的关系与距离

资料来源:Shiue and Keller, 2006, figure 5.

1770至1794年英国及长江三角洲每年谷物价格与距离的关系。英国整合得较好,任两个地点的谷物价格较具关联性,代表谷物在英国当地市场流动得较自由。但差距十分有限。例如在相距50英里的两地,英国的价格关联性(最大为1)有0.88,中国则为0.77。在这两个市场,谷物都可以流通到相当远的地方交易。[6]

但彭慕兰也被困在前文评论过的亚当·斯密的束缚中。他认为,除非有其他外在因素干扰,否则光是市场与激励机制这两个条件就足以带动经济快速增长。以他的推论,如果英国增长了,市场规模相仿、财产权界定也很明确的中国却原地踏步,那么问题一定出在若干外力限制,例如地理条件。但在讨论工业革命时,我已经强调过,工业革命不是亚当·斯密所谓完善市场的产物,而是人们对存在已久之市场激励做出不同反应的结果。

在这些方面,若观察活跃的中产阶级社会出现时所引发的连锁效应——特别是教育与利率的水准——1800年时,英国确实领先亚洲。[7]

近来针对中国清朝（1644—1911）和日本德川时代（1603—1868）的研究，都凸显两者皆非传统思维认定的那种停滞、技术僵化的社会。尤其，尽管在公元1800年前隔绝于欧洲发展之外——距离及政府政策都是原因——他们似乎和西北欧发生同样的变化。1600至1800年间，中国与日本的教育水准显著提升。这些国家迟早会有自己的工业革命。棉花直到中世纪晚期才引进日本，而且在德川时代之前乏人种植。[8] 但到17世纪末，尽管当时日本仍是海上孤岛，国内棉纺织业已经以大阪为中心兴起。[9] 虽仍是手工产业，但已能取得充足的水力，使日本终究能与工业革命英国的创新不期而遇。

不过，虽然这些社会也在通往工业革命的路上，前进的速度却比英国慢，到19世纪末结束锁国政策时，走得也没有英国远。

1800年时亚洲的中产阶级情况为何？

1800年时，就社会特征而言，日本是最接近英国的亚洲经济体。虽然日本有可能在与世隔绝的情况下发展自己的工业革命，但在1603年进入德川时代之际，日本社会的情景较类似中世纪英国，而非1760年的英国。例如当时的利率仍然偏高。17世纪中叶，日本大名（各领地的最高长官）收取的贷款利率为12%—15%，就连有担保的贷款也一样。17世纪末期发展成形的银行体系将有房屋等实物保证的贷款利率平均定在15%，但信用较好的借款人或许可以拿到较低的利率。[10]

德川幕府时代初期，日本人的识字水准似乎也比较低。当时一般只有僧人识字，书面记录只用于记载土地持有等重要事项。[11] 至于算术能力，从葡萄牙耶稣会教士陆若汉（Joao Rodrigues，或译胡奥·罗德里格斯）1577至1610年的赴日记录中，我们得知日本社会的算术能力与中世纪或罗马世界相仿。论及日本没有瘟疫等疾病，连平民老百姓都很长寿的时候，陆若汉写到消息提供者信誓旦旦地表示："以前北国地区有一个男人活到 700 岁，我们碰过一个可靠的基督徒就见过他，很多其他非基督徒也认识他……而在我们这个时代，肥前国的地陆镇上也住着一位勇健的男人，他已经 130 岁了，还在下棋呢。"[12] 但到德川时代，一如英国的情况，识字能力开始通过社会阶层稳定传播。1700 年时，每一版书籍的印量已达万册之多，甚至出现营利的图书馆来满足大众的需求。[13] 18 及 19 世纪时，"寺子屋"（terakoya，乡村中教儿童读写及教学的场所）设置的频率愈来愈高。1804 年以前，这样的学校有 558 所；1804 至 1843 年间又设立了 3050 所，1844 年至 1867 年再增加 6691 所。[14] 寺子屋的贡献卓著，到 1868 年明治维新之际，日本男性的识字率估计已有 40% 至 50%，女性则在 13% 至 17% 之间。[15] 不过，这个比例仍比工业革命前夕西北欧的识字率逊色不少。

印度、中国和朝鲜在 19 世纪及 20 世纪初，也比工业革命前夕的英国保有更多中古欧洲或古代世界的面貌。

近来学者对于 1800 年左右印度与英国的相对生活标准争执不下。[16] 这并不能告诉我们英国和印度谁的技术发展程度较高、谁又较具增长潜力——看过本书第一部讨论的马尔萨斯经济便一目了然。不过，印度在公元 1856 年前的工资报告付之阙如，却足以回答当时印度和英国社会谁的发展程度较高的问题。

在英国，我们从 1209 年起就有实际工资的资料，1275 年后资料来源更是充足。18 世纪时，全英数百个城镇都有工资资料。教会委员、城镇法人、负责养护桥梁或看守监狱的郡级官员、付钱维修房产的伦敦基尔特、王室家庭、威斯敏斯特修道院等大型宗教机构、慈善机构、牛津和剑桥大学，以及民间显要的大户，都会申报工资。因此我们不仅可以计算工资，还可计算各行各业的工酬、每周工时、不同地点的工资，1800 年后甚至还可推算每日工时。

相较之下，幅员辽阔，1800 年时人口至少为英国 10 倍的印度，19 世纪前有关工资、物价和人口的记录少得令人难以置信。

若再排除荷属、英属东印度公司以及英国旅人的报告，那么 1200 至 1856 年间可取得的实际工资报告就只有《阿克巴律例》（Ain-I-Akbari）这部莫卧儿国王阿克巴于 1595 年撰写的记录，帕沙萨拉希（Parthasarithi）沿用之 1768 年及 1800—1802 年泰米尔纳德（Tamil Nadu）档案中的少许报告，以及 1820 年左右浦那（Pune）地区马拉地人（Maratha）留下的资料。[17] 1209 年中世纪英国的记录，比 18 世纪印度的记录翔实太多太多了。

欠缺文件记录的事实反映出 19 世纪印度社会的识字水准，恐怕不比中世纪英国高。印度迟至 1901 年才做的人口普查就显示当时男性的识字率只有 9.8%，女性更低到 0.6%。

还有另一个可以证明印度南部的技术在前工业时期不进反退的证据，就是该地区的建筑。维贾亚纳加尔（Vijaynagara），即 1336 至 1660 年间雄踞印度南部全境的维贾亚纳加尔帝国的首都，1563 年被洗劫一空后即遭废弃。这座废墟现为亨比村（Hampi）的所在地，盘踞整整 9 平方英里，村民皆蜷伏在壮观石拱廊与神庙间的简陋住所中。尽管这座遗迹的规模及其精巧的装饰纹样令人印象深刻，但其建筑技艺的复杂度比中世纪晚期的欧洲建筑要简单许多。约于公元 125 年完工的罗马万神殿有座直径 43 米的圆顶，1436 年完工的佛罗伦萨大教堂圆顶跨度达 42 米。这些建筑需要的设计及建造技术是维贾亚纳加尔的建筑望尘莫及的。

1800 年时，中国的社会复杂度似乎介于日本与印度之间。美国农经专家卜凯（John Lossing Buck）1929 至 1933 年的调查结果显示，中国男性的识字率约为 30%。由于 1882 年至 1930 年间，学校教育的普及度似乎没有改变，所以这个比例可能和 1882 年的男性识字率差不多。这个观察让罗友枝（Evelyn Rawski）推论，中国清朝末年是个"发达、复杂的社会……在许多方面都具有显著现代特征"。[18] 但 19 世纪中国的"发达"与"复杂"仍只达到英国 17 世纪的水准而已。

清代大众教育的主要管道是乡村层级的慈善性学堂。据罗友枝的研究，由于这类学堂的数量在1750—1800年与1850—1900年之间几乎增加一倍，代表18世纪末的教育普及度很可能只有19世纪末的一半，也就是说，1800年的男性识字率可能低到15%。[19] 而这也意味着，尽管以前工业社会来说，中国的教育水准相当高，但比起工业革命兴起时西北欧的教育水准，中国仍难望其项背。

卜凯发现1921至1925年中国各地土地的平均回报率约为8.5%，表示当时的中国更像早期社会，而不是1800年时的英国或荷兰。[20] 另一份调查韩国1740至1900年土地回报率的研究也发现，这段期间的回报率很少超过10%。[21]

因此，英国1800年时的亚洲对手，无论日本、中国或印度，在建立中产阶级社会方面似乎都落后。不过，这些社会（或至少日本和中国）都不像亚当·斯密或马尔萨斯所想得那般停滞，他们也依循着与西北欧相同的途径演进，至少在教育普及方面是如此，只是发展程度没那么高罢了。

亚洲为什么会落后欧洲？

前文强调，英国的社会演化具有生物基础，是在一个制度稳定、私有产权确立的社会中，经由选汰作用的幸存者所驱动。这会引发一个问题：既然中国和日本的财产权从更久以前即维持稳定，同样的演化过程为什么没有先在中国和日本发生并产生同样的结局？

由于中国和日本1800年前的人口资料有所不足，印度的资料更是几乎从缺，让我们不得不擅加揣测。不过我们可以提出两种可能的解释。

第一种解释是：令人意外的，1300至1750年，马尔萨斯陷阱对英国的束缚似乎比对日本或中国紧得多。表13.1显示这三个国家在1300年和1750年前后的估计人口。历经450年，英国人口仅些微增长，日本和中国则分别增加4倍和接近3倍。马尔萨斯限制紧咬着英国不放，对亚洲则比较宽松。因此前工业英国面临的选汰压力确实比较严峻。

表 13.1　1300 年和 1750 年英国、日本及中国的人口增长情形

时期	英国	日本	中国
1300 年左右	5.9	6	72
1750 年左右	6.2	31	270

资料来源：英国，Clark, 2007a。日本，Farris, 2006, 26, 165；1280 年估计人口为 570 至 620 万。中国，Perkins, 1969, 16. 1300 年的数值为 1393 年的估计人口。

中国人口增长快速的部分原因是它向来是一个开疆辟土的社会，人口不断从中原向西、南方人口稀少的地区迁徙。因此，据估计中国在 1770 年的耕地面积已从 1393 年的 6200 万英亩增加至 1.58 亿英亩，这就是人口增长的主因。[22] 相较之下，英国在 1750 年的耕地面积与 1300 年相差无几，没有土地可以拓展。而日本的人口能够如此大幅扩张，则是拜稻米产量大增所赐。

英国和中、日两国的第二个不同点在于收入对于中、日两国生育率的影响似乎比英国轻微得多。中国和日本的富人似乎不会像英国富人那般常往较低阶层流动、带入中产阶级的态度和文化。可惜的是，我们所观察的这两国的有钱人都是世袭的贵族——日本的武士和中国清廷的贵族。若能研究较富有的平民会更有助益，但这些资料很难找到。

以日本来讲，我们可以通过武士阶级的收养记录来了解其生育成效。为维系血脉，死前或退休时膝下无子的家族首领会采用收养的方式。我们研究的武士是官职世袭的地方官员，俸禄大多在 50 至 15000 石米不等。因为 10 石米相当于 17 世纪英国一名工人的年薪，可见这些武士相当富裕，就算以英国的标准衡量亦如是。

但这些家庭收养的比例相当高。以日本总人口增长迅速的 17 世纪为例，当时的收养率为 26.1%，这意味着武士阶级的生育率与

18世纪英国的有钱人相同。但18世纪时日本武士的收养率升高到36.6%,表示当时武士的净生育率和英国只拥有4英亩地或一间农舍的平民相当。19世纪的收养率甚至高达39.3%。图13.2显示各世纪日本武士膝下有子的比例与财富的关系,对照英国在1620至1638年的比例。武士的平均财富可让他们置身英国资产最高的阶级。因此在1700年以后,他们的生育率比英国富有人家低得多。

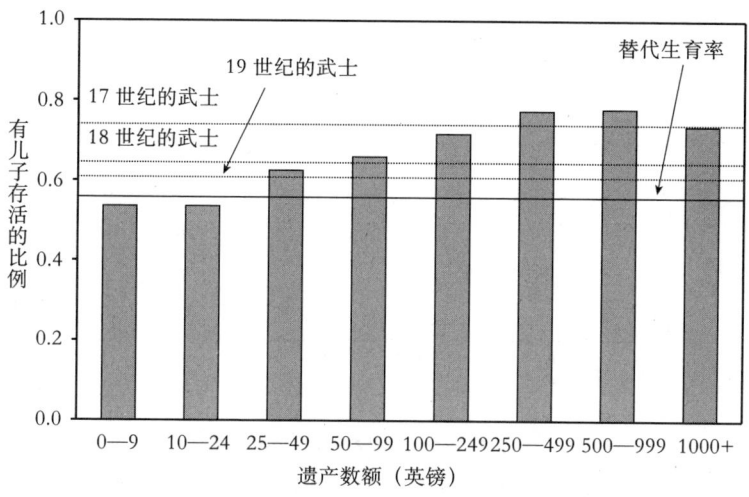

图13.2 各世纪武士的净生育率,对照1620—1638年英国的净生育率,以遗产规模区分

因为有55%净替代率为1的英国男性有儿子还活着,这就表示在1700年后,即人口增长陷于停滞的时期,武士阶级尽管财富可观,净替代率却只略高于日本的一般人口。因为被领养人绝大多数是来自多子武士家庭的幼子,前工业时期的日本并未发生大批无职位武士涌向平民阶层的现象。[23]

在中国,精英阶层生育率的事证来自大清帝国皇室的宗谱。这个群组是1644至1840年居住于北京的皇室家族成员。王丰(Wang Feng)、詹姆斯·李(James Lee)及卡梅伦·坎贝尔(Cameron Campbell)统计该群组长子出生的年代(十年一计),以及每位寿命

45岁以上已婚男性（包括一妻及多妻的男性）的总生育子女数。[24] 图13.3 即以这些资料绘成，概略呈现出所有皇室男性的"总生育率"。[25] 这个比例从18世纪初的7%左右一路下滑，1750至1849年间平均只有4.8%。

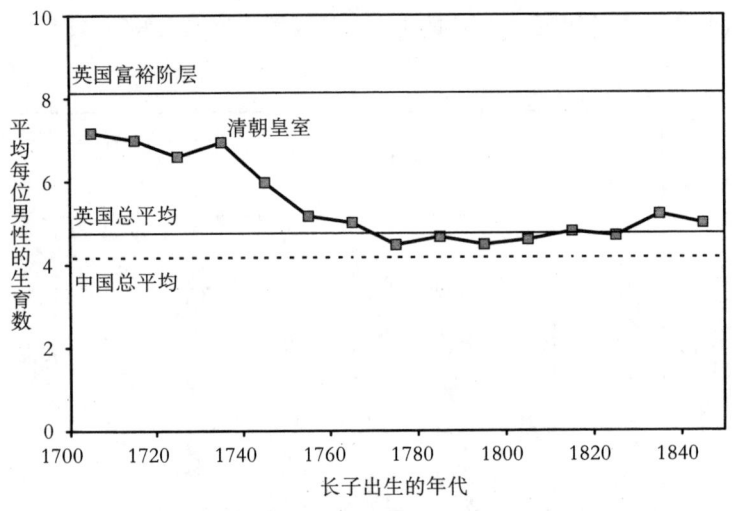

图13.3 清朝皇室家族男性的总生育率

这个比例固然比前工业时代中国男性仅约4.2%的总生育率高[26]，但差距有限。图中也显示1790年前英国男性的总生育率（约4.75%），以及从17世纪遗嘱样本获知的富有男性总生育率（约8.1%），这两者的差异就明显得多。

从日本与中国富裕阶层的例子，我们可以发现，在某些特定群组中，有钱人似乎占有繁殖上的优势。不过，同样显而易见的是，他们的优势比前工业时代英国的有钱人薄弱许多。我们手边的资料尚不足以说明为什么会有这种差异，但事实摆在眼前：不断冲击前工业英国向下流动的浪潮，对中国或日本来说只是一抹涟漪。

因此，"为什么是英国？为何不是中国、印度或日本？"这个问题应该可以这样回答：中国和日本，由于定居农业制度稳定而悠久，1600至1800年间也各自步入与西北欧类似的轨道。它们并非停滞不前的社会，只不过发展过程比英国慢。这或许是两个重要因素所致——1300至1750年间，中国和日本的人口增长比英国更快，但两国的人口结构赋予有钱人的生育优势又不如英国。因此我们可以这么推测：英国的优势来自于1200至1800年间，与取得经济成就相适应的价值观通过文化——甚至基因——迅速传播至社会的各个角落。

第十四章

社会面的后果

> 因此，劳动越使人感到厌恶，工资也就越少。
>
> ——马克思和恩格斯，《共产党宣言》，1848[1]

工业革命的原动力是知识的扩张。不过，令人意外的是，低技术劳工获得的利益多于其他任何团体。低技术工人悲惨命运的情景多多少少已烙印在现代大众的脑海中[2]，但事实却恰恰相反。1815年时，英国农业劳工和城市低技术工人的工资已开始无法遏抑地上涨，进而为所有人创造财富。[3]

工业革命也不是让土地和资本的收益超越劳动力收入的元凶。1760 至 1860 年，英国的实际工资增长比人均实际产出迅速。[4]创新者、资本所有人、土地拥有人以及人力资本拥有人并未从知识发展中获得什么回馈。因此，近代的增长从一开始就在造福前工业社会中最弱势的群体，特别是低技术工人，逐渐消弭社会内的不平等。

尽管到目前为止的增长都是良性的，但不保证它将持续促进社会内的平等。我们可能很快就会看到令许多作者担心的"反乌托邦"：低技术工人的工资掉到社会规定的"最低工资"（即前文所述的维持生计工资）以下，迫使社会用公共财政长期扶养一大部分人口。

分享利益

要了解低技术工人为何能享有近代经济效率发展的丰硕果实，我们要注意，一旦每单位投入生产的资本、劳动力及土地能产生更多产出，这三大生产要素的平均报偿势必有所提升。但套用基本增长公式，我们却无法确切描述这些要素如何分享利益。一切必定这样发生：

$$g_A = ag_r + bg_w + cg_s$$

其中 g_r、g_w 及 g_s 分别代表资本、劳动力及土地的实际收益的增速。效率提升 1%，生产要素所获得的报偿就会增加 1%。但这个式本身是允许无限种收益分成方式的，甚至可以是损失。

长期来看，土地并未从工业革命中获得什么好处。大卫·李嘉图，第一位明确聚焦于收入分配的经济学家，在工业革命初期写到1817年的英国时，预见了这样的未来：随着人口增加，工资将保持在维持生计水准，土地租金会上涨，而资本回报率会下降——因为土地是固定不变的生产因素。[5] 但英国真正的未来完全不是这样。

图14.1 显示 1210 到 2000 年间英国农地实际租金（每亩农地名义上的租金除以平均物价水平）的变动情形。实际农地租金在19世纪末达到高峰，但此后便往下跌。目前英国每亩农地租金的购买力只相当于 1760 年代的水平。事实上，当前的实际地租收入并不比 13 世纪初期高。[6] 若扣除欧盟的"共同农业政策"（Common Agricultural Policy）给农民的补贴，土地实际收入就毫无疑问比中世纪盛期更低了。

在农地租金下降的同时，城市的租金却上升了。事实上，在 2000 年的英国，每亩农地的平均单价为 2900 英镑，每亩准建设用地可卖 263000 英镑，每亩已核发建筑许可的建设用地价值更高达 613000 英镑。[7] 但一如图 10.3 所示，就算在人口稠密地区，城市的地租可能是乡下的 2 至 3 倍，但仍只占全国收入的 4% 左右而已。[8]

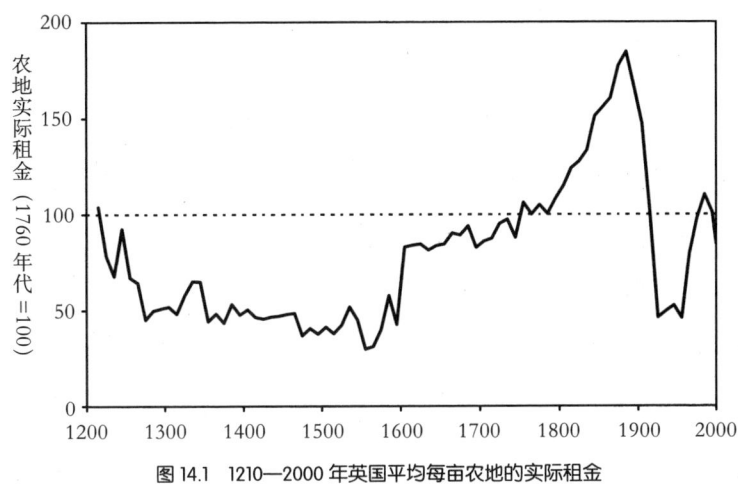

图 14.1　1210—2000 年英国平均每亩农地的实际租金

由于土地的存量是固定的,每亩土地实际租金无法大量提升的意义就是:随着经济产出升高,土地租金在全国收入所占的比重已降至无足轻重的程度(如图 10.3 所示)。正因为土地供给是固定的,这个结果——和李嘉图的预期恰恰相反——自然出人意表。后面还会更深入的探讨。

实体资本的所有者也没有分到经济增长的好处。资本实际租金(即净折旧)只是实际利率而已。且让我们回头看看图 9.1。图中显示,自工业革命以后,实际利率有减无增。

从工业革命开始,资本的总报酬已大幅增长,但这只是资本存量迅速扩增的缘故。资本存量的扩充是没有上限的。它的增长和总产出一样快,而正因为量大,每单位资本的实际收益就被压低了,ag_r 已经归零。所以一切效率提升都会表现为工资增加,即:

$$g_A \approx bg_w$$

因为 $b \approx 0.75$,自工业革命后,效率每提升 1%,平均工资就会增长 1.3%。

我们或许以为工资增加的部分大多会落在代表较多人力资本的

高技术工人手里,尤其创新与新技术正是增长的基础。但如图 9.4 所示,在工业革命后,低技术男性工资的增长多于高技术工资的增长,而且所有先进经济体皆是如此。[9] 高技术建筑工人的工资溢价已从 13 世纪的约 100% 下滑至现今的 25%。图 14.2 为 1220 至 2000 年英国低技术建筑工人的实际时薪。这些低技术劳工的工资增长十分显著。

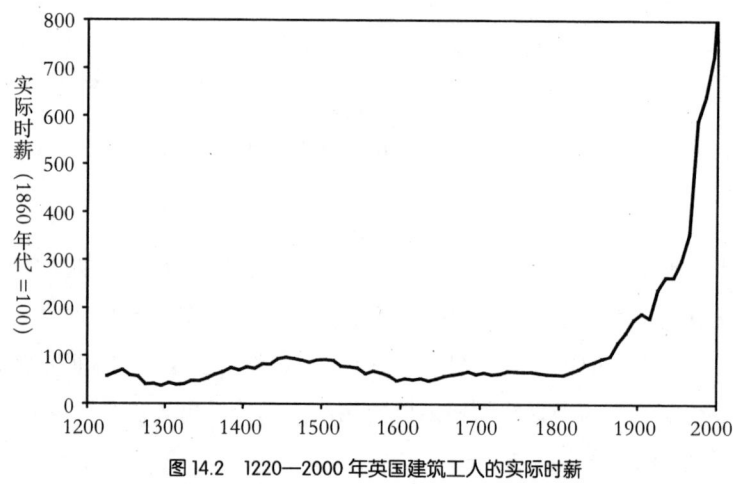

图14.2　1220—2000 年英国建筑工人的实际时薪

资料来源:Clark, 2005.

技术溢价为什么会缩水呢?有一个简单而重要的因素:资本回报率下降。高技术工人一生的工资模式通常是这样的:年轻的时候他们赚得比低技术员工少,因为他们得花时间接受训练或做实习工作来获取技能。在前工业时期,双亲通常必须付一大笔钱才能替孩子弄到实习工作。因此高技术工人的供给会受资本利率影响。在利率高的时候,如中世纪时期,通过借款筹措训练费用,是相当昂贵的做法;若将这笔资金投资在别的地方,报酬也会很高。因此我们预期,高利率社会的技术溢价也比较高。

另一个趋势是男性与女性的工资差异愈拉愈近。在前工业时期，女性工资一般不到男性的一半。就连低技术工作的两性工资差距也很大。1770 至 1860 年，英国女性农场工人的工资只有男性的 43%。[10] 现在，英国女性低技术劳工的时薪已经达到男性的 80%。[11]

前工业时期女性低技术劳工工资较低的事实似乎并未反映出职场性别歧视的问题（虽然当时对于训练女性从事技术性工作无疑存在着偏见）。前工业社会基本上不会反对雇用女性出卖劳力。例如英国早在 13 世纪就有女性担任基本农工的记录，负责除杂草及收割。女性在需要灵巧甚于体力的作业（例如收割或脱壳）占有优势，因此许多女性受雇从事这方面的工作。在中世纪的建筑业，盖屋匠的助手也常是女性，因为准备稻草不是需要蛮力的工作。相反的，女性酬劳较低似乎反映了附属于体力的溢价，因为那个时代的人类仍依靠体力。[12] 在一个男人跟驴子无甚差别的年代，女性是居于竞争劣势的。

工业革命从两个方面提高了女性的经济地位。通过恩格尔法则（见第三章），收入提升将人们关注的生产焦点从农业等领域（要求体力）转移到制造及服务业（灵巧比较重要）。而工业革命在动力供应方面的创新，最终也减少了对于人类蛮力的需求。反倒是灵巧或社会互动等技能变得比较重要，而女性在这些方面并未居于劣势。

我们比较过 19 世纪末英国男性及女性在编织等纺织工厂作业的生产率。1886 年，兰卡夏地区女性织棉工人的产量已达男性织棉工人的 82%，但在棉纺织业中，女性的平均工资只有男性的 68%，因为只有男性可担任工头、机械工或纺纱工人等技术性职务。[13] 然虽女性升迁管道受阻，但她们的工资已经比在前工业时期务农提高不少。

借由拉近两性收入的差距，工业革命再次缩小了现代社会的不平等。因此，工业革命大幅提升了非技术劳动力的单位报酬，其幅度胜过土地、资本，甚至技术性劳动力的单位报酬。

收入分配不平等

各大生产要素所获得的报酬固然清楚,个人与家庭间的收入分配情形却复杂得多。因为每一个家庭都拥有包含低技术劳工、技术性工人、土地及资本在内的投资组合。这些要素,特别是技术性工人与资本在组合内所占的比例,已随着近代增长大幅扩张。另外,收入不平等并非可用单一数据衡量的东西:测量值的精确程度取决于调查者如何看待收入分配于不同情况下产生的差异。

在近代工业社会中,工业革命总的来说是助长还是抑制收入不平等的现象?就算不考虑赋税和重新分配的状况?有大量文献不断争论,在走出马尔萨斯陷阱的转型期中,迅速增长与收入不平等之间是否有原始性的关联,即俗称的"库兹涅茨曲线"(Kuznets curve)。[14]本书篇幅有限,不能详尽阐述这个议题,但以这些年的实际工资增长与实际收入的关系,以及技术溢价趋于稳定来看,收入不平等的情况理应不可能加剧才是。[15]

所以我们要解答的问题应该是,长期而言,马尔萨斯经济中的不平等现象,是否可能比近代工业化经济更严重。总的来说,就连税前收入的分配情形也似乎是近代较前工业世界平等。

我们知道,在工业革命后,单位报酬增加的只有劳动力的部分,而且增加最多的是低技术劳工。但人均实际资本的存量也有巨幅提升。在每一个社会中,资本与土地的所有权尤其不平等,有很大比例的人口没有任何可交易的财富。如表14.1就显示英国2003—2004年工资收入(全职工作者)与可交易财富的分配情形。尽管人力资本对现代社会的重要性远高于早期经济,工资分配情形仍比土地分配平等得多。酬劳最低的十分之一受薪者工资仍有平均工资的40%,酬劳最高的十分之一工资尚不及平均工资的三倍。随着财富增加,最贫穷的十分之一没有任何资产,而最富有的十分之一拥有的资产却是人均财富的五倍。

表 14.1　英国 2003—2004 年的工资与财富分配情形

十层级别	工资比例	财富比例
90—100	26	45
80—90	14	16
70—80	12	10
60—70	10	10
50—60	9	8
40—50	8	5
30—40	7	4
20—30	6	2
10—20	5	0
0—10	4	0

资料来源：United Kingdom, Office of National Statistics, 2006a; United Kingdom, H.M. Revenue and Customs, 2007, table 13.1.

注：工资分配仅考虑成人全职工作者。财富所有权指 2003 年过世者的资产。

因此，决定社会平等与否的一大关键是劳工收入占全部收入的比重。在其他条件相同下，这个比例愈高，不平等的情形就愈缓和。图 14.3 即为英国从 1750 至 2000 年劳动力收入占全国净收入的比例。该比例似乎从 18 世纪初期的 0.63 提高到今天的近 0.75。我们有理由相信，在从马尔萨斯时代进入近代社会的过渡时期中，这个趋势应该相当普遍。在定居农业社会中，土地租金通常占收入的 20% 到 30%，以致一旦我们也将资本回报率列入考量，劳动力收入占全部收入的比例就会比较低了。

更早以前，在无土地私有权也几乎没有资本的狩猎采集社会，劳动力收入基本上就代表了全部收入。因此，就这段漫长的人类历史，或许确实可套用库兹涅茨曲线之类的东西来解释。造就定居农业的新石器革命大幅增加了资产在全部收入中的比重，也提高了不平等的现象。但工业革命既然消灭了土地作为资产的价值，也就再度提升劳动力在收入中的重要性。因为劳力——是每位公民分配额

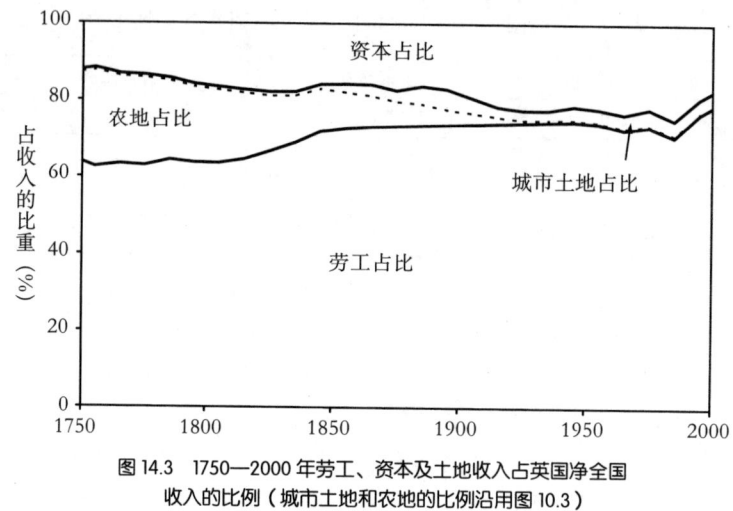

图14.3　1750—2000年劳工、资本及土地收入占英国净全国收入的比例（城市土地和农地的比例沿用图10.3）

度相同的收入来源，也是人们无法转让的收入来源——在现代世界变得较为重要，这个趋势便促进了收入平等。

另外，现有证据也显示在马尔萨斯世界中（至少欧洲是如此），财富不均的情况比工业革命后严重。表14.2表示早至1285年欧洲各地财富不均的情形。测量方法包括最富有的1%及5%的个人或家庭拥有的资产比例，以及财富分配的基尼系数（Gini coefficient）。[16]

表中所有样本皆呈现出前工业世界财富不均的情况，比现今典型工业国家严重。其中年代最久远的样本是伦敦及巴黎等大城市的户税金额。由于大城市本身条件特殊，这些数值呈现出的不均情况或许大于整个国家[17]，但1630年前后的英国遗嘱样本，就是具有代表性的人口群体了。由于这些样本是以遗产为基准，它之于当时财富分配的代表性，就和我们会通过英国税务海关总署的资料来检讨现今财富不均的情况一样。不论我们是以最富有的1%、5%或基尼系数来衡量，1630年资产不均的情况皆比2000年显著。若依照彼得·林德特针对1670、1740及1875年英国全体户数人口所做的评估，财富不均的情况又比现代资料呈现的更严重。

表 14.2 前工业时代的财富分配情形

地点	资料出处	年代	最富有的 1%	最富有的 5%	基尼系数
佩鲁贾（意大利）[a]	税负	1285	18	29	0.72
巴黎[b]	税负	1292	26	52	0.75
伦敦[b]	税负	1319	34	57	0.76
佛罗伦斯[c]	税负	1427	27	67	0.79
英格兰（萨福克）[d]	遗嘱	1630	19	50	0.83
英格兰[e]	遗嘱产	1670	49	73	—
	遗嘱	1740	44	74	—
	遗嘱	1875	61	74	—
英国[f]	遗嘱	2003	17	32	0.60

资料来源：[a]Blanshie, 1979, 603. [b]Sussman, 2005, table 9. [c]Van Zanden, 1995, table 1. [d] 以克拉克及汉弥尔顿（2006）中叙述的样本计算，假定未立遗嘱者即无财富。[e]Lindert, 1986, 1145. [f] 出处同表 12.2。

因此，在前工业世界中，资产占总收入的比例较高，且分布情况也比近代更不平均。

表 14.2 的焦点放在高收入群体，它并未细说这段期间低技术劳工的工资与社会其他收入的关系。表 14.3 就试图概略呈现英国的这个关系。表中显示夫妻两人均从事低技术性工作者的（成人）人均税前年收入，与社会整体（成人）人均年收入的关系。1770 年代及 1850 年代，农工被视为低技术工人的代表。1770 年，男性农工家庭的人均年收入为 10.4 英镑（假设女性受雇的比例与 1851 年的人口普查相同）。这个金额占社会(成人)人均收入的 47%。到 1851 年时，就算农业工资随着英国城市大幅增长，人口移出乡村而有所降低（相对于城市工资而言），这个比例却未改变。但到 2004 年之际，夫妻两人从事低技术性工作的年收入，就达到全英国（成人）人均收入的 57% 了。因此，在工业革命之后，英国最贫穷家庭的相对地位似乎有所提升。

表 14.3　英国低技术劳动力收入与平均收入的关系

	1770 年代	1850 年代	2004
低技术男性工作者的年薪（英镑）	15.4	27.2	16898
低技术女性工作者的年薪（英镑）	6.9	12.3	12516
女性与男性工人的比例	0.38*	0.38	0.79
从事低技术性工作之夫妻的人均年收入（英镑）	10.4	18.5	13393
成人（16 岁以上）人均收入（英镑）	22.0	40.0	23452
低技术工人人均收入占所有成人收入的百分比	47%	46%	57%

资料来源：2004 年收入取自 United Kingdom, Office of National Statistic, 2006a.
注：* 指假设设该数值与 1850 年代的数值相同。1770 年代及 1850 年代时，农工被视为低技术劳工阶级。

人生前景的不平等

到目前为止，我们只讨论了物质收入，但生活品质还有其他面向，包括寿命、健康、存活子女数及识字率等。[18] 就所有其他层面来看，自工业革命以来，贫富差距或许已经缩小了。表 14.4 显示 1630 年前后与 2000 年英国富者与贫者的身高（为 1790 至 1800 年代的资料）、寿命、存活子女和识字率的差异。

在前工业世界，富人的身材比穷人高出一截。1800 年前后的桑德赫斯特陆军官校学生比一般士兵高了将近 6 厘米。以存活子女数和不同资产阶级之立遗嘱人的寿命来看，最贫穷立遗嘱人的出生时预期寿命仅 33 岁，最富有的却有 39 岁，两者差了 18%。此外，富有的立遗嘱人子女存活人数整整比穷人多出一倍，懂得读写的概率更是穷人的三倍。因此，在前工业时代，富人的人生前景显然比穷人好上许多。

到 2000 年时，穷人与富人的人生前景仍不可相提并论，但两者的差异已消弭甚多，某些方面穷人甚至还占有优势。富人身材还是比较高，但仅些微领先。1991 年时，专业家庭出身的男性只比具有劳工背景者高出 1%。他们仍然活得比较久，但差距也已缩小。而

表 14.4 英国贫富人口的人生前景

时期、群体	身高（男性，厘米）	寿命	存活子女数	识字率（%）
前工业时代				
富人	174.0	39	3.85	85
穷人	168.5	33	1.93	30
差异	3%	18%	99%	183%
现代				
富人	178.2	80.8	1.33	100
穷人	176.0	74.3	1.64	88
差异	1%	9%	−19%	14%

资料资料：
前工业时代：身高（1790 年代、1800 年代）——穷人，20 至 23 岁的英国士兵，Komlos, 1998, 781；富人，桑德赫斯特陆军官校学生，以 15 岁的身高加 11.5 厘米成为 19 岁的身高，Komlos, 2004, figure 7.14。寿命、存活子女数及识字率——以 1630 年前后的立遗嘱者为基准，留下不到 25 英镑者为穷人，超过 1000 英镑以上者为富人。
现代：身高（1991）——父母在社会阶级 I（专业人士）及 II（中间人士）与父母在社会阶级 IV（技术性体能劳动者）及 V（低技术性体能劳动者），Power et al., 2002, 132；寿命（1997—2001），社会阶级 I 与社会阶级 V。United Kingdom, Office of National Statistics, 2006b, table 1, 3。存活子女数（1999），各所得家庭的子女数；Dickmann, 2003, 17。识字率（2003）——未达初级识字能力的百分比，社会阶级 V，United Kingdom, Department of Education and Skills, 2003, 3。

如今英国富人的存活子女数不及穷人，所以如果孩子是天赐之福而非负担，那么优势其实在穷人这边（不过在其他一些发达经济体，富人与穷人在这方面并无差异）。[19] 贫富识字率的鸿沟也已大幅拉近。

因此，就富人与穷人的人生前景而言，工业革命缩小的差距，似乎不是光凭收入分配或资产分配方面的变化就能看得出来。

为什么土地持有者没有获益？

既然工业革命率先提升了与农业有关的工业生产率，人口和收入又从 1800 年之后快速增长，为什么地主没办法像李嘉图预期的那样,从土地日渐稀有中获得暴利呢?土地的实际收益在工业革命初期有所提高后下降了,其中的原因有三个。

首先,许多土地密集产品的需求收入弹性(income elasticity of demand,指假设价格保持不变,消费者收入发生1%的变化时,所引起的需求量变化)向来很低。因此现代高收入消费者每天摄取的热量,比工业革命前的工人少,因为决定热量摄取的最重要因素,就是人们付出的体能劳动量。

前工业时代中,人们付出许多体力从事生产,不论是要掘土、拖运和打谷的农场工人,还是伐木工、砌砖工、金属成形工或脚夫都得劳动。而在当今社会,我们不仅有机器执行一切工作,甚至有机器把我们从家里运往咖啡馆或工作场所。在工作的地方,又有机器拖着我们在楼层间穿梭。因此,即使我们的收入很高,身材也相对高大,但当今美国男性平均每天只摄取2700大卡,而且许多人还明显过重。1860年代,英国某些地区的男性农场工人,虽然个子普遍比当今美国男性矮小,一天却可以摄取4500大卡。[20]他们摄取这么多热量是因为他们一年要工作三百天,一天要劳动十个小时。因此,虽然收入增加了,对于土地产品的需求却未按比例提升。

其次,农业生产率已大幅提升,特别是节省土地的技术,以致农业产出虽受土地供给量固定所限制,提升的速度却比人口增长快。

第三,化石燃料——主要是煤和石油——的开采,为现代社会提供了充沛的能源,取代了以往农业所扮演的角色。通过开采万古土地孕育、在地下贮藏千万年的能源,我们的社会暂时大幅提升了土地的供应量。例如在1860年代的英国,每年农业产出价值为1.14亿英镑。而当时的煤产出,以提供给消费者的价值计,每年为6600万英镑,可见当时的煤产生的能源也为农业产出增援不少。[21]

技术发展与低技术工资

说到工业革命,一般人都会马上联想到机械化,即以机器取代人力。那么,为什么高收入经济体对于低技术性工人仍有那么强烈的需求?为什么英语说不了几句的低技术移民仍要靠双脚横渡美国西南部沙漠,到大都会劳动力市场以劳力换取高额报酬,就算无证工作也无妨?为什么还有人要在法国北部英吉利海峡海底隧道(Channel Tunnel)口的货柜场扎营数月甚至数年,只为等待机会突破安全防护栏,跳上往英国的列车?

工业革命发生没多久,这个"机器问题"立刻成为政治经济学者辩论的焦点。节省人力的新机器真会减少对劳动力的需求吗?起初强烈主张机械能造福所有人的李嘉图,最迟于1821年建构了一个模型,显示某些形式的省力机器会造成技术性的失业(technological unemployment,即采用新技术造成的失业)[22],但他的论证是以工人工资固定在勉强维持生计的水平上为基础。后来我们了解,只要资本和劳动力之间有足够的替换可能,不论哪种劳动力类型都会有正边际产量(参见第二章),也因此造就充分就业的机会。

不过,这种经济学的推论几乎不具有实用价值,因为它并未保证工资会呈现什么样的水准。为什么低技术劳工不仅有工作可做,而且是报酬颇高的工作?毕竟,工业革命兴起时有一种员工,他们的工作及生计到20世纪初期已差不多绝迹,那就是"马"。英国工作用马匹的数量在工业革命发生后很久才达到巅峰,1901年共有325万匹工作用马。虽然长途运输和驱动机械的工作已分别为铁路和蒸汽机取代,但它们仍继续犁田、拉短距离的马车、在运河拉船、在矿坑奋力前进,还有载军人上战场。但19世纪末内燃机的出现迅速取代了这些工人,到1924年,工作用的马匹已不到两百万匹。[23]总是有个工资让这些马匹得以待在职场,只不过这份薪水太低不足以供养它们,当然也不够孕育新一代的马匹品种。因此马就成了工业化早期的"受害者"。

乍看之下,很多人类进行的工作似乎跟马的工作一样可被取代。的确,一些人力工作很快便机械化了。打谷这项在冬天进行,以往占农业劳动力投入的四分之一,在1860年代机械化。收割和除草随后跟进。但大量劳动力只掌握低技术、难以获得工作的残酷未来迄今仍未降临。反之,如图14.2所示,与高技术工人相比,低技术劳工的收入不降反增。

现代经济之低技术劳工为何具有较高的价值?似乎有两个理由可以解释:第一个是:人和马不一样,具有一些机器至今仍无法取代的特质,或者由机器取代的代价太高。人们不仅提供力气,也提供灵活性。我们非常擅长鉴定物品的好坏,并在片刻间巧妙处理,但电脑在这方面仍笨得可以。因此,每天为大批美国人提供规格化商品的快餐业,每天仍须运用人力烤肉,再把烤好的肉拿去夹面包。房屋及饭店的房间仍由女佣打扫,花园仍要园丁除草。人们驾驶卡车和汽车上公路、在农地、矿场或工地使用动力机具。超市里有成千上万种标准化的产品包装,但它们仍需人力上架,仍需人力标价和在柜台打包。最近,许多人尝试提供网络订购、送货到家的服务。有些供应商投资大型定制化的自动仓库,由机器收集顾客订单,再将产品装箱。但这些尝试功败垂成,而存活下来的网络购物供应商结合了高科技的订购系统和低技术性的工人,由工人负责在架上挑选产品装箱。

最讽刺的是,在我们心目中属于人类较高认知功能的东西,如判定应收款项、计算工程应力、算积分等等,在电脑眼中竟然远比我们认为不必学习就能拥有的简单技能容易。

人类还有另一个难以取代的能力就是我们和他人互动的能力。我们拥有的社交能力不断提醒我们注意其他人的想法和心情,而这个能力在现代商务中价值非凡。多数现代生产过程的规模效应不断提高,意味着对典型交易而言,价格(p)比边际成本(mc,制造最后一单位物品的成本）高出许多。也就是说，现代工业产品市场——不像前工业时代的农产品市场，所有物品的 p 都等于 mc——是不完全竞争市场。

在售价高于边际成本的情况下，制造商便有动力调动资源，以求能以现有价格销售更多产品，也就是让顾客选择他们的商品，而非竞争对手的同类型产品。销售在现代经济中占有极大的比重，而身处商业战争前线者，个个是骁勇善战的步兵。只要和销售员互动愉快，顾客就有可能选择在这家餐厅而非那一家用餐，在这里而非那里购物。现在，坐镇客服中心的人员更是通过电脑的决策树（decision tree）分析指导他们如何和顾客互动。他们的任务并非大量运用判断力或处置权；他们只是一张张代表互动策略的脸孔——迄今仍不可或缺的脸孔。

然而，过去如此，未来不见得如此。只要电脑处理器的价格继续下跌，危机就永远不会消失，这些低技术人力硕果仅存的特性，最终也可能失去它们的价值，然后真的会有一群人被迫仰仗同胞的施舍才能维持基本生计。

我们已经探讨人类这种机器难以取代的两个特质。而低技术工资之所以在工业革命后居高不下，还有一个因素是在增长最迅速的经济体中，人力供给常会突如其来发生短缺。我们在马尔萨斯时代的英国看到，人们去世时的收入和资产愈多，拥有的存活子女数也愈多。经济成就和生育成效孟不离焦、焦不离孟。如果这个模式持续到现在，那么人口早就巨幅增长，离李嘉图的"反乌托邦"（增长最终一定会被固定的土地面积所削减）实现的那天又更近了。下面我将详细探讨人口的变迁。

人口转型

在马尔萨斯时代，人口对于生活水准的作用至关重大，因为土地这项固定要素在全国收入中占有极重要的分量。任何人口增加基本上都会降低生活水准。

在工业革命后的工业化世界，土地和自然资源占全国收入的比例已降至无足轻重的水准。因此对于收入意外转移至非技术劳动力的现象，人口似乎不是太重要的因素。唯有在最贫穷的国家，如撒哈拉沙漠以南的非洲国家，以及蕴藏丰富天然资源的国家，如沙特阿拉伯，人口才会继续扮演决定每人平均收入的要角。

不过，土地在全国收入中的比例之所以萎缩，似乎是以下事实所致：工业革命提升的收入不再转化为更多存活子女，反倒形成物质消费。由于生育率降低，现在人口对英美等社会已无关紧要。在工业革命后，世事的确可能把人类带往另一个世界——技术发展造成人口持续增加，耗尽世界资源，最终抑制人均收入的增长。

图14.4显示英国俗称"人口转型"的过程。图中有两种衡量生育率的方式。第一种是总繁殖率（GRR，或译毛繁殖率），指一名活过整个育龄期的妇女在生育年龄期间所生的女婴数，每十年一计。由于出生的男婴数与女婴数相差无几，从1540年到1890年，这种女性平均生下将近五个小孩。英国约有10%至20%的女性终身未嫁，因此已婚女性的平均生育数接近6。人口一直到1890年代才开始朝现代生育率转型，此后便急转直下。到2000年，每名英国妇女平均生不到两个孩子。英国人口转型的时间和19世纪末欧洲大部分国家转型的时间相当。

第二种衡量方式是净繁殖率（NRR），指每名妇女在存活期内实际生产之女婴数，图中亦以每十年一计。净繁殖率为1就代表每位女性终其一生仅能生一个女儿代她留在人世（平均有两个孩子）。净繁殖率下降的情况缓和得多。事实上，在英国1540至1800年繁

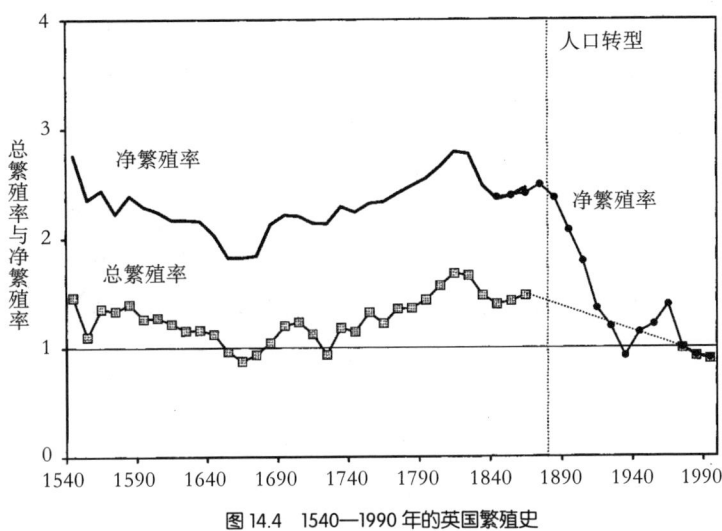

图 14.4 1540—1990 年的英国繁殖史

资料来源：Wrigley et al., 1997, 614, and United Kingdom Office of National Statistics.

荣的前工业社会中，净繁殖率大多保持在相当接近 1 的数值。所以随着近代世界来临，净繁殖率并未显著下滑。而一如图中显示，无论是毛繁殖率或净繁殖率，在英国古典工业革命期间皆逐步攀升。

是什么促使近代人口结构发生变化，收入愈来愈高，子女却愈生愈少？尤其人类史上是否有另一个独立的创新，和工业革命一样重要？或者这只是早期工业革命的延迟反射而已？

第一种可能是收入提升降低了生育率。总生育率的下降，也就是女性生育子女数减少，显然与收入有正相关，长期来看，无论是在各个社会之间或特定社会之内都是如此。这个事实让一些经济学者（如加里·贝克尔）断定，驱使人们减少生育的力量，就是工业革命造就的收入暴增。[24]

然而，如果收入愈多，孩子就会生得愈少，那么以经济学用语来论，孩子就跟马铃薯同属"劣等商品"（inferior goods）了。人们变富裕之后，为什么会想要更宽敞的房子、更多的车子和衣服，却不肯多生孩子呢？贝克尔认为，我们可以将对孩子的需求分析为对任何商品的需求，只要我们注意消费行为有两种限制：其一是预算的限制——你有多少钱可以花费；其二是时间限制——一天只有24小时可以消费。随着收入提升、预算限制松绑，时间对消费的限制却变得更为重要。富有的消费者会改变消费模式，放弃时间密集的活动，转而消费较不花时间的物品。当人们变得愈来愈有钱，他们会倾向于购买许多节省时间的商品和服务，如调理食品或去饭馆用餐。

孩子是极需要时间的消费品，因此收入愈高的消费者会减少这种消费，改而购买不必花太多时间的物品：豪宅、名车、绫罗绸缎。但既然时间迫使富人少生几个子女，这也造就了另一种转型：他们更着重孩子的"质"。时间限制并不意味着百万富翁比快餐业劳工开车更多，但富人的汽车消费却更大：他们搭乘名贵的新款保时捷和宝马轿车，而穷人只要能开现代轿车就心满意足了。因时间有限而只生一两个孩子的父母希望金钱能帮他们买到最优秀的子女，所以他们投资各种身心充实课程、牙齿矫正医师、私立学校、体育营、陶艺班。只有在算人头的时候，富人拥有的子女比穷人少；如果我们算的是开销，那么富有的父母花在子女身上的钱就远高于穷人了。如图14.2（1200至2000年英国建筑工人的实际时薪）呈现出实际收入增长到1860年才快速增加，因此生育率迟至工业革命爆发百年后才走低是可以解释通的，现代各国的生育率与收入的关系也同样密不可分。

在19世纪英国人口转型期间，我们也发现收入和出生子女数成反比。表14.5显示1891年、1901年和1911年的子女数，以男性户主的职业区分。1891年，低收入群体的子女人数一如前工业时代，但专业人士的子女数已经开始下降。整体来看，高收入群体的总生育率都比较低，就算到了1911年最贫穷群体的总子女数也开始下降，两者仍有显著的差异。

表14.5 英国1891年、1901年和1911年平均每名已婚男性的生育子女数

职业	1891	1901	1911
专业人士	4.9	4.7	3.8
矿工	6.7	6.5	5.9
建筑工人	6.4	5.6	5.4
一般工人	6.4	6.4	5.2
农民	6.6	5.9	4.9

资料来源：Garrett et al., 2001, 291, 197.

然而，光是收入一个条件，当然无法解释近代生育率的下滑。因为我们已经看到，在前工业时期，净繁殖率是和收入呈正相关的。1585到1638年堪称富有（以1891年的标准来看亦然）的英国男性立遗嘱人，亡故时平均留下近四名子女。他们的总生育率和1890年代英国劳工阶级一般高。图14.5显示1620年前后立遗嘱人存活子女数与财富的关系，甚至包括资产达1500英镑以上者（平均为2600英镑）。这些资产若摆在1891年，每年可创造相当于260英镑左右的收入，远高于当时建筑工匠和工人的年薪（各为80英镑及50英镑）。假如收入是决定生育率的唯一因素，那么前工业世界中的有钱人早就限制生育了。

有没有可能是，前工业世界的有钱人其实不想生那么多孩子，却因为缺乏有效避孕手段而无法遂其所愿？不可能。我们从图14.4可以看出，就英国来说，总生育率从前工业时代的水准，降至现代已开发经济国家之水准的过程，在1920年前已走完大半，而当时现代保险套、荷尔蒙避孕药、堕胎合法化或输精管切除术根本还没出现呢。

禁欲、暂停性交，以及较原始的阻隔式避孕法，最晚在17世纪于英国已相当普遍，就是这些技术让1920年代已婚女性的生育率腰斩一半以上，而且这种情况还是发生在一个"节育"鲜少成为公众话题的社会环境。法国人的情况更具说服力，他们从18世纪晚期就

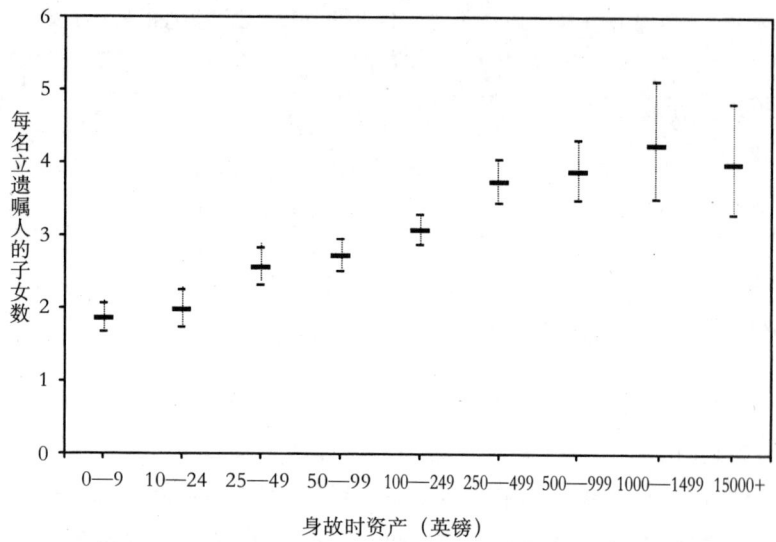

图14.5　1620年代英国立遗嘱人存活子女数与财富的关系（图上每一点上下的线段显示的数值范围平均每位立遗嘱人子女数的95%）

开始压抑婚姻内的生育率，1850年代的生育率已与1901年的英国相当。因此，节育的可能性早在19世纪末期人口转型前即已存在。在那之前人们之所以不行节育是缺乏动机，而非没有方法。

还有一个迹象显示光靠收入不足以解释生育率下降的现象，那就是综观现代高收入经济体，收入与生育率之间没有任何关联。例如1980到2000年间，加拿大、芬兰、德国、瑞士、英国和美国等国家，以30至42岁已婚妇女家中的子女人数来看，家庭收入和生育率并没有关联。[25] 唯有在人口转型的过程中，我们才会看到社会各收入群组出现收入与生育率呈负相关的情形。

还有一种可能性是：每对夫妇期望的子女数其实与收入无关，而过去人们偏好"两个孩子恰恰好，三个孩子不嫌少"的观点。只是在马尔萨斯时代死亡率较高的环境下，要实现有两个存活子女的家庭规模，恐怕得生五个孩子以上。

另外，既然幼儿夭折是一种随机现象，为了得到充分机会让一个儿子存活下来,一般家庭规模不可不大。图 14.6 显示 1585 至 1638 年间,英国男性立遗嘱人的存活儿子数量分布图。就算是最有钱的已婚男性,也有将近五分之一没有子嗣。有钱男性平均能有四个儿子,是拜有些家庭儿女成群所赐。因此,前工业英国的富裕人家没有节制生育的迹象,可能是因为马尔萨斯时代的孩子生死难料。孩子夭折的比例愈大,一般人家要实现两个孩子恰恰好的理想,就必须多生几个孩子,扩大家庭规模。随着子女存活的比例增加,规避风险的家庭就可以开始节制生育。

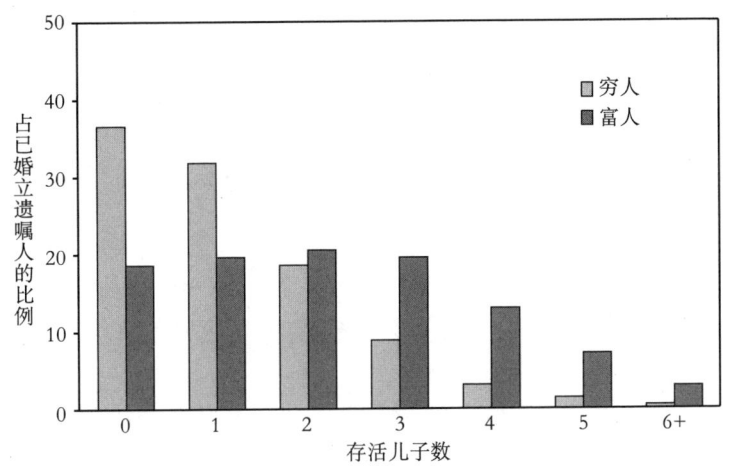

图 14.6　1585—1638 年拥有不同儿子数量的男性百分比

19 世纪末,英国孩童死亡率已比 18 世纪降低许多,而这个趋势与收入关系密切。家里有 10 个以上房间的家庭,只有 13% 的孩子活不到 15 岁,而仅有一个房间的人家,就有 47% 的子女活不过 15 岁生日。[26] 因此,19 世纪末高收入群组的总生育率降低(如表 14.5 所示),会默默造成所有高收入群组的净生育率下滑。这么一来,高收入群组的家庭规模就会大大缩小,最后比低收入群组小上许多。

生育率在工业革命后一路走低可能还有一个因素,即女性社会地位提升。在前工业社会中，男性很可能比女性更想要小孩。虽然承受高度怀孕风险的是女性，养育子女的工作大部分也是女性在做，但男人在家庭里的地位比女性强势得多。因此，虽然女性很可能一直不想生那么多孩子，但直到19世纪末期才能实现这个心愿。

英国女性的相对地位和表达意见的权利明显在19世纪末有所提升。当时女性的识字率已接近男性的水准。女性在1869年获准就读大学、1882年取得较大的婚姻财产权、1894年取得地方选举投票权，最后于1918年获得全国性选举的投票权。这些权利在高收入群组间开展得最为迅速。

以上推论或许可以解释净生育率为何会在19世纪末之后骤降——尽管不论在16世纪或公元2000年，收入与净生育率不是成正比，就是毫无关联。这些推论或许也可说明人口转型为何会先出现在社会经济地位较高的群组身上，以致在这段过渡期间内，净生育率和收入会呈现负相关。

资本所有者为什么没有获得更多收益？

我们在第十章和第十一章讨论过，为什么自工业革命以降，创新者通常无法从他们创造的生产率提升中获得什么好处。工业生产的资本回报率常常超过竞争市场的资本回报率。但报酬之所以能增加与某些公司制造障碍、阻止他人进入相同领域的作用似乎大于生产率的提高。这些"行业壁垒"一般和技术进步没什么关系，而应当归功于规模效益提升，或是通过广告建立品牌形象的能力等因素。

例如1770至1870年英国棉纺织业的生产率增长，就远超过其他任何产业。但由于竞争激烈，加上专利制度无法保护最先进的技术，使得该产业的利润始终无法提高。棉花制品的同质性太高了。批发市场贩售的纱线和衣物，买主一眼就看得出品质好坏。与市场规模相较，每个棉纺厂和棉织厂的规模始终很小，却又不断有新业者涌入。1900年，英国棉纺织业约有两千家公司，这些公司会通过挖角学习竞争对手的创新技术。机器设计者也会效法营运公司所改进的技术。经过一段时间，整个产业（包括资本生产者与产品制造者）在曼彻斯特地区愈来愈密集。1900年时，全球有40%的棉制品出自曼彻斯特的30英里范围。于是，棉纺织业技术发展最大的受惠者是世界各地的棉制品消费者，以及簇拥在这个纺织城中的地主，因为他们原本几近一文不值的农地，成了价值非凡的建设用地。

工业革命的棉花大王理查德·阿克莱特在1792年亡故时据估有50万英镑的遗产。[27] 他的儿子（也叫理查德）继承了他所有的棉纺厂。然而，虽然理查德之前就管理过自己的工厂，在业界经验丰富，且该产业的生产率仍有一日千里之势，但他没多久就变卖了父亲大部分的工厂，转而投资土地和政府债。1814年时，他一个人就拥有价值50万英镑的政府债，他靠这些债券和房地产发了大财，虽曾耗费巨资为家人盖了一栋宏伟如宫殿的乡间别墅，在1843年去世时仍留下325万英镑财产。[28] 但老阿克莱特累积的财富还比不上乔赛亚·韦奇伍德(Josiah Wedgwood)，韦奇伍德1795去世时留下60万英镑——虽然他所经营的陶瓷业技术发展一直原地踏步，到19世纪末仍大量仰赖手工。

虽然工业革命第一波袭卷纺织业的创新巨浪，由于产业竞争激烈之故，并未带来水准以上的利润，但第二波迎向铁路的浪潮，似乎提供了更多机会。铁路是天生拥有规模经济特质的技术。第一条路线一定是铺在两座城市之间，一旦建造完成，想进入市场的竞争对手只有一种做法，就是自己至少辟建一条竞争路线。但由于在两座城市间开辟多条路线通常无利可图，所以铁路似乎具有排斥性，利润也由此而生。

利物浦—曼彻斯特线在1830年获致成功——1840年代该路线的股票更以面值两倍卖出，带动了一段长期铁路投资。图14.7显示1825至1869年英国铁路网的迅速增长，当时连人口较少的乡村之

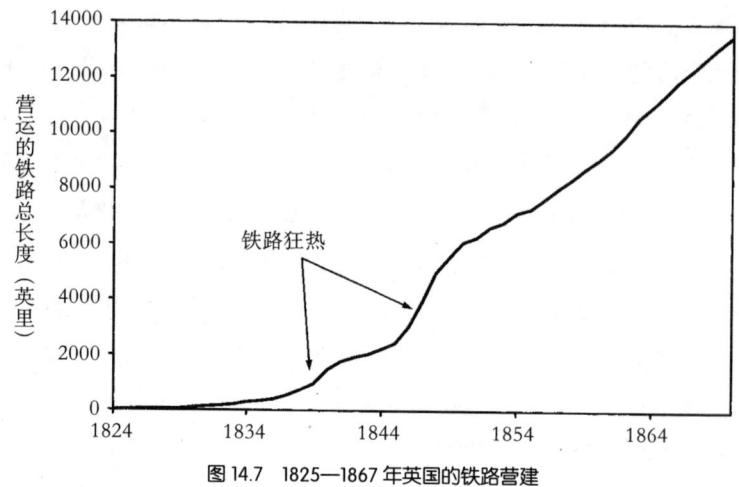

图14.7　1825—1867年英国的铁路营建

资料来源：Mitchell and Deane, 1971, 225.

间都铺设了超过12000英里的铁路。投资与营建的速度快如发狂，使经济史学家戏称1839和1846年为"铁路狂热"（railway mania）。19世纪中叶，铁路占据了英国很大比例的固定资本投资。

但一如前例，一窝蜂的投入很快将铁路利润压到相当低的水准，如表14.6所示。就算在铁路营建的头十年，投资资本的利润率也不怎么高，但到了1860年代，铁路的实际报酬，即实际投资资本的回报率，已不比债券或农地等稳健型投资高。尽管铁路路线在地方上具有独占性，最后却在环形路线上争得你死我活。

因此，虽然大西部铁路（Great Western）或许掌控了从伦敦到曼彻斯特的路线，但货物和乘客仍可取道其他公司的路线，接"东海岸"（East Coast）线到伦敦。获利再度引起模仿，高报酬也再次被挤出系统之外。消费者再度成为最大赢家。

正因如此，英国不同于美国，几乎没有大学和大型慈善机构的资金是由私人捐助的。工业革命并未为英国的个人或家庭创造庞大的财富。1860年代时的有钱人基本上仍是拥有土地的贵族后裔。

表 14.6　1830—1912 年英国铁路的实际投资资本利润率

时间	英国本土的投资回报率	大英帝国的投资回报率	外国的投资回报率
1830—1839	3.9	—	—
1840—1849	4.8	—	—
1850—1859	3.8	—	—
1860—1869	3.8	—	4.7
1870—1879	3.2	—	8.0
1880—1889	3.3	1.4	7.7
1890—1899	3.0	2.5	4.9
1900—1909	2.6	1.6	4.4
1910—1912	2.6	3.1	6.6

资料资料：1860 年之前：Arnold and McCartney, 2005, table 2. 1860 年之后：Davis and Huttenback, 1986, table 3.8.

1860 至 1879 年英国共有 379 位男性去世时留下 50 万英镑以上的遗产，其中 256 人（68%）的财富是继承土地而得。如我们在第十一章所见，尽管纺织业带动了工业革命的生产率增长，但在 379 位男性中只有 17 人（4%）是纺织界的巨子。[29]

因此，快速技术发展与高于平均的公司利润之间并无直接关系，消费者才是技术发展最大的受益者，这两个事实可进一步阐释工业革命后增长平等化的趋势。

在每一个社会中，被工业革命驱动的力量已朝着平等及社会和谐迈进。但我们将在本书的下一部看到，工业革命却也逐渐拉大了各社会间的收入差距。在工业革命前，富国和穷国好比近邻，现在他们却成了远亲，只能隔着国界和愈来愈宽的收入鸿沟遥望彼此。

[第三部]

大分流

第十五章

公元1800年以后的世界增长

> 资产阶级,由于一切生产工具的迅速改进,由于交通的极其便利,把一切民族甚至最野蛮的民族都卷到文明中来了。它的商品的低廉价格,是它用来摧毁一切万里长城、征服野蛮人最顽强的仇外心理的重炮。它迫使一切民族——如果它们不想灭亡的话——采用资产阶级的生产方式;它迫使它们在自己那里推行所谓文明,即变成资产者。一句话,它按照自己的面貌为自己创造出一个世界。
>
> ——马克思和恩格斯,《共产党宣言》,1848[1]

19世纪中叶,英国经济的效率显然正以前所未有的速度增长。这种进步是以知识的积累而非实体资本或开采自然资源为基础,意味着工业革命的技术和产业,将迅速传播到世界各地。因为尽管发展知识是艰巨的任务,模仿别人的发明却很容易。

英国日益繁荣、经济实力提升的情况令外国政府及个人印象深刻,特别是它的军事及政治实力也随之增强。很快的,许多私人组织及政府皆试图引进英国的新技术。18世纪时,国会多次立法限制工匠移民及纺织等产业的机械、设计图、模型的出口。直到1825年工匠才能自由出国工作,1842年机械出口才解禁。[2]但英国境内仍充斥外国显要、商业间谍、冒险者和准制造商在工厂、铸造厂、矿区和铁路活动。技术性工人常被海外更有"钱"景的工作找上。尽管旅途艰辛、语言不通、文化也有隔阂,仍有成千上万人应允。[3]英国政府在工业革命期间保护商业机密的行动,就像克努特大帝(King

表 15.1 国际创新传播的滞后情况

国家	制棉厂（1771）	瓦特式蒸汽机（1775）	蒸汽火车（1825）
奥地利	30	42	13
比利时	28	16	10
巴西	75	35	29
加拿大	—	36	11
丹麦	—	29	19
法国	7	3	7
德国	13	8	12
匈牙利	—	28	21
印度	46	30	28
爱尔兰	19	15	9
意大利	—	12	14
墨西哥	64	43	48
荷兰	24	10	14
葡萄牙	—	28	31
俄罗斯	22	23	11
西班牙	—	7	23
瑞士	23	49	22
瑞典	—	23	30
美国	20	28	5

资料来源：制棉厂：Clark, 1987a. 瓦特蒸汽机：Robinson, 1974; Tann and Breckin, 1978. 蒸汽火车：Mitchell, 1995, 1998a, 1998b.

注：表中所列时间是文献调查发现该国第一次运用此种技术的时间。实际情况有可能更早。

Canute）命令浪潮退下一样徒劳无功。

表 15.1 提供制棉厂、瓦特式蒸汽机和蒸汽火车迅速扩张的数据。表中的数字表示英国出现新技术的时间与该技术首度于他国运用的时间相距多少年。技术的传播显然有一段空窗期。西欧国家平均要等 13 年，东欧及南欧国家可能要等 22 年；印度和拉丁美洲则各为 35 年及 52 年。这段空窗期或许是造成各经济体效率水准不一的因素。

但若以英国在工业革命期间的效率增长率计算，就算是印度之类的国家较晚取得最先进技术，也只会让它的人均收入比英国少17%而已。

但在19世纪时，增长最为强劲的技术是决定信息流通速度和货品装运成本的技术。因此很多人相信，世界到19世纪末期便能充分全球化，使传播空窗期迅速缩短，就连最贫穷的国家也会实现工业化。

全球化的手段

18世纪末至19世纪初一连串的技术、组织和政治发展似乎意味着，世上所有国家整合成一个全新工业化世界的那天指日可待。

技术方面的变革包括铁路、汽船、电报和机械化工厂的发展。组织变革有英美专业机械制造公司的发展，他们的业务是出售技术。政治变革则是欧洲殖民帝国扩张到广大的亚非地区，以及欧洲内部的政治发展。

在公元1800年以前的世界，信息与民众的移动速度奇慢无比。理查德·邓肯-琼斯（Richard Duncan-Jones）的作品给我们一个很好的例证，一睹罗马帝国后期信息流通的速度。罗马时代埃及的法律文件都会列出日期和在位皇帝的名号。因此当新皇帝登基，埃及的法律文件会有一段期间登载前任皇帝的名号，这段时间就代表皇帝即位的消息传到埃及要花多久时间。[4]估计平均传送时间为56天，如表15.2所示。也就是沿罗马帝国主要贸易路线行进的信息，平均行进速度为每小时1英里。

我们也参考威尼斯人的日记，推估1500年左右地中海区域的信息流动速度，即事件在他处发生后，会隔几天才出现在威尼斯人的日记上。当时信息流通的速度与罗马帝国时期相当接近。

由此可见，马尔萨斯时代的人们活在一个信息传播非常缓慢的世界，使得许多人白白为一些早已决定的事情牺牲生命。1815年1月8日爆发的新奥尔良战役造成千余人死亡，起因是英、美两国的

表15.2 地中海的信息传播速度

时期	路程（英里）	距离	天数	行程数	速度（英里/小时）
54—222	意大利—埃及	1323	56	23	1.0
1500	大马士革—威尼斯	1514	80	56	0.8
	亚历山大—威尼斯	1366	65	266	0.9
	里斯本—威尼斯	1189	46	35	1.1
	巴勒莫—威尼斯	507	22	118	1.0

资料来源：Duncan-Jones, 1990, 7-29.
注：距离以大圆弧长度计算。

指挥官皆不知政府早在前一年12月24日签订《根特条约》（Treaty of Ghent）缔结和平。战后，英国指挥官继续挺进比洛克西（Biloxi），直到2月14日才获悉和约一事。

公元1800年的信息流通速度并没有比古典时代快多少。1798年8月1日纳尔逊将军（Nelson）在尼罗河海战（Battle of the Nile）中得胜，事隔62天后（同年10月2日）伦敦《泰晤士报》才刊出捷报；这个消息的传播速度为每小时1.4英里。纳尔逊1805年10月21日于葡萄牙外海的特拉法加海战中击败法军、壮烈成仁的消息，则过了17天才见报；传播速度为每小时2.7英里。表15.3显示了19世纪世界其他地方发生的大事，消息要过多久才会送抵伦敦的《泰晤士报》。19世纪初期，信息流通的速度比古典及中世纪世界快上一些，但印度的消息仍要花上六个月才能传到英国。

由于电报在1844年起用，特别是1851年英、法间铺设首条海底电缆，19世纪中叶的信息流通速率快了近百倍。1866年，跨大西洋的电报服务也建立完成。[5]1870年，印度也有电报系统连通英国，部分走陆上，部分走海底，信息24小时即能送达。这就是为什么表15.3中，1858到1891年间的信息传播速度会有爆炸性的进展。

陆上及海上的货物运输成本也在19世纪大幅下降。表15.4显示1850、1890及1910年时各国完成的铁路长度。铁路网于19世

表 15.3　1798—1914 年信息传送到伦敦的速度

事件	年代	距离（英里）	传送天数	速度（英里/小时）
尼罗河海战	1798	2073	62	1.4
特拉法加海战	1805	1100	17	2.7
印度卡奇大地震	1819	4118	153	1.1
南京条约	1842	5597	84	2.8
克里米亚战争，轻骑兵冲锋（Charge of the Light Brigade）	1854	1646	17	4.0
印度兵变，德里大屠杀	1857	4176	46	3.8
天津条约	1858	5140	82	2.6
林肯遇刺	1865	3674	13	12
马西米连诺大公（Archduke Maximilian）之死（墨西哥）	1867	5545	12	19
俄皇亚历山大二世（Alexander II）之死（圣彼得堡）	1881	1309	0.46	119
日本浓尾大地震	1891	5916	1	246

注：距离以大圆弧长度计算。

表 15.4　完成的铁路长度（千英里）

	1850	1890	1910
英国	6.1	17	20
美国	9.0	208	352
德国	3.6	27	38
法国	1.8	21	25
俄国	0.3	19	41
印度	0.0	17	33

资料来源：Mitchell, 1995, 1998a, 1998b。

末期大幅扩展，就连俄国和印度等几乎未受工业革命影响的国家也大幅改善了通讯。

拜汽船速度更快、造价更低之赐，海运也在这段期间发生彻底变革。到1830年代时，汽船已经比帆船更迅捷可靠了，但仅供最贵重和紧急的货物，如邮件使用。汽船的高耗煤量限制了承载量，如1830年从孟买开往亚丁的"修·林赛"号（Hugh Lindsay），"内舱、客舱和甲板都得堆满煤炭，几乎没有足够空间安置船员和邮包"。1840年代，"不列颠"号（Britannia）需要640吨的煤才能让225吨的货物横越大西洋。因此，即便到了1850年代，蒸汽动力也仅供易腐败货物使用，而且只有几条固定航线。[6]

但1850及1860年代，四大创新降低了蒸汽动力海洋运输的成本：螺旋推进器、铁制船体、复合发动机以及表面冷凝器。螺旋推进器通过水流，更有效率地将动能转为动力。铁制船体的重量比以往轻30%到40%，在同等蒸汽动力条件下增加15%的载货量。复合发动机能提升煤转换为机械动力的效率。表面冷凝器能节省用水（以往远洋汽船必须用海水制造蒸汽，这会导致发动机腐蚀、朽烂）。

复合发动机与表面冷凝器大幅减少了发动机每马力小时的耗煤量。1830年代，每马力小时需消耗10磅煤炭，到了1881年，已降至2磅。这个进展不仅直接降低成本，也让船能少载点煤，多载点货，进而减少航次。[7]

汽船的速度也增快了。1838年"大西部"号（Great Western）在大西洋行驶的最快时速为10英里。1907年，"毛里塔尼亚"号（Mauretania）每小时已经可以跑29英里了。[8]

最后，苏伊士运河与巴拿马运河分别于1869年和1914年竣工，更大大缩短了一些主要远洋航线的路程。苏伊士运河将伦敦至孟买的旅程缩短41%，伦敦至上海的路途缩短32%，大幅拉近了欧洲与亚洲市场的距离。

以上技术变革的成果，便是远洋运输成本在进入20世纪后显著降低。例如1907年若要从曼彻斯特以铁路运送1吨的棉花到距离30英里的利物浦，成本要0.4英镑，但若要从利物浦运送同一批货物到7250英里外的孟买，只需再花0.9至1.5英镑。[9] 当时1吨的棉纺织品约值80英镑，所以上述运输成本仅占产品价值的2%。[10] 回头看看1793年的情况，当时东印度公司要将一吨棉制品从孟买运往伦敦，可要花上30英镑。[11] 若再考虑两个年代的工资差异，1906年从英国运往东半球的运输成本，只有1793年的2%。但若是弃汽船而就帆船，运输成本在1840年代之前便已大幅降低，而那时苏伊士运河根本尚未开通。1840年从加尔各答运一吨货品到英国只要花3.6英镑。[12]

19世纪末期，因位于既有航线上而可走海路抵达的工业地点，如孟买、加尔各答、马德拉斯、上海和香港，可以仅略高于英国国内公司的成本使用英国所有的工业原料。表15.5为1907年从英国港口运送每吨棉制品到各目的地的成本。1907年时，如棉纺织品之类的商品，可在世界任何靠近海港的地方畅行无阻。

图15.1中显示另一项重要的工业原料——能源在世界各港口的成本（以煤的成本计算，并依照威尔士燃料用煤的价格校准之）。由于运输成本低廉，世界各地能取得英国煤的港口多得出人意表。图中的深色方块代表可取得英国煤的地点。1907年时，新加坡、可伦坡、亚历山大、布宜诺斯艾利斯和伊斯坦布尔等遥远地点的汽船，都能添加英国煤作为燃料。许多国家的燃料煤虽然比北欧和美国贵，但以这种重材料在世上分布不均的情况来说，它的成本范围小得惊人，仅略超过2∶1而已。

19世纪最后一波巨大的技术变革是机械化工厂的问世。工业革命之前的工业生产，一般是由多名高技术工匠指挥，他们的技艺是当了多年学徒的成果。在前工业时期，如果国家想发展新的产业，通常得雇用整批外国工匠。1660年代法国人甚至劫持过一群瑞典铁匠，希望他们能替法国建立制铁工业。[13]

288 告别施舍：世界经济简史

表 15.5 从英国运送棉制品的成本

起点	终点	走海路的距离（英里）	平均每 40 立方米的成本（英镑）
曼彻斯特	孟买	6851	0.93
曼彻斯特	加尔各答	8751	1.50
伯肯赫德	上海	11676	1.66
伯肯赫德	日本	12461	1.66
曼彻斯特	布宜诺斯艾利斯	6844	1.75
利物浦	悉尼	12366	1.78
利物浦	爪哇	9441	1.88
伯肯赫德	马尼拉	10667	2.08
利物浦	开普敦	6663	2.12
英格兰	拉各斯	4199	2.25
曼彻斯特	利蒙（哥斯达黎加）	5337	2.38
英格兰	瓦尔帕莱索	8060	2.50
曼彻斯特	里约热内卢	5577	3.25

资料来源：运输成本：Parliamentary Papers, 1909a. 港口间的距离：United States, Naval Oceanographic Office, 1965.

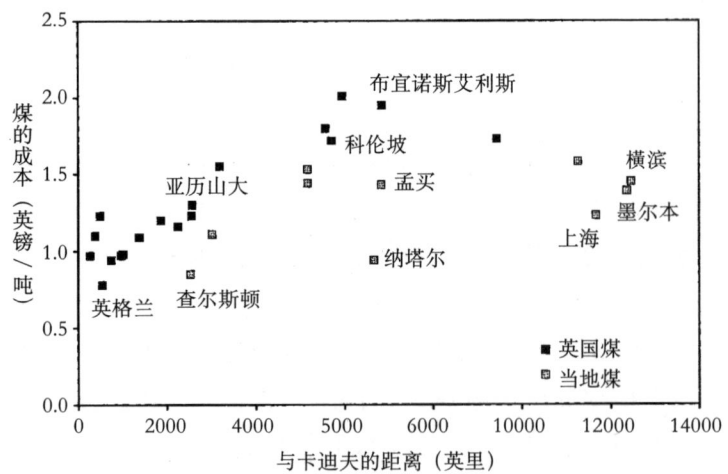

图 15.1 1907 年世界各港口的燃料煤成本

资料来源：Parliamentary Papers, 1909a.

但工业革命的新技术却需要更多更细的分工,对错误的容忍度也较低。例如19世纪英国制陶厂的劳动力,就分为29道不同的步骤。以做杯子来说,第14个步骤是粘上把手。[30] 如果做得不正确,杯子就算完工也毫无价值,这不像波兰的小麦可以重筛一次。克雷默指出,在这种情况下,劳工所犯的错误有乘数效应(multiplicative effect)。[31] 如图17.2所绘,假设生产过程有n个步骤,每个步骤出错的概率是p,而每次出错都可能让商品卖不出去,那么完成一个可销售产品的概率就是$(1-p)^n$。打个比方,如果制陶工作每阶段出错的机会是p=0.1,而它有29个步骤,那么做出成功杯子的比例就只有5%。

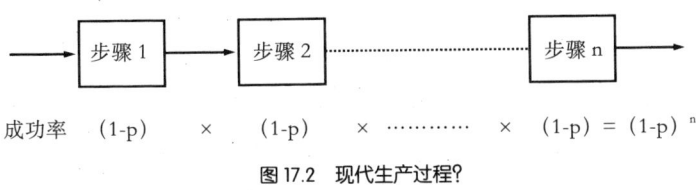

图17.2 现代生产过程?

在这种情况下,制造商可能会发现当前的非洲劳动力固然工资极低,却不符成本效益。或者,如果碰到一群效率低落或出错率高的工人,制造商可能会认为在生产过程的每道步骤加派人手来确保工作流程及杜绝出错,是合乎成本效益的做法。这可能衍生出我们在第十六章见到的情况:低薪国家运用额外的劳动力,但每单位资本的产出与较富裕的国家并无二致。他们给工人非常容易的工作,以将犯错的概率减至最低。

因此,高收入经济体的技术正朝着这样的生产过程演进:能够规律且缜密地完成工作,就能获得较高的报酬。在劳动力较松懈且较无纪律的经济体,这些技术唯有通过让大量过剩人力一起运用,才能弥补当地劳动力的素质。

这个概念还有另一个实证上的启示:在低薪经济体中,现代技术的生产效率远不及以往手工艺技术的生产效率。

手摇纺织机在印度沿用至今就是一例。在英国,手摇纺织机早在1830年代就被工厂的动力织布机取代得差不多了——尽管手摇纺织机工人的工资只有工厂工人的一半。[32] 但175年后,手摇纺织机在印度仍有一席之地,特别是棉纺织业。的确,从首见统计数据的1900年开始,手摇纺织机的产出有稳定增长。如表17.3显示,1997至1998年印度手摇纺织机的织布产出约为1900年的十倍。在1997至1998年间,印度有25%的布料生产仍仰赖手摇纺织机。

表17.3　1900—1998年印度使用各工艺的织布产量

时间	纺织厂	分散动力织布机	手摇纺织机
1900—1903	483	0	793
1936—1939	3630	0	1420
1980—1981	4533	4802	3109
1997—1998	1948	20951	7603

资料来源:Mazumdar, 1984, 7, 36; Office of the Textile Commissioner, 1997, 1998.

事实上,印度的布料制造可分为三大类:一、大纺织厂,一如美国的大型动力纺织机工厂;二、分散的动力纺织机工场,不受大纺织厂管制,内有1至50部动力织布机;三、手摇纺织机,包含在家中或工场设置的织布机。手摇纺织机能生存至今,常有人认为当归功于政府的保护。自印度独立以来,政府在对工厂产出课税之余,始终维持手摇纺织机的免税优惠。例如1997至1998年,多数布料都要被征收10%到20%的税,但手摇纺织机仍不必缴税。然而,分散的动力纺织工场大多也有办法规避这些税。[33] 因此税负上的优势固然可以解释小型动力纺织机工场如何与大工厂匹敌,却不能解释手摇织布机为什么能和同样免税的小工场竞争。动力织布机每小时的产出是手动的2.5倍,而依照英、美1900年前后的劳动力标准,一名织布工应能同时照顾4至8部动力织布机。手摇织布机和动力

第十八章

结论：奇怪的新世界

> 天地万物全都挂着相同的笑靥。
>
> ——亨利·菲尔丁（Henry Fielding），1731[1]

上帝创造经济世界的规则，显然只是要拿经济学家寻开心。在物理学等其他领域，知识在过去四百年来都有稳定的累积。早期的学说经不起考验，但取而代之的学理却包含了这些先人的理论，赋予信徒更高明的能力，从更多更全面的条件预测结果。但经济学却不是这么回事。如我们所见，人们描述及预测经济世界的能力，在1800年左右达到巅峰。但从工业革命开始，经济模式却逐渐与任何预测的能力背道而驰，愈离愈远；各国或各地的收入和财富会在何时出现何种差异，已无人能预测。公元1800年前，尽管各国社会的生活条件迥异，但古典经济学发展的马尔萨斯模式却能精确分析这些差异的源头。我们知道气候、疾病、天然资源、技术和生育情况如何形塑生活条件。本书一至九章叙述的马尔萨斯时代即是如此，尽管与直觉相悖，却相当容易理解。各社会之间或许一直存在的能量差异，被马尔萨斯机制转化成人口密度的差异。以经济学的角度，已知世界就是这样从非洲大草原的原始狩猎采集者演化而成，直到公元1800年。

此后,经济学就变得专业起来。研究课程愈开愈多,造就出一批才华洋溢,身怀更复杂、精密的制式化模型与统计方法的经济学者。但自工业革命开始,我们已经进入一个奇怪的新世界,花样百出的经济理论几乎无助于理解这些一般人会逼问经济学家的问题:为什么有些国家那么富裕,有些却那么穷?未来我们都能成为幸运儿吗?我在本书中提出,通过幸存者所具备的特质,马尔萨斯时代其实可以预测现代社会的成败,也预测未来经济将持续增长。但就算这个假设是正确的,我们仍无法完全解释现代各国收入的差异。在现代世界,决定一地民众工作态度以及合作习惯的社会互动情形,会被经济制度放大而产生前所未有的极富与赤贫现象。

在我们身处的经济世界,经济期刊、研究报告与书籍——致力于资本市场、贸易流量、税负归宿、最高借贷风险、贪腐指数、法治等更详尽的研究——只让真相更加混沌。因为这些著作所建构的世界经济史,大多缺乏经济学的传统要素。长久以来经济生活的主要动力——人口、技术和劳动效率——似乎与这些常被问起的经济问题脱钩。(当然还有一点也极为讽刺:当今世界,经济学家的活动明明对人类的物质命运毫无益处,人们却对这些人施予更严格的训练、限制经济学家的数量,加上商学院、中央银行及国际机构对经济学者需求暴增,使得经济学者,甚至包括纯理论派学者的薪水暴涨至前所未有的水准。)[2]

近代始于15世纪欧洲征服海外。新发现的非洲、美洲及太平洋社会无力抵御欧人入侵。阿兹特克人的黑曜石刀难敌西班牙的钢铁,毛利人的木棍打不过英国的滑膛枪,廷巴克图的泥土墙更挡不了法国的火炮。于是,接踵而至的是强盛的帝国主义时代,西方人的足迹踏遍地球各个角落。不出几年,欧洲列强便征服了世界。他们塑造世界大部分地区的政治地理,也使非洲人和亚洲人移居不同的大陆。领土、技术、音乐、文化——工业革命的成果,西方似乎"赢者通吃"。

但初次来到地球、浑然不知地球历史的外星人,对此或许会有截然不同的印象。因为这位访客会看到西方世界筑起了一道道铜墙铁壁,防止南美、非洲和南亚国家入侵。地中海和南大西洋的海军巡逻舰力图阻止满载移民、铤而走险的船只前往光鲜亮丽的欧洲城市。美墨边界的铁丝网、水泥墙和拒马愈设愈多。在中美地峡,一条由空塑胶加仑油桶砌成的"小道"贯穿荒芜的索诺拉沙漠,标示出来自萨尔瓦多、危地马拉、洪都拉斯和墨西哥的贫穷移民的"行军路线"。部署加勒比海的舰队也会拦截满载海地人的船只,他们前仆后继、竭尽所能地想逃离太阳城的暴力和脏乱。

历史显示,一如我们在本书反复所见,西方并没有任何经济发展模式可提供给世界其他贫穷如昔的国家。并没有一帖见效、保证增长的经济药方,也没有复杂的经济手术可为饱受贫穷所苦的社会缓解症状。就连经济援助这种最直接的礼物,也证实无法刺激增长。[3] 面对这种情况,若至少要让一些第三世界的贫民能够有所获利,西方唯一能采行的政策便是解除限制,接受这些国家的移民。从历史记录中,我们深知英国、美国、加拿大、澳大利亚和新西兰的外来移民对经济造成的影响。记录显示,这些移民——特别是来自收入极低国家的民众——在迁徙后都能显著提高收入。[4] 给第三世界的援助或许会消失在西方顾问或这些社会中的贪腐统治者的口袋里,但每多一个移民踏入发达国家的璀璨都市,世上就多一个人的物质生活获得改善。

还有一个情况颇为讽刺:在世界大部分地区,丰衣足食并未让我们比我们过着狩猎采集生活的祖先更幸福。虽然我一再强调,光是收入一个条件就已深刻塑造了近代世界的生活方式,但收入并未带来一样东西,那就是幸福。

这个论点相当容易证明,只要对各时代和各社会的人们做意见调查,问他们现在有多幸福,或日子过得有多满足就可以。以这种工具来衡量幸福看似粗陋而荒谬，但我们还能如何评估这样的事物呢？况且，任何社会对这类意见调查的回应，皆能充分反映哪些特质与幸福有关。在西欧及美国，已婚、富有（包括刚赢得彩票者）、较健康、有工作、受过教育和身材纤瘦的人，皆反映出较高程度的幸福。离婚、分居、守寡、贫穷、体弱多病、失业、未受教育和身材肥胖的人则比较不幸福。[5] 另外，表示自己幸福的人，脑部也会出现相关反应：左脑前额叶皮质区的脑皮质电流活动比右脑剧烈。[6]

任何社会内，收入和幸福之间皆有强烈的关联。若以人均收入排序，收入排行前 10% 的群组最为幸福，敬陪末座的 10% 则最不幸福。[7]

上述种种收入与幸福的关联或许会让我们天真地相信，工业革命另一项深远的影响便是散播欢乐至全球各地。不幸的是，几乎没有证据支持幸福的增加是来自收入、寿命或健康的改善，举世皆然。这可以从两方面来看。首先，以日本、美国等一些社会来说，我们早在五十多年前就做过幸福程度的调查，当时这些国家正因现代经济增长而远比以往富裕。然而，诚如伊斯特林率先于 1974 年所指出，平均而言，幸福的程度并未随收入增长而提升。[8] 图 18.1 显示 1958 至 2004 年日本民众在接受调查时所反应的幸福程度，以及这段期间每年的人均收入（换算成 2000 年物价）。在这将近五十年间，人均收入增长了将近七倍，但幸福程度不但未见提升，反倒还稍微下降了。

其次，我们以同样的问题在收入相差悬殊的当代社会进行调查，也出现幸福与收入不成比例的情况。平均而言，居住在贫穷国家（一如 1800 年前的世界）的民众，所反映的幸福程度和美国等富国民众相差无几。[9] 收入 2 万美元以上的民众，平均只比收入 4000 美元以下的民众幸福一点，而 4000 美元可是狩猎采集社会的水准。因此以国家来看，幸福与收入的关系十分有限。

高收入何以无法带来更多的幸福？这个问题已引发激烈的讨论。其关键在于幸福与否显然不是由我们自身的绝对幸福水准决定，

第三部 大分流 345

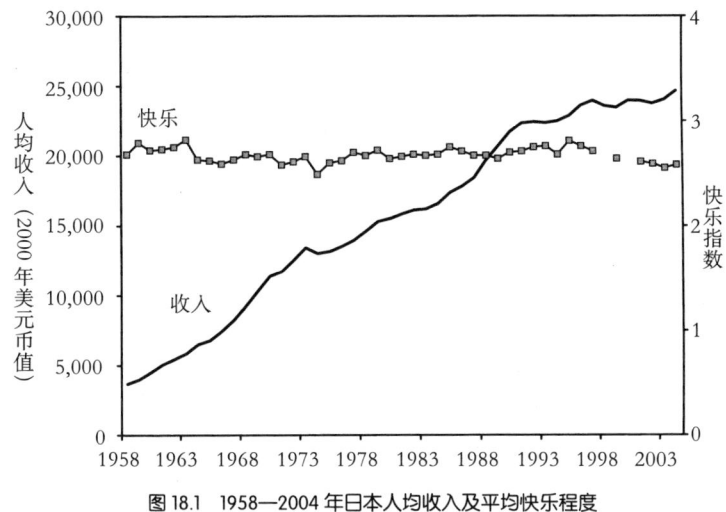

图18.1 1958—2004年日本人均收入及平均快乐程度

资料来源：Veenhoven, 2005, and Heston et al., 2006.

而是取决于我们与参照群体的相对情况。每个人都可以借由获取更多收入、在更好的地点买更大的房子或开更名贵的车来让自己更幸福。但这种幸福往往是以他人收入较少、住房简陋与车子破旧的代价换来的。金钱的确可以买到幸福，但这种幸福是从别人身上转移而来，而不是增加在原本共有的幸福之上。

以上发现也暗示，当今贫穷国家的幸福程度，或许不能确切反映出1800年前大部分人类的幸福程度。当今贫穷国家可通过电视媒体亲眼目睹富裕经济体的盛况。如果这会成为贫穷社会的参考依据，让他们明白自己的经济处境，那么这些社会的幸福程度，甚至包括收入最低的民众，似乎完全不会受自身绝对情况的影响。这进一步暗示了，由于1800年的世界中所有社会都相对贫穷、社区也封闭得多，当时的民众很有可能和当今富裕国家（如美国）的民众一样幸福。

既然我们可能大多是前工业世界奋斗求生者——受到驱使而达成优于同侪的经济成就者——的后裔，这些发现就可能反映出我们传承自马尔萨斯时代的生理特征。或许我们天生就不知足，一辈子都要和竞争对手比谁好命，唯有胜过他人，我们才会开心。知足的人可能在马尔萨斯时代就绝种了。

以上种种是否意味着，数千年来不可思议的技术发展，以及人均收入与整体生活条件的持续提升，全都了无意义？罗伯特·弗兰克（Robert Frank）等学者主张，既然高收入、高消费带来的幸福，必须让地位竞赛的输家丧失幸福，那么在任何社会中致力于创造高收入的能量，就社会整体而言是白白耗费了。应对有钱人、地位竞赛的赢家课以重税来减少这种社会成本昂贵的活动。[10] 但到目前为止，与幸福有关的研究均不支持这种政策。对富者课重税固然可以缩小收入的不平等，但不会让社会全体更幸福。收入平等的社会真的比较幸福吗？这点我们尚缺乏可靠的证明。

不过，与幸福有关的研究的确显示，当今世界与马尔萨斯时代的赋税政策有一个有趣的相似之处。我们在第二章看到，在马尔萨斯时代，生活奢糜的统治者向人民征税，其实不会增加任何社会成本。金碧辉煌的凡尔赛宫并不是以穷人的悲惨换来的——玛丽皇后（Marie Antoinette）可能是没做好公关。这些研究显示，这种情况拿到现代也成立。如果我们重视科学研究、太空旅游、公共艺术和精致建筑等公共品，那我们就该不惜经济成本，多缴点税来资助这些事情。就算物质消费因此减少，我们的心灵也不会有所损失。

由此可见，世界经济史充斥着违背直觉的效应、意外和猜不透的谜。它与我们是谁、我们的文化如何建立等问题纠缠不清。我们为什么要在荒野度过数十万年才能达到今天的富足，为什么许多社会就是没办法和我们在物质的乐土并肩同行。没有和这些谜团角力过的人，没有资格宣称自己头脑灵活。

附录

本附录中的所有公式皆以简单的代数推导而出。

1. 基本增长公式

在所有经济体中,如果 y 是人均产出,k 是人均资本,z 是人均土地,A 是效率水准,那么,

$$g_y = ag_k + cg_z + g_A \tag{1}$$

其中 g_x 代表变量 x 的增长率,a 是总产出中付给资本所有者的份额,c 则是付给地主的份额。

为证明这道公式,假设产出与其他变量之间有一普遍性的关系:

$$y = AF(k, z) \tag{2}$$

这里的 A 代表这个经济体将投入化为产出的效率。函数 $F(k, z)$ 的具体形式并未特别指定,也无须指定。

效率的些微改变 ΔA,会使产出改变 $\Delta AF(k, z)$。因此效率增加 1%,产出就会增加 1%。若是资本发生些微改变,Δk,产出会

改变 $r\Delta k$，r 是单位资本的租金。这是因为在竞争性的经济体中，支付给单位产出的金额会与产出增加最后一单位所使用的金额相等。同样的，Δz 会使产出改变 $s\Delta z$，s 是每单位土地的租金。把这些效应加起来，我们可以将人均产出的些微改变分成：

$$\Delta y = r\Delta k + s\Delta z + \Delta AF(k,z) \quad (3)$$

公式（3）的等号两边同时除以 y 并重新排列，得出

$$\frac{\Delta y}{y} = \frac{rk}{y}\frac{\Delta k}{k} + \frac{sz}{y}\frac{\Delta s}{s} + \frac{\Delta AF(k,z)}{AF(k,z)} \quad (4)$$

公式（1）就是从公式（4）推导出来的。

2. 效率增长率

公式（1）代表我们可以如此计算效率增长率：

$$g_A = g_y - ag_k - cg_z.$$

同样的，我们可将效率增长当作劳动力、资本和土地报酬的加权平均增长率来计算。即，

$$g_A = ag_r + bg_w + cg_s. \quad (5)$$

要推导出这个公式，请注意产出的价值要等于支付给劳动力、资本和土地所有人的价值总额。所以，

$$y = w + rk + sz \quad (6)$$

公式（6）意谓着，如果发生些微变化，

$$\Delta y = \Delta w + \Delta rk + r\Delta k + \Delta sz + s\Delta z$$

$$\Rightarrow \Delta y - r\Delta k - s\Delta z = \Delta w + \Delta rk + \Delta sz$$

用 y 除以每个项目并重新排列，得出：

$$\frac{\Delta y}{y} - \frac{rk}{y}\frac{\Delta k}{k} - \frac{sz}{y}\frac{\Delta s}{s} = \frac{w}{y}\frac{\Delta w}{w} + \frac{rk}{y}\frac{\Delta k}{k} + \frac{sz}{y}\frac{\Delta s}{s}$$

$$\Rightarrow g_A = g_y - ag_k - cg_z = ag_r + bg_w + cg_s$$

3. 马尔萨斯经济体增长公式

在 1800 年以前,公式(1)有个特例,就是长期来看,$g_y = g_k = 0$。另外,$g_z = -g_N$,这里的 N 指人口水平。因此如果人口每年增长 1%,那么人均土地就会以此比例减少。将这些值代入公式(1),就会得出:长期来看,$g_A = cg_N$。

既然长期而言,马尔萨斯经济体的人均收入不会改变,而且工资和资本回报率应该也基本固定不变,那么公式(5)就意味着:

$$g_A = cg_s$$

因此在马尔萨斯世界中,在实际利率不变下,实际土地租金的增长率就应等于人口的增长率。

4. 效率增长的原因

如果一个经济体有 j 个产业,该经济体的整体效率增长率可分解成各个产业的贡献,即,

$$g_A = \Sigma \; \theta_j g_{Aj}$$

θ_j 是产业 j 的产出值占经济体所有最终产出值的比例。

5. 近代的增长

在近代工业化经济体中,土地租金占全国收入的比例已直线下滑,一般都在 4% 以下(见图 10.3)。这表示就现代而言,我们可以进一步简化基本增长公式:

$$g_y \approx ag_k + g_A$$

此外,效率增长会诱发更多的实体资本投资。这种资本累积量可从以下事实推估:

$$a = \frac{rk}{y}$$

因为在现代社会中,a 基本维持在 0.25 左右,实际利率 r 也相对固定,意即,

$$g_k \approx g_y$$

因此，

$$g_y \approx \frac{g_A}{(1-a)}$$

在现代，因为 g_r 和 c 都接近零，ag_r 及 cg_s 这两个乘积自然也近似于零。因此，

$$g_A \approx bg_w$$

因此，现代经济效率增长的获益几乎全数流向工资收入者。反过来说，只要看看实际工资增长率，我们也可以概略估计效率增长率。

6. 总结

上述关于人均收入增长来源的推导过程适用于只有一种产出、一种劳动力、一种土地与一种资本的经济体。不过，所有结论都能轻易为拥有多种产出、劳动力、土地与资本的经济体归纳出类似的等式。因此，在一个拥有 i 种产出的经济体中，产出的增长是：

$$g_Y = \sum O_i g_{Yi}$$

这里的 O_i 是商品或服务 i 在产出值中所占的比例。劳动力的增长是：

$g_L = \sum \frac{b_j}{b} g_{L_j}$，$b_j$ 是付给 j 类型工人的总报酬在生产要素中所占的比重。同样的，资本存量的增长是：

$$g_L = \sum \frac{b_j}{b} g_{L_j}$$

$$g_K = \sum \frac{a_j}{a} g_{k_j}$$

注释

第一章

1. Pomeranz, 2000.
2. 因此当比尔·盖茨（Bill Gates）夫妇于 2002 年怀了第三个孩子时，有鉴于更大的空间需求，便将住宅扩建成现在的近 50000 平方英尺（约 4600 平方米）。
3. 例如新西兰目前最重要的出口就是观光业。
4. Pepys, 2000, November 28, 1668.
5. 我从 1989 年开始对这个概念产生兴趣。克拉克和麦金利（McGinley）1989 年通过一场模拟实验，主张马尔萨斯时代的逻辑暗示人类在新石器革命后进化出更多的耐心，和更低的生育率逐渐降低。在当时这些概念看似与历史记载及生物特性相冲突。2002 年由戈勒（Oded Galor）与莫亚夫（Omar Moav）发表的论文陈述相同的论点，重新燃起我的兴趣。
6. Landes, 1998; Pomeranz, 2000; Mokyr, 2005.
7. Landes, 1998.
8. Diamond, 1997.
9. Jacob, 1826, 30, 65, 79-80.
10. Kremer, 1993a.
11. Easterlin, 1974; Blanchflower and Oswald, 2004.

第二章

1. Hobbes, 1651, 84.
2. 据 Maddison, 2001, 28 的估计，西欧国家的人均 GDP 从公元 1 年的 450 美元增至 1820 年时的 1232 美元（以 1990 年美元币值计算），增加了一倍以上，日本则从 400 美元增至 669 美元。
3. 正式说法是：如果 e_0 代表出生时平均预期寿命出生时预期寿命，D 代表死亡率，则 $e_0 = 1/D$。
4. 本图沿用 Lee and Schofield, 1981 中的图。
5. 这就是某一工人数量对应的总产出曲线的斜率。
6. 人均产出是联结原点和总产出曲线上某一工人数量对应点的直线的斜率产出。

7　Ó Gráda, 1999, 227.

8　Robertson, 1955, 32, 78, 104. 当库克船长 1769 年抵达当地时，他惊讶地发现需要一柄斧头才能换来一头猪了；Banks, 1962, 252.

9　广为流传的"黑死病"（Black Death）一词在瘟疫暴发数百年后才为英国采用。

10　他们之所以这么做，部分是因为在他们撰文的年代，坊间缺乏可用来测量人均收入的方式。

11　McCulloch, 1881, 50-58.

12　Malthus, 1798, 115.

13　Malthus, 1830, 225.

14　Mduma et al., 1999, 1101.

15　Godwin, 1793; Condorcet, 1795.

16　McCulloch, 1881, 58. 因此，古典经济学左右了 1834 年英国进行的严苛的济贫法改革。在为审查法案执行情况而特别成立的济贫法案委员会中，最具影响力的成员是牛津大学政治经济系教授纳索·西尼尔（Nassau Senior）。

17　第五章将说明，18 世纪英国的高收入或许应当归功于个人卫生不良多过政治经济的进展。

18　在中国，18 世纪的政府会固定配发公粮给穷人。见 Will and Wong, 1991, 482-83。

19　第三章将说明为什么在马尔萨斯经济体内，怠惰是一项美德。

20　Diamond, 1987, 66；参见 Cohen, 1977; Kaplan, 2000。

21　可参见 Cohen, 1977, and Richerson et al., 2001。

22　Austen, 1957, 247.23 Eden, 1797; Clark, 2001b.

第三章

1　Darwin, 1965, 203.

2　Banks, 1962, 341.

3　这些实际工资数据取自 Clark 2005, 2007a 的一系列资料。就所有估计前工业经济生活水准（包括价格难以估算的物品，例如住屋）的资料而言，这一系列是其中最广泛的。

4　Clark, Huberman, and Lindert, 1995; Clark, 2001b.

5　这些资料没有想象中那么容易取得，因为现今贫穷国家多半缺乏称职的官僚来搜集统计资料。

6　Levine et al., 2004, 9.

7　然而，在与波兰的工资比较中，可见以谷类作为测量工资方式之局限。因为谷类曾是东欧的最大出口作物，且其价格也较欧洲其他地方便宜。所以较广泛的工资测量方式应呈现出较低的东欧工资水准。

8　Eden, 1797.

9　Clark et al., 1995, 223-24. 既然高收入者的收入弹性（income elasticity）趋近于零，我假设中位数消费者的收入为每人 12 英镑。

10　Mokyr, 1988, 75.

11　Chagnon, 1983, 57-58. 除此之外，扬诺马米人每天还会嚼烟草及迷幻药之类的东西。

12　Siskind, 1973, 84, 95-96.

13　一旦国家开始大量交易粮食，这个结论就不见得成立了。不过这种大规模的交易在公元 1800 年以前相当少见。

14　克拉克（2007a）推定 1450 年的英国总人口为 220 万人，教区的数量与 1801 年的人口普查结果相同。
15　Evans, 1987; Allen, 1989.
16　International Labour Organization, Bureau of Statistic, 2006b.
17　美国身高资料引用自 Ogden et al., 2004, table 14。
18　Brennan et al., 1997, 220. 调查对象为安得拉、卡纳塔克、喀拉拉及泰米尔纳德等邦 25 至 39 岁的男性。
19　Roy, 1995, 695.
20　Pelletier et al., 1991, 356.
21　Steckel, 1995.
22　Malthus, 1798, 94.
23　在 1823 年后殖民赖比瑞亚的美国黑人也有奇高无比的死亡率，这表示非洲人对于疾病环境并无基因上的抵抗力；McDaniel, 1992.
24　Banks, 1962, 334. 英国的身高范围乃假设身高的方差与当代英国相同计算而得。
25　Clark and van der Werf, 1998.
26　Voth, 2001, 1074.
27　De Vries, 1994.
28　Clark and van der Werf, 1998.
29　可见 Gross, 1984.
30　Hurtado and Hill, 1987, 1990.
31　Winterhalter, 1993, 334. 但猿猴家族中最勤奋的黑猩猩一天确实要工作 9 小时，与现代人相仿。
32　Clark, 2002b, table 2 and 12.
33　Sahlins, 1972.
34　可参见 Pomeranz, 2000.
35　Jannetta, 1992, 428-29.
36　Stinson, 1992.

第四章

1　Malthus, 1830, 254.
2　Wrigley et al., 1997, 614.
3　Hajnal, 1965.
4　Macfarlane, 1978, 1987.
5　法国大革命前夕的法国或许是个例外，不过综观 18 世纪末期，该国的节育情况都很有限。
6　哈特莱特教派属基督教再洗礼派，源于德国，现在主要以加拿大为根据地，社群健康良好，早婚且对婚内生育不做任何节制。因此他们可作为对照组，代表无限制生育的可能性。
7　这两种测试皆不幸地碰到一个问题：人们的目标家庭规模不一样。想要多生孩子的人或许会早婚，而且年纪大了以后仍不会降低生育率。
8　佩皮斯和某位巴格韦尔夫人（海军木匠之妻）的婚外情就是一例；Pepys, 2000, July 9, 1963, May 31, 1664, October 20, 1664, January 23, 1665, and May 16, 1666. 有一次，他担心自己让一位人在海外的军官的妻子受孕，便滥用职权急切地把这名丈夫召回，以便把怀孕一事推给他。

9　Lee and Feng, 1999, 67-68.
10　同上，70-73，89。
11　由于扼杀女婴的缘故，部分出生率仅依男性出生率估算，因此有适度提高。Lee and Feng, 1999, 87.
12　Lee and Feng, 1999, 90-91. 针对中国的低生育率举出两大因素：一是长期哺喂母乳，二是相信"性行为有害健康"的文化。
13　Lee and Campbell, 1997, 64-75.
14　Jannetta and Preston, 1991, 426.
15　Bagnall and Frier, 1994, 114.
16　Weir, 1984, 32-33.
17　平均每名成年女性的生育人数会低于这个数字，是因为并非所有女性都能活到 50 岁。
18　Thus Macfarlane, 1987. Macfarlane 认为前工业时代英国的婚姻决定是个人主义且非常慎重的。
19　讽刺的是，马尔萨斯只有两个孩子活到适婚年龄，而且都没生小孩。所以马尔萨斯本身没有后嗣。
20　许多狩猎采集社会实行选择性禁欲，例如禁止已婚夫妇在产后某段期间内从事性行为。
21　这是根据表 4.2 的生育率，以女性能活到 45 岁推算的数字。
22　Ingram, 1985, 145.
23　监狱的"辖区"指狱所四周地区，因债务入狱者在提供足够的担保品清除债务后，可在这些地区生活并继续从事他们正常的工作。
24　弗莱特监狱四周环绕着许多旅舍，内附牧师所设的结婚教堂以及让新婚夫妇庆祝结合的地方；Brown, 1981.
25　例如 Hadeishi（2003）曾研究 1744 至 1792 年间法国的努兹村（Nuits）。
26　Allen, 1989, 266.
27　Emmison, 2000, 171.
28　认证一份遗嘱须上法院登记。既然认证需要费用，很多人立的遗嘱从未经过认证。
29　明细如下：1.1 栋房屋，值 44 英镑；9.9 亩地，99 英镑；物品 4 英镑；以及现金 88 英镑。
30　要做完全精确的比较是不可能的，因为有些妻子会在 45 岁前过世，因而降低表面的生育率。但有些男人会再婚，如果对象是较年轻的女性，反倒会提高表面的生育率。
31　然而，在前工业时代的中国，北京世袭权贵团体的总生育率却比辽宁的农夫低。总婚姻生育率以低阶社群较高，女性结婚的比例也略高一些；Lee and Feng, 1999, 68, 85.

第五章

1　Deaux, 1969, 94.
2　Weir, 1984, 32.
3　Mokyr, 2006.
4　"这个结果对近代欧洲经济史初期仍归马尔萨斯模型掌控的说法提出质疑。"Weir, 1984, 27.
5　英国 1580 至 1649 年的全国婴儿死亡率为 169。Wrigley et al., 1997, 219.
6　Cipolla, 1993, 132; Galley, 1995, 452.
7　Benedict, 1988. 这场瘟疫又通过粮船上的老鼠从孟买回到英国，但在英国被控制住，只有 6 人病故。最近一次流行则是在 1994 年的印度，至少有 700 人感染。
8　Cipolla, 1993, 133.

9 为测试跳蚤能跳多高,英国进行了种种实验,例如把天竺鼠吊在带病跳蚤上空不同高度的地方。
10 有种特制的紧身衣是供患病与濒死者穿着,以保护他们免于沼气侵袭。
11 可见 de Vries and van der Woude, 1997, 687-89.
12 De Vries and ven der Woude, 1997, 72-75.
13 Alam, 1987, 238.
14 Schama, 1987, 375-97.
15 Macfarlane, 2003, 173.
16 Pepys, 2000, October 20, 1660. 在他抱怨五天后,邻居才把溢出来的排泄物清理掉。
17 Hanley, 1997, 104-29.
18 知名伦敦皮肤科医生罗伯特·威廉(Robert William)在 1801 年写道:"伦敦多数男性居民及许多女士虽已养成每天洗手和洗脸的习惯,却忘了身体也要洗,经年累月都没洗。"引用自 Razzell, 1994, 164.
19 Lee and Feng, 1999, 45.
20 Pepys, 2000, February 21, 22, 25, 1665.
21 Deane and Cole, 1967, 72.
22 可参见 Shannon, 1927, 479.
23 Hanley, 1997, 19.
24 一旦爆发冲突,任何参与者皆无处可躲,在杀光敌人之前,谁也不得安眠。
25 Oliver, 1974, 424-26.
26 第一批塔希提传教团失败而回;直到 1809 年,当地社会因与欧洲人接触而陷入分裂,使得许多塔希提人皈依基督教,传教士才开始发挥影响力。
27 这数字乍看颇为离奇,但传教士的记录正是如此。库克船长的日记有提到这个习俗,但并未估计它的发生率。船长威廉·布莱(William Bligh)、约瑟夫·班克斯爵士(Sir Joseph Banks)等人的日记,几乎都没提到弑婴的事情。
28 "我以为我被载入了伊甸园……那里的人们享受大自然慷慨倾注的幸福……我们处处受到热情的款待,浸淫在舒适悠闲、纯真愉悦,以及每一种快乐的面貌之中。"波根维尔(Bougainville, 1772, 228-29)如此描述 1768 年的塔希提。
29 McNeill, 1976.
30 Steckel and Prince, 2001.

第六章

1 Darwin, 1998, 139.
2 Darwin, 1969.
3 Darwin, 1998, 642.
4 Evans, 1993, 108, 217.
5 以 1580—1649 年两性各年龄的估计死亡率为基准;Wrigley et al., 1997, 296, 303.
6 Evans, 1987, 359.
7 若再考虑立遗嘱人写进遗嘱的财富与实际情形可能有相当大的出入,财富与子女间真正的关系很可能比图中所呈现的更强烈。
8 Wrigley et al., 1997, 614.
9 克拉克及汉弥尔顿(Clark and Hamilton, 2006)提供了支持这个主张的证据。
10 妻子也包含在直系亲属当中,因为遗赠给妻子的财产通常用于养育子女,或者当妻子过世时也会将这笔财产传给子女。
11　Razi, 1980, 130.
12　Hair, 1971; Hanawalt, 1976, 1979; Cockburn, 1977, 1991; Given 1977.
13　英国所有战争和战役都有完整的历史记载,其中许多有伤亡估计。就较早期的战争而言,伤亡人数可以从有伤亡统计的冲突中推估。
14　Prestwich, 1996, 116-18, 305-11.
15　Borgerhoff-Mulder, 1987; Cronk, 1991.
16　Hill and Hurtado, 1996, 316-17.
17　这自然会引发"谋杀是否为有效的男性繁殖策略"的问题,因为有些人谋杀不成,反倒害自己命丧黄泉。
18　没有土地的居民较不可能出现在法院名册中,因为他们不会进行土地交易或当保证人。
19　Joerg Baten, personal communication.

第七章

1　Filmer, 1653, 8.
2　许多创新是中国人在更早以前独力发明的。
3　Temple, 1986, 89-90. 林恩·怀特(Lynn White, 1962)其颇富盛名的论点:西欧在9世纪开始使用马镫,正是促成日后骑士着重装战斗的关键。
4　Mokyr, 1990, 36. 据说挽具也是早在公元前300年之前就已于中国出现;Temple, 1986, 20-21.
5　Mokyr, 1990, 31-56.
6　Temple, 1986, 75-122.
7　这里的"技术"是广义的,包括任何能影响每亩地产出的发明或社会组织。因此,把产权界定得更清楚有利于提高产出的法律创新,也被纳入这段时期的技术。
8　Clark, 2007b.
9　Zelin, 1986, 518.
10　Harris, 1968, 728.
11　参见Stiner, 2001, 2005.
12　这些估计值之粗略,可从众人连公元14年的意大利人口都莫衷一是的情况印证。从700万到1700万都有人支持。见Brunt, 1971.
13　Jones, 1977, 1978.
14　因此这群夏威夷后裔将库克船长奉为神明。Beaglehole, 1974, 649-60.
15　McGhee, 1994.
16　Finlay, 1992, 225-26.
17　Mokyr, 1990.

第八章

1　Young, 1792, July 30, 1987, and November 7, 1787.
2　可参见Greif, 2006.
3　我们采用支出而非税负,是因为1720至1815年的政府以大规模举债的方式扩增财源。但政府债券其实就是递延的税负,因此应该会具有同等的抑制效果。
4　税额为12便士,约为农场劳工日薪的三倍。
5　确实有些收入税会用于准备退休金(视受领者的收入高低而定),但这种情况比较少见。

6 对工资课税又浪费税金的政府无异减少了每个人的工资。但几无迹象显示工资较低时，工时也会减少。在不论工作投入的情况下，课税而后将税金重新分配给众人的政府，最终可通过足够高的赋税来减少工时。
7 爱德华·普雷斯科特（Edward Prescott）在观察工时与税率的长期转变时，发现了较为显著的效果。Prescott, 2004.
8 最近一份调查估计，这样的经济活动占高税率欧洲经济体高达 18% 的产出。例如，1990 至 1993 年意大利 GDP 据估计就有 24% 至 30% 是以这种方式制造的。Schneider and Enste, 2000, 80.
9 Lindert, 2004.
10 Clark, 2002a.
11 如果政府将通货膨胀率维持在 π，而 r 是实际利率，那么发行货币每年会替政府带来 $(r+\pi)$ M 的收益，M 是实际（常数）货币存量，rM 是政府每年要借到 M 的量所须的成本。但当 π 大于 0 时，民众每年也必须取得 πM 的新现金来维持实际现金余额。
12 Duncan-Jones, 1990, 145-55.
13 Williamson, 1984. 由于 19 世纪的资本—产出比例通常维持在 4 上下，如果 1820 年代的政府债券以 1∶1 的基准降低了私人资本，那么在没有政府债券的情况下，英国的资本存量只会有一半的水平。
14 宗教机构与私人家庭买卖财产会记录于财产登记册中。
15 因为人口平均年龄为 35 岁，而每年被杀害的概率为 0.21‰，所以每个人终其一生被杀害的几率为 0.7%。
16 World Health Organization, 2002, table A.7. 以上所列为 1990 年代的最新资料。
17 Biddick, 1987.
18 MacIntosh, 1980.
19 Wasson, 1998.
20 Chibi, 1998, table 1.
21 Ho, 1959.
22 Kalas, 1996. 不过日本德川幕府时代（1603—1868）的武士阶级，精英团体似乎就是封闭的；Moore, 1970.
23 Sussman, 2005, 18, 20.
24 Thrupp, 1957, 271. 这份论文推测伦敦总人口有 5 万人。税表上几乎没有看到商人，表示人头税的课征对象只有工匠和劳工。
25 Campbell et al., 1993, 101-3.
26 Clark, 2001a.
27 这是艾伦·麦克法兰（Alan Macfarlance）于 1978 年主张中世纪英国已经不是乡民社会（peasant society）的原因之一。
28 这个问题至少持续到 17 世纪的英国，当时的出版商可说肆无忌惮地剽窃原作者的作品。
29 Long, 1991, 853-57.
30 Epstein, 1998.

第九章

1 Marx and Engels, 1967, 81.
2 戈勒及莫亚夫（Galor and Moav, 2002）为这个过程建立理论模式。

3 在此沿用戈勒的论点。例如近来驯化狐狸与老鼠的实验结果就显示,只要选汰作用够强烈,动物可能在短短八代之内出现剧烈的行为转变。
4 De Wever, 1978; Clark, 1988; Cipolla, 1993, 216-17; de Vries and van der Woude, 1997, 113-29.
5 Hudson, 2000.
6 地主并未索取复利,因此在借贷多年以后,实际收取的利率应低于 10%。参见 Larsen, 1938, 368-79.
7 以约翰逊(Johnson, 1936, 83-173)提供的租金—土地销售价格比计算,采用邓肯-琼斯(Duncan-Jones, 1990, 146)的小麦售价。
8 Sharma, 1965, 59-61.
9 Stein, 1960, 167-69。
10 Homer and Sylla, 1996, 30-31.
11 Pamuk, 2006, 7.
12 Krause and Harbaugh, 1999, 13.
13 Mischel et al., 1989.
14 Tucker, 2001, 299-338. 耕作玉米和木薯的产量变化较大,风险也比采集食物更高。
15 Woodburn, 1980, 101.
16 Everett, 2005.
17 罗杰斯(Rogers, 1994)针对为什么会有时间偏好的问题提出进化观点,但又推断高收入现代社会的时间偏好率会一直维持在 2.5% 左右。
18 Duncan-Jones, 1990, 90.
19 这个趋势唯一的例外是罗马埃及时代的人口普查(每七年一次)所记录的年龄。普查显示的年龄计算情形比较缓和,而此年龄结构似乎也比墓碑记载(或埃及木乃伊显示)的年龄可信。但这种精确度或许是拜普查程序所赐。如果孩子在正确的年龄纳入普查,之后每七年由普查人员更新年龄,就算当事人浑然不知自己几岁,这种精确度仍可以维持下去。Bagnall and Frier, 1994.
20 Hopkins, 1966, 249.
21 Ramsay, 1903.
22 Clark and van der Werf, 1998; Clark, 2005.
23 莫克(Mokyr)以类推的方式主张,欧洲的"实用知识存量",即经济体对于其实际环境拥有的知识,在 1800 年时大幅扩增。例如进行实验来确立因果关系的做法,当时即蔚然成风。他将这种现象归因于理性及启蒙运动时期的智力发展。Mokyr, 2002, 28-77; 2005, 286.
24 Pepys, 2000, October 13, 1660.
25 18 世纪时女性死刑犯一般是先勒毙再焚烧。
26 Hunter and Macalpine, 1963, 427-29.
27 Mokyr, 2005, 336.
28 莫克在私人通讯中主张科学革命及其后的启蒙运动,本身就是近代欧洲早期商业资本主义发展的副产品。但这种说法当然也只会引发更多问题。
29 Gat, 2002.
30 Murray, 1978, 167-91;191 页的引言。
31 Gordon, 2004.
32 戴蒙德还有更激进的主张:农业经济内的其中一个选汰基准,是人们对于随人口集中出现之传染病的抵抗力,所以采集社会的居民比长期定居农业经济体中的居民更有智慧。Diamond, 1997, 18-22.
33 这种狩猎能力到年纪稍长才达到巅峰的情况,在生计社会的男性狩猎者身上十分常见。
34 Hamilton and Clark, 2006.

第十章

1 18世纪的人从事极耗体力的劳动、走路去工作及市场,也住在不暖和的房子,因此可轻易燃烧热量,不会有现代人的肥胖问题。
2 2000年的资料来源:联合国粮食及农业组织。人口密集的英国有半数粮食必需品仰赖进口。
3 罗伯特·索洛(Robert Solow)于1956年率先导出这个结果,不过他也有前辈,一如格里利谢斯(Griliches)在1996年所讨论。
4 Kamps, 2004.
5 Abramovitz, 1956.
6 乔治·萨哈罗波洛斯(George Psacharopoulos, 1994)曾计算1993年较富裕国家的教育回报率,结果小学教育每年的回报率为14.4%,中等教育为10.2%,高等教育则为8.7%。但这或许高估了真正的投资回报率,因为萨哈波洛斯将所有教育程度较高者的工资优势都归因于他们所受的教育。
7 平均每工时收入的年增长率为1.9%。每年增长1.3%的实体资本可解释其中的0.36%,人力资本增长了0.7%,可解释其中的0.18%。
8 如前苏联等指令性经济(command economy)的特色则是资本累积迅速但效率提升缓慢。
9 或者两者也可能有同一个独立成因。

第十一章

1 North and Weingast, 1989.
2 Morkyr, 2005.
3 Lucas, 1988, 2002; Becker et al., 1990.
4 Kremer, 1993b; Galor and Weil, 2000.
5 North, 1994, 359.
6 Jones, 2002, 121.
7 Greif, 2006, 3-4.
8 可参见 Greif, 2006.
9 North and Thomas, 1973.
10 这个观点在许多方面呼应了马克思颇负盛名的一句话:"这些生产关系的总和构成社会的经济结构,即有法律的和政治的上层建筑竖立其上并有一定的社会意识形式与之相适应的现实基础。"Marx, 1904, 11.
11 阿西莫格鲁(Acemoglu et al., 2001, 2002)据实证主张,我们确实可从社会的过去预测其未来。
12 Von Moschzisker, 1922, 160; Russell, 1959, 242.
13 在1275年以前,战士都必须发誓自己明白诉讼案件的真相,因此有许多明显做伪证的案例。这说明了当它们造成制度上的不便时,"事实"等概念的伸缩性。
14 Gransden, 1964, 88-89.
15 Russell, 1959.
16 但用武装战斗来解决争端,是不是真的不如聘请昂贵的律师在法庭玩弄法理的微妙之处，这就很难说了。
17 1817年一件著名的诉讼案促使"决斗诉讼"在1819年终遭废除。被告泥水匠亚伯拉罕·桑顿（Abraham Thornton）被控强奸及谋杀玛莉·阿什福德（Mary Ashford）。在陪审团判他无罪后，玛莉的哥哥诉诸私法，指控桑顿谋杀。年轻力壮的桑顿听从一个巧妙的建议，要求决斗审判。原告拒绝打斗，所以被告胜诉。Rayner and Crook, 1926, 167-71.
18 现代伊斯兰国家仍维持这个禁令。《古兰经》禁止"有息贷款"："上帝允许商业，但禁止有息贷款。"[2.275]。许多穆斯林国家皆立法禁止放款取息的行为。但伊斯兰学者对于"有息贷款"究竟是指任何收取利息的行为，或仅是指收取过多利息的做法，各有不同诠释。
19 Pamuk, 2006, 7-8.
20 英国殖民官员无意中破坏了这种变通之道，他们做了官方记录，建立每个人确切的亲属关系——业经登记就没办法改变了；Pitt, 1970.
21 这是阿西莫格鲁等人（Acemoglu et al., 2001, 2002, 2005a）所提出，关于前殖民地经济成就的立论结构。恩格曼及苏科洛夫（Engerman and Sokoloff, 2002）文中也可见到相同的结构。
22 Blainey, 1975, 37-38.
23 North and Weingast, 1989; Olson, 1993.
24 但当时只有男性的财产所有人有选举权。此外，由于选举采取公开投票，贿选是家常便饭。
25 同样的，当时的民主也有诸多限制。
26 盛行于前工业欧洲的农奴制是奴隶制度的一种，农奴作为财产归主人所有，但社会习俗限制奴隶主的强取豪夺。
27 Fogel and Engerman, 1974.
28 Becker et al., 1990, S32-S33.
29 Kremer, 1993b.
30 一般我们会设 $\Delta A = hNA$，A 是现有的效率水准，也反映构想的存量，ΔA 是任何年度新增的构想，N 是人口水准，h 则是常数。这暗指构想的增长率，即效率的增长率为：$g_A = \Delta A / A = hN$。
31 Galor and Moav, 2002.

第十二章

1 McCloskey, 1981, 103.
2 Harley, 1998. 这些年无风险资本回报率为5%以上。
3 Rubinstein, 1981, 60-67.
4 这些产出的预估值是以愈来愈多且愈来愈富有之人口的粮食需求为基础。但他们并未考虑煤炭及进口原料替代了之前能源及原料的农业生产，使英国农业能在总产出几乎没有增加的情况下扶养更多人口。
5 可参Overton, 1996, 4.
6 有别于表12.1所指的英国商品生产效率的增长率，其乃因大量的纺织品出口而增长得更迅速。
7 在现今的英国，因为怀孕并发症而死亡的概率低于0.006%。
8 Clark and Levin, 2001.

9 不论是纯手工生产或使用活字印刷，书本制造的主要成本都是劳动力（纸与羊皮纸的生产成本主要也是劳动力成本）。
10 铁钉价格几乎不会变动，这就是为什么至今美国人仍唤铁钉为"两便士钉"（twopenny nail，指一寸长的铁钉）或"三便士钉"（threepenny nail，指 1 又 1/4 寸长的铁钉）。这是铁钉在 14 世纪英国的价格。由于价格变动缓慢，大家习惯以价格来称呼某些种类的钉子了。
11 Wrigley, 1990.
12 Clark, 1992.
13 Ghersa et al., 1994; Palumbi, 2001.

第十三章

1 Rundall, 1850, 32.
2 Pomeranz, 2000.
3 同上，107，264。
4 就连彭慕兰也必须承认，煤在工业革命爆发时之所以唾手可得，1712 年纽科门（Thomas Newcomen）突破发动机技术，使深层矿井得以排水是最大关键。
5 Shiue and Keller, 2006.
6 要注意的是，薛华和凯勒将这种差异看得比较重要。
7 杰克·戈德斯通（Jack Goldstone）也强调英国在 1800 年时的优势是人民较具创新性，不过他认为这种创新性来自于政治危机混合社会制度而成的复杂混合物；Goldstone, 1987.
8 最早提到日本种植棉花的可靠记载为 1429 年；Farris, 2006, 160.
9 Hauser, 1974.
10 Crawcour, 1961, 350, 356. 同一段期间内英国信用良好者的贷款利率在 5% 至 6%，荷兰的利率更低。
11 Dore, 1965, 1-2.
12 Rodrigues, 1973, 50-51.
13 Passin, 1965, 12.
14 Nakamura, 1981, 276.
15 Passin, 1965, 44-47.
16 Parthasarathi, 1998; Broadberry and Gupta, 2006.
17 Divekar, 1989; Parthasarathi, 1998, 84.
18 Rawski, 1979, 17-18, 140；引言在 140 页。
19 同上，90。
20 Buck, 1930, 158.
21 Jun and Lewis, 2006, figure 7.
22 Perkins, 1969.
23 Moore, 1969, 619. Yamamura, 1974, 104 所提供有关"旗本"（bannermen，江户时代更加富裕的武士阶级）的事证甚至显示 18 世纪的收养率高达 52%。
24 Feng et al., 1995, 387.
25 这只是概略的统计，因为王丰等人并未指出未婚男性所占的百分比，也未言明一妻与多妻婚姻的比例。
26 我们在第四章探讨过已婚女性的总生育率约为 5%，但由于弑婴现象的存在，有五分之一的男性终身未娶。

第十四章

1. Marx and Engels, 1967, 87.
2. 在 Google 搜索"Industrial Revolution"及"misery",会得到 217000 页结果。
3. Clark, 2001b, 2005.
4. 见图 14.3,图中呈现出 1750 至 1860 年工资占全国收入比重上升的趋势。艾伦(Allen, 2005, 1)的论述完全相反,他认为"在 1800 至 1840 年间,人均 GDP 提升了 37%,实际工资停滞不前,而利润率倍增"。不过这个结论是以范恩斯坦(Feinstein, 1998)的实际工资数据为基础,克拉克(Clark, 2001b, 2005)已证实它太过悲观。较早由林德特和威廉森(Lindert and Williamson, 1983, 1985)提出的较乐观的实际工资数据才是正确的。
5. Ricardo, 1821.
6. 这几句话并未将城市土地价值列入考量,因为城市地价难以长期测量,隐含的租赁价值也有更大幅度提升。但就算列入考量,自工业革命以后,效率增长带给地主的获利也十分有限。
7. 农地价格资料出自 United Kingdom, Departemnt of Environment, Food, and Rural Affairs, 2005, table 4.3. 建地价格资料出自 United Kingdom, Department of Communities and Local Government, 2007, table 561, 563.
8. 美国国防部的海外住房津贴显示英国房屋租金几乎是欧洲其他同收入水准国家的两倍。由此可见在这些国家中,地租在总收入中所占的比例应不到 2%。
9. Van Zanden, 2004.
10. Burnette, 1997; Clark, 2003.
11. United Kingdom, Office of National Statistics, 2006a
12. Burnette, 1997.
13. Wood, 1910, 620-24.
14. 可见 van Zanden(1995),在工业革命前夕的欧洲。
15. 不平等的情况必定变本加厉这一结论,部分可由粮食消费和身高等体现生活水准的指标中看出,在工业革命时代,这些指标提升的情况并不若实际工资显示的明显。Mokyr, 1988; Komlos, 1998.
16. 基尼系数介于 0 至 1 之间,0 指绝对平等,1 则代表一切尽为一人所有。
17. Van Zanden, 1995 指出 1427 年时托斯卡纳财富不均的情况就没有佛罗伦萨严重。
18. 因此联合国《世界发展报告》(*World Development Report*)通过"人力发展指数"(Human Development Index)对世界各国进行评比,该指数即包括寿命及教育。
19. Dickmann, 2003.
20. Clark et al., 1995.
21. Clark, 2002b; Clark and Jacks, 2007.
22. Ricardo, 1821.
23. Thompson, 1976, 80.
24. Becker, 1981.
25. Dickmann, 2003, table 2.
26. Haines, 1995, 303.
27. Fitton, 1989, 219.
28. Fitton, 1989, 296.
29. Rubinstein, 1981, 60-67.

第十五章

1. Marx and Engels, 1967, 84.
2. Henderson, 1965, 4, 139-41.
3. 据估计，1824 年只有 1400 名英国工匠在法国；Henderson, 1965, 141f.
4. 由于我们手边仅有少许资料是每一次皇位交替时期的记录，第一份帝号正确的记录只能代表消息最晚传来的时间。同样的，最后一份帝号错误的记录代表的是消息最早至何时还没送达。这种双重估计的方法恰能不偏不倚地推估真正的传送时间。
5. 1858 年电缆铺设失败。
6. Headrick, 1988, 24.
7. Headrick, 1988, 24-31.
8. Kirkaldy, 1914, appendix XVIII.
9. 一容积吨等于 50 立方尺。一容积吨的棉纺织品相当于 1344 磅重。
10. Deane and Cole, 1967, 187.
11. MacGregor, 1850, 389. 这里的吨是指重量吨还是容积吨，并不明确。
12. MacGregor, 1850, 917. 欧鲁尔基和威廉森认为 1500 到 1800 年欧亚之间运输成本的降幅微乎其微，贸易量增加主要是欧洲需求量增加所致。（O'Rourke and Williamson, 2002a, 2002b.）
13. Cipolla, 1972, 50-51.
14. Deane and Cole, 1967, 190.
15. Shindo, 1961, 233-36.
16. Bruland, 1989, 5, 6, 34.
17. 布拉西建造了阿根廷、澳大利亚、奥地利、英国、加拿大、丹麦、法国、印度、意大利、毛里求斯、荷兰、波兰、普鲁士、俄罗斯和西班牙等地的铁路；Helps, 1874, 161-66.
18. 更添异国情调的是，当时他还向阿拉伯部落买了几个奴隶带走，而这些奴隶到孟买仍继续服侍这个家族；Jackson, 1968, 32。
19. O'Rourke and Williamson, 2001; Obstfeld and Taylor, 2004.
20. 美国与英国 19 世纪的相对人均收入一直是个备受争议的话题。Ward and Devereux, 2003 主张美国的收入从该世纪初期即已领先。Broadberry and Erwin, 2004 则支持传统的见解，即美国到 19 世纪末才迎头赶上。
21. Prados de la Escosura, 2000.
22. Government of India, Ministry of Statistics and Programme Implementation, 2004.
23. United States, Department of Energy, Energy Information Administration, 2004, tables HC1-1a and HC1-3a.

第十六章

1. Cousin (1854), 216.
2. 可参见 Easterly, 2001.
3. 可参见 Easterly and Levine, 2001.
4. 国际资本市场在 19 世纪 20 及 30 年代经济、政治混乱期间确实崩溃了，直到最近才回到 1870 至 1914 年的整合水准。见 Obstfeld and Talyor, 2004.
5. Pamuk, 1987. 相对收入资料沿用 Prados de la Escosura, 2000.
6. Davis and Huttenback, 1988, 107.
7. Rhode, 1995, 789. 加州利率为 9.0%，马萨诸塞州则只有 5.6%；Eichengreen, 1984, 1010.

8   Walmsley, 1893, 50.
9   日本工厂的成本会那么高，是因为该成本包括给工人（大多是少女）住的宿舍。
10 Headrick, 1988, 75.
11 Morris and Dudley, 1975; Headrick, 1988, 322.
12 Abernathy et al., 2005, table 2.
13 Abernathy et al., 2005, figure 1.
14 Abernathy et al., 2005, table 5-6, figure 2.
15 Gallup and Sachs, 2000; Sachs, 2001.
16 Clarence-Smith, 2005, 35-36.

第十七章

1   Marx, 1990, 701-06.
2   Stuart, 1902.
3   可参见 Brassey, 1879, 157-96; Jeans, 1884, 623-24; Schulze-Gaeveritz, 1895, 85-130.
4   Rastall, 1922, 71.
5   Cotton Yarn Association, 1929, T11.
6   Pearse, 1930, 188.
7   可参见 Pack, 1987.
8   要创造出我们观察到的效应，生产过程必须符合柯布—道格拉斯生产函数（见第七章）。
9   Clark, 1987a.
10 Rutnagur, 1927.
11 第一家纺织厂建于 1856 年，但纺织业开始有强劲的增长只在 1880 年代；Rutnagur, 1927.
12 Wolcott and Clark, 1999.
13 据皮尔斯（Pearse）描述，1929 年的日本，由 5 到 8 名工人组成的落纱小组，一分钟左右可处理一座机台。而 1930 年的印度，清除整座机台的作业似乎费时较久（2 到 3 分钟），但我们不清楚每组的人数；Pearse, 1929, 55, 65; Pearse, 1930, 129, 133, 138.
14 Wolcott and Clark, 1999, 400.
15 Wolcott and Clark, 1999, 409.
16 Sreenivasan, 1984, 172.
17 Parliamentary Papers, 1909b, 315.
18 Clark, 1994.
19 Parliamentary Papers, 1909b, 111, 170; Morris, 1965, 114-15.
20 Parliamentary Papers, 1909b, 21, 27, 78, 111, 204；引文出自 111 及 204 页。
21 同上，25、35、72、111、139、148-49、170、181、197、200。
22 Mody, 1951.
23 Mody, 1951, 720.
24 Deshpande, 1946, 8.
25 Deshpande, 1946, 8.
26 Newman, 1981.
27 一些公司似乎的确有限制一名织布工可连续几天雇用一名代工。
28 这个概念是由克雷默所提出（Kremer, 1993a）。
29 Clark, 1987b, 425, 427.
30 Clark, 1994, 153-54.

31 Kremer, 1993a.
32 Bythell, 1969.
33 Misra, 1993, 89-119.
34 Mazumdar, 1984, 93.
35 Jacob, 1826, 65.

第十八章

1 Fielding, 1731, 2.
2 加利福尼亚大学戴维斯分校似乎是此番工资膨胀的唯一例外。
3 Easterly, 2006.
4 可见 Clark, 1987a, table 8.
5 Easterlin, 2003; Blanchflower and Oswald, 2004, table 4-7; Gardner and Oswald, 2007, table 2; Oswald and Powdthavee, 2007, table 1-3. 必须注意的是，这些生活特征所造就的快乐，与不快乐之间的差异相当小，通常不到 5%。因此平均来看有钱人固然比穷人更快乐，但许多穷人却远比一般富人快乐，而许多有钱人过得比一般穷人还要悲惨。
6 Kahneman et al., 2004, 429.
7 可参见 Frey and Stutzer, 2002, table 1.
8 Easterlin, 1974; Blanchflower and Oswald, 2004.
9 Frey and Stutzer, 2002, 416-17.
10 Frank, 1999.

参考文献

Abernathy, Frederick H., Anthony Volpe, and David Weil. 2005. "The Apparel and Textile Industries After 2005: Prospects and Choices for Public and Private Actors." Working Paper, Harvard Center for Textile and Apparel Research, Cambridge, Mass.

Abramovitz, Moses. 1956. "Resource and Output Trends in the United States since 1870." *American Economic Review* 46: 5–23.

Acemoglu, Daron, Simon Johnson, and James A. Robinson. 2001. "The Colonial Origins of Comparative Development: An Empirical Investigation." *American Economic Review* 91(5): 1369–1401.

———. 2002. "Reversal of Fortune: Geography and Institutions in the Making of the Modern World Income Distribution." *Quarterly Journal of Economics* 118: 1231–1294.

———. 2005a. "The Rise of Europe: Atlantic Trade, Institutional Change, and Economic Growth." *American Economic Review* 95(3): 546–579.

———. 2005b. "Institutions as the Fundamental Cause of Long-Run Growth." In *Handbook of Economic Growth*, eds. Philippe Aghion and Steve Durlauf. Philadelphia: Elsevier, pp. 385–471.

A'Hearn, Brian. 2003. "Anthropometric Evidence on Living Standards in Northern Italy, 1730–1860." *Journal of Economic History* 63(2): 351–381.

Alam, M. Shahid. 1987. "Some European Perceptions of Japan's Work-Ethos in the Tokugawa Era: A Limited Survey of Observations from the West's First Encounters Offers Parallels to Today's." *American Journal of Economics and Sociology* 46(2): 229–243.

Allen, Marion E. 1989. *Wills of the Archdeaconry of Suffolk, 1620–24*. Woodbridge, Suffolk, U.K.: Boydell Press.

Allen, Robert C. 2001. "The Great Divergence in European Wages and Prices from the Middle Ages to the First World War." *Explorations in Economic History* 38(4): 411–448.

———. 2005. "Capital Accumulation, Technological Change, and the Distribution of Income during the British Industrial Revolution." Working Paper, Nuffield College, Oxford.

Angel, J. Lawrence. 1971. *The People of Lerna: Analysis of a Prehistoric Aegean Population*. Athens: American School of Classical Studies.

Arnold, A. J., and Sean McCartney. 2005. "Rates of Return, Concentration Levels and Strategic Change in the British Railway Industry, 1830–1912." *Journal of Transport History* 26(1): 41–60.

Austen, Jane. 1957. *Sense and Sensibility*. New York: Heritage Press.

Bagnall, Roger S., and Bruce W. Frier. 1994. *The Demography of Roman Egypt*. Cambridge, U.K.: Cambridge University Press.

Balke, Nathan S., and Robert J. Gordon. 1989. "The Estimation of Prewar Gross National Product: Methodology and New Evidence." *Journal of Political Economy* 97: 38–92.

Banks, Joseph. 1962. *The Endeavour Journal of Joseph Banks, 1768–71*, Vol. 1, ed. J. C. Beaglehole. Sydney: Angus & Robertson.

Bassino, Jean-Pascal, and Debin Ma. 2005. "Japanese Wages in International Perspective, 1741–1913." *Research in Economic History* 23: 229–248.

Beaglehole, John C. 1974. *The Life of Captain James Cook*. Stanford, Calif.: Stanford University Press.

Becker, Gary. 1981. *A Treatise on the Family*. Cambridge, Mass.: Harvard University Press.

Becker, Gary, Kevin Murphy, and Robert Tamura. 1990. "Human Capital, Fertility and Economic Growth." *Journal of Political Economy* 98: S12–37.

Bekaert, Geert. 1991. "Calorie Consumption in Industrializing Belgium." *Journal of Economic History* 51(3): 633–655.

Benedict, Carol. 1988. "Bubonic Plague in Nineteenth Century China." *Modern China* 14(2): 107–155.

Bennett, Charles F. 1962. "The Bayano Cuno Indians, Panama: An Ecological Study of Livelihood and Diet." *Annals of the Association of American Geographers* 52(1): 32–50.

Bennike, Pia. 1985. *Paleopathology of Danish Skeletons*. Copenhagen: Akademisk Forlag.

Bergman, Roland W. 1980. *Amazon Economics: The Simplicity of Shipibo Indian Wealth*. Syracuse, N.Y.: Department of Geography, Syracuse University.

Biddick, Kathleen. 1987. "Missing Links: Taxable Wealth, Markets, and Stratification among Medieval English Peasants." *Journal of Interdisciplinary History* 18(2): 277–298.

Blainey, Geoffrey. 1975. *Triumph of the Nomads: A History of Ancient Australia.* Melbourne: Macmillan.
Blanchflower, David G., and Andrew J. Oswald. 2004. "Well-Being over Time in Britain and the USA." *Journal of Public Economics* 88(7–8): 1359–1386.
Blanshei, Sarah R. 1979. "Population, Wealth and Patronage in Medieval and Renaissance Perugia." *Journal of Interdisciplinary History* 9(4): 597–619.
Boag, George L. 1912. *Manual of Railway Statistics.* London: Railway Gazette.
Boaz, Franz. 1891. "Physical Characteristics of the Indians of the North Pacific Coast." *American Anthropologist* 2(4): 321–328.
———. 1899. "Anthropometry of Shoshonean Tribes." *American Anthropologist New Series* 1(4): 751–758.
Boix, Carles, and Frances Rosenbluth. 2004. "Bones of Contention: The Political Economy of Height Inequality." Working Paper, University of Chicago, Department of Political Science.
Borgerhoff-Mulder, Monique. 1987. "On Cultural and Reproductive Success: Kipsigis Evidence." *American Anthropologist* 89: 617–634.
Bougainville, Lewis de. 1772. *A Voyage Round the World,* trans. John Reinhold Forster. London: J. Nourse.
Brassey, Thomas. 1879. *Foreign Work and English Wages.* London: Longmans, Green.
Brennan, Lance, John McDonald, and Ralph Shlomowitz. 1997. "Towards an Anthropometric History of Indians Under British Rule." *Research in Economic History* 17: 185–246.
Broadberry, Steven, and Bishnupriya Gupta. 2006. "The Early Modern Great Divergence: Wages, Prices and Economic Development in Europe and Asia, 1500–1800." *Economic History Review* 59: 2–31.
Broadberry, S., and D. Irwin. 2004. "Labour Productivity in the US and the U.K. during the 19th Century." Discussion Paper 4596. Centre for Economic Policy Research, London.
Brown, Roger L. 1981. "The Rise and Fall of the Fleet Marriages." In *Marriage and Society: Studies in the Social History of Marriage,* ed. R. B. Outhwaite. London: Europa Publications, pp. 117–136.
Bruland, Kristine. 1989. *British Technology and European Industrialization: The Norwegian Textile Industry in the Mid-Nineteenth Century.* Cambridge, U.K.: Cambridge University Press.
Brunt, P. A. 1971. *Italian Manpower, 225 B.C.–14 A.D.* London: Oxford University Press.
Buck, John L. 1930. *Chinese Farm Economy.* Shanghai: University of Nanking.
Bureau of Railway Economics. 1915. *Comparative Railway Statistics: United States and Foreign Countries, 1912.* Washington, D.C.: Bureau of Railway Economics.
Burnette, Joyce. 1997. "An Investigation of the Female-Male Wage Gap during the Industrial Revolution in Britain." *Economic History Review* 50(2): 257–281.

———. 2006. "How Skilled Were Agricultural Labourers in the Early Nineteenth Century?" *Economic History Review* 59(4): 688–716.
Bythell, Duncan. 1969. *The Handloom Weavers: A Study in the English Cotton Industry during the Industrial Revolution.* Cambridge, U.K.: Cambridge University Press.
Campbell, Bruce, James Galloway, Derek Keene, and Margaret Murphy. 1993. *A Medieval Capital and Its Grain Supply: Agrarian Production and Distribution in the London Region c. 1300.* London: Institute of British Geographers.
Chagnon, Napoleon. 1983. *Yanomamo: The Fierce People,* 3rd ed. New York: Holt, Rinehart and Winston.
———. 1988. "Life Histories, Blood Revenge, and Warfare in a Tribal Population." *Science* 239: 985–992.
Chibi, Andrew A. 1998. "The Social and Regional Origins of the Henrician Episcopacy." *Sixteenth Century Journal* 29(4): 955–973.
Cipolla, Carlo M. 1972. "The Diffusion of Innovations in Early Modern Europe." *Comparative Studies in Society and History* 14(1): 46–52.
———. 1993. *Before the Industrial Revolution: European Society and Economy, 1000–1700,* 3rd ed. London: Routledge.
Clarence-Smith, William Gervase. 2005. "The Cotton Textile Industries of Southeast Asia and 'Bantu' Africa, 1840s to 1950s." London: London School of Economics, Global Economic History Network.
Clark, Gregory. 1987a. "Why Isn't the Whole World Developed? Lessons from the Cotton Mills." *Journal of Economic History* 47: 141–173.
———. 1987b. "Productivity Growth Without Technical Change in European Agriculture Before 1850." *Journal of Economic History* 47: 419–432.
———. 1988. "The Cost of Capital and Medieval Agricultural Technique." *Explorations in Economic History* 25: 265–294.
———. 1992. "The Economics of Exhaustion, the Postan Thesis, and the Agricultural Revolution." *Journal of Economic History* 52(1): 61–84.
———. 1994. "Factory Discipline." *Journal of Economic History* 54: 128–163.
———. 1996. "The Political Foundations of Modern Economic Growth: England, 1540–1800." *Journal of Interdisciplinary History* 26: 563–588.
———. 1998. "Land Hunger: Land as a Commodity and as a Status Good in England, 1500–1910." *Explorations in Economic History* 35(1): 59–82.
———. 2001a. "Markets and Economic Growth: The Grain Market of Medieval England." Working Paper, University of California, Davis.
———. 2001b. "Farm Wages and Living Standards in the Industrial Revolution: England, 1670–1869." *Economic History Review* 54(3): 477–505.
———. 2002a. "Farmland Rental Values and Agrarian History: England, 1500–1912." *European Review of Economic History* 6(3): 281–309.
———. 2002b. "The Agricultural Revolution? England, 1500–1912." Working Paper, University of California, Davis.

———. 2003. "Agricultural Wages." In *The Oxford Encylopedia of Economic History*, Vol. 1, ed. Joel Mokyr. Oxford: Oxford University Press, pp. 59–65.

———. 2005. "The Condition of the Working-Class in England, 1209–2004." *Journal of Political Economy* 113(6): 1307–1340.

———. 2007a. "Farm Wages, Population and Economic Growth, England, 1209–1869." *Economic History Review* 60(1): 97–135.

———. 2007b. "The Economic Aggregates for England, 1209–1869." Working Paper, University of California, Davis.

Clark, Gregory, and Gillian Hamilton. 2006. "Survival of the Richest: The Malthusian Method in England, 1585–1638." *Journal of Economic History* 66(3): 707–736.

Clark, Gregory, and David Jacks. 2007. "Coal and the Industrial Revolution." *European Review of Economic History* 11(1).

Clark, Gregory, and Patricia Levin. 2001. "How Different Was the Industrial Revolution? The Revolution in Printing, 1350–1869." Working Paper, University of California, Davis.

Clark, Gregory, and Alan McGinley. 1989. "Selective Pressure and Economic History: Economics in the Very Long Run." Paper presented to the Berkeley-Stanford Economic History Seminar, May 25.

Clark, Gregory, and Ysbrand van der Werf. 1998. "Work in Progress? The Industrious Revolution." *Journal of Economic History* 58(3): 830–843.

Clark, Gregory, Michael Huberman, and Peter Lindert. 1995. "A British Food Puzzle, 1770–1850." *Economic History Review* 48(2): 215–237.

Clark, W. A. Graham. 1907. *The Cotton Industry of British India and the Philippines*. Washington, D.C.: U.S. Government Printing Office.

Cockburn, J. S. 1977. "The Nature and Incidence of Crime in England, 1559–1625: A Preliminary Survey." In *Crime in England, 1550–1800*, ed. J. S. Cockburn. Princeton, N.J.: Princeton University Press, pp. 49–71.

———. 1991. "Patterns of Violence in English Society: Homicide in Kent 1560–1985." *Past and Present* 130: 70–106.

Cohen, Mark Nathan. 1977. *The Food Crisis in Pre-History*. New Haven, Conn.: Yale University Press.

Condorcet, Jean-Antoine-Nicolas, Marquis de. 1795. *Esquisse d'un tableau historique des progrès de l'esprit humain (Sketch for a Historical Picture of the Progress of the Human Mind)*. Paris: Agasse.

Cotton Spinning Productivity Team. 1951. *Cotton Spinning*. London: Anglo-American Council on Productivity.

Cotton Yarn Association. 1929. "Statistics Concerning Cotton Spinning in India." *Journal of the Textile Institute. Transactions* 20: T10–T20.

Cousin, Victor. 1854. *Lectures on the True, the Beautiful, and the Good*. New York: D. Appleton.

Crawcour, Sidney. 1961. "The Development of a Credit System in Seventeenth-Century Japan." *Journal of Economic History* 21: 342–360.

Cressy, David. 1980. *Literacy and the Social Order: Reading and Writing in Tudor and Stuart England.* Cambridge, U.K.: Cambridge University Press.

Cronk, Lee. 1991. "Wealth, Status, and Reproductive Success among the Mukogodo of Kenya." *American Anthropologist* 93: 345–360.

Curtin, Philip D. 1989. *Death by Migration: Europe's Encounter with the Tropical World in the Nineteenth Century.* Cambridge, U.K.: Cambridge University Press.

Darwin, Charles. 1859. *On the Origin of Species.* London: John Murray.

———. 1965. *The Voyage of the Beagle.* London: J. M. Dent and Sons.

———. 1969. Autobiography. In *The Autobiography of Charles Darwin, 1809–1882: With Original Omissions Restored,* ed. Nora Barlow. New York: W. W. Norton, pp. 17–146.

———. 1998. *The Descent of Man.* Amherst, N.Y.: Prometheus.

Davis, Lance E., and Robert A. Huttenback. 1986. *Mammon and the Pursuit of Empire: the Economics of British Imperialism.* Cambridge, U.K.: Cambridge University Press.

Deane, Phyllis, and W. A. Cole. 1967. *British Economic Growth, 1688–1959,* 2nd ed. Cambridge, U.K.: Cambridge University Press.

Deaux, George. 1969. *The Black Death.* London: Hamilton.

Deshpande, S. R. 1946. *Report on an Enquiry into Conditions of Labour in the Cotton Mill Industry in India.* Simla: Government of India Press.

De Vries, Jan. 1984. *European Urbanization, 1500–1800.* London: Methuen.

———. 1985. "The Population and Economy of the Pre-Industrial Netherlands." *Journal of Interdisciplinary History* 15(4): 661–682.

———. 1994. "The Industrial Revolution and the Industrious Revolution." *Journal of Economic History* 54: 249–270.

De Vries, Jan, and Ad van der Woude. 1997. *The First Modern Economy: Success, Failure, and Perseverance of the Dutch Economy, 1500–1815.* Cambridge, U.K.: Cambridge University Press.

De Wever, F. 1978. "Rents and Selling Prices of Land at Zele, Sixteenth to Eighteenth Century." In *The Agricultural Development of the Low Countries as Revealed by the Tithe and Rent Statistics, 1250–1800,* eds. Herman van der Wee and E. van Cauwenbere. Leuven: Leuven University Press, pp. 1–23.

Diamond, Jared M. 1987. "The Worst Mistake in the History of the Human Race." *Discover,* May, pp. 64–66.

———. 1997. *Guns, Germs, and Steel: The Fates of Human Societies.* New York: W. W. Norton.

Dickmann, Nicola. 2003. "Fertility and Family Income on the Move: An International Comparison over 20 Years." Working Paper 360, Maxwell School of Citizenship and Public Affairs, Syracuse University.

Divekar, V. D. 1989. *Prices and Wages in Pune Region in a Period of Transition, 1805–1830 AD.* Pune: Gokhale Institute of Politics and Economics.

Doraiswamy, Indra. 1983. "Scope for Increasing Productivity in Spinning Mills." In *Resume of Papers, Twenty-Fourth Technological Conference.* Ahmedabad Textile Research Association, Bombay Textile Research Association, Northern India Textile Reseach Association, South India Textile Research Association. Coimbatore: SITRA.

Dore, Ronald P. 1965. *Education in Tokugawa Japan.* Berkeley: University of California Press.

Dove, Michael R. 1984. "The Chayanov Slope in a Swidden Society." In *Chayanov, Peasants and Economic Anthropology,* ed. E. Paul Durrenberger. Orlando, Fla.: Academic Press, pp. 97–132.

Duncan-Jones, Richard. 1990. *Structure and Scale in the Roman Economy.* Cambridge, U.K.: Cambridge University Press.

Durand, John. 1977. "Historical Estimates of World Population: An Evaluation." *Population and Development Review* 3(3): 253–296.

Dutta, Pratap C. 1984. "Biological Anthropology of Bronze Age Harappans: New Perspectives." In *The People of South Asia: The Biological Anthropology of India, Pakistan, and Nepal,* ed. John R. Lukacs. New York: Plenum Press, pp. 59–76.

Dyer, Christopher. 1988. "Changes in Diet in the Late Middle Ages: The Case of Harvest Workers." *Agricultural History Review* 36(1): 21–37.

Easterlin, Richard A. 1974. "Does Economic Growth Improve the Human Lot? Some Empirical Evidenc." In *Nations and Households in Economic Growth: Essays in Honour of Moses Abramowitz,* ed. Paul A. David and Melvin W. Reder. New York: Academic Press.

———. 2003. "Explaining Happiness." *Proceedings of the National Academy of Sciences of the United States of America* 100(19): 11176–11183.

Easterly, William. 2001. *The Elusive Quest for Growth: Economists' Adventures and Misadventures in the Tropics.* Cambridge, Mass.: MIT Press.

———. 2006. *The White Man's Burden: Why the West's Efforts to Aid the Rest Have Done So Much Ill and So Little Good.* New York: Penguin.

Easterly, William, and Ross Levine. 2001. "It's Not Factor Accumulation: Stylized Facts and Growth Models." *World Bank Economic Review* 15(2): 177–220.

Edelstein, Michael. 1982. *Overseas Investment in the Age of High Imperialism. The United Kingdom, 1850–1914.* New York: Columbia University Press.

Eden, Frederick M. 1797. *The State of the Poor.* London: J. Davis.

Eichengreen, Barry. 1984. "Mortgage Interest Rates in the Populist Era." *American Economic Review* 74(5): 995–1015

Eltis, David. 1982. "Nutritional Trends in Africa and the Americas: Heights of Africans, 1819–1839." *Journal of Interdisciplinary History* 12: 453–475.

Emmison, F. G. 2000. *Essex Wills,* Vol. 12. Chelmsford: Essex Record Office.

Engerman, Stanley L., and Kenneth Sokoloff. 2002. "Factor Endowments, Inequality, and Paths of Development among New World Economics." Working Paper 9259. Cambridge, Mass.: National Bureau of Economic Research.

Epstein, S. R. 1998. "Craft Guilds, Apprenticeship, and Technological Change in Preindustrial Europe." *Journal of Economic History* 58(3): 684–713.

Evans, Nesta. 1987. *The Wills of the Archdeaconry of Sudbury, 1630–35.* Suffolk Records Society, Vol. 29. Woodbridge, Suffolk: Boydell Press.

———. 1993. *The Wills of the Archdeaconry of Sudbury, 1636–38.* Suffolk Records Society, Vol. 35. Woodbridge, Suffolk: Boydell Press.

Everett, Daniel. 2005. "Interview." *Your Manchester,* May, pp. 10–11.

Farber, Howard. 1978. "A Price and Wage Study for Northern Babylonia during the Old Babylonian Period." *Journal of the Economic and Social History of the Orient* 21: 1–51.

Farris, William Wayne. 2006. *Japan's Medieval Population: Famine, Fertility, and Warfare in a Transformative Age.* Honolulu: University of Hawaii Press.

Federico, Giovanni, and Paolo Malanima. 2004. "Progress, Decline, Growth: Product and Productivity in Italian Agriculture, 1000–2000." *Economic History Review* 57(3): 437–464.

Feinstein, Charles. 1972. *National Income, Expenditures and Output of the U.K., 1855–1965.* Cambridge, U.K.: Cambridge University Press.

———. 1998. "Pessimism Perpetuated: Real Wages and the Standard of Living in Britain during and after the Industrial Revolution." *Journal of Economic History* 58(3): 625–658.

Feng, Wang, James Lee, and Cameron Campbell. 1995. "Marital Fertility Control among the Qing Nobility: Implications for Two Types of Preventive Check." *Population Studies* 49: 383–400.

Feuerwerker, Albert. 1984. "The State and Economy in Late Imperial China." *Theory and Society* 13(3): 297–326.

Fielding, Henry. 1731. *The Tragedy of Tragedies, or, The Life and Death of Tom Thumb the Great.* London; J. Roberts.

Filmer, Sir Robert. 1653. *An Advertisement to the Jurymen of England. Together with A Difference between an English and Hebrew Witch.* London: Richard Royston.

Finlay, Robert. 1992. "Portuguese and Chinese Maritime Imperialism: Camoes's Lusiads and Luo Maodeng's Voyage of the San Bao Eunuch." *Comparative Studies in Society and History* 34(2): 225–241.

Fitton, R. S. 1989. *The Arkwrights: Spinners of Fortune.* Manchester: Manchester University Press.

Flinn, Michael W. 1981. *The European Demographic System: 1500–1820.* Baltimore: Johns Hopkins University Press.

Fogel, Robert W., and Stanley Engerman. 1974. *Time on the Cross: The Economics of American Negro Slavery.* Boston: Little, Brown.

Frank, Robert H. 1999. *Luxury Fever: Why Money Fails to Satisfy in an Era of Excess.* New York: Free Press.

Frey, Bruno S., and Alois Stutzer. 2002. "What Can Economists Learn from Happiness Research?" *Journal of Economic Literature* 40(2): 402–435.

Galley, Chris. 1995. "A Model of Early Modern Urban Demography." *Economic History Review* 48(3): 448–469.

Gallup, John Luke, and Jeffrey D. Sachs. 2000. "Agriculture, Climate, and Technology: Why Are the Tropics Falling Behind?" *American Journal of Agricultural Economics* 82(3): 731–737.

Galor, Oded, and Omer Moav. 2002. "Natural Selection and the Origin of Economic Growth." *Quarterly Journal of Economics* 117: 1133–1191.

Galor, Oded, and David N. Weil. 2000. "Population, Technology and Growth: From Malthusian Stagnation to the Demographic Transition and Beyond." *American Economic Review* 90: 806–828.

Gardner, Jonathan, and Andrew J. Oswald. 2007. "Money and Mental Wellbeing: A Longitudinal Study of Medium-Sized Lottery Wins." *Journal of Health Economics* 26(1): 49–60.

Garrett, Eilidh, Alice Read, Kevin Schurer, and Simon Szreter. 2001. *Changing Family Size in England and Wales: Place, Class and Demography, 1891–1911.* Cambridge, U.K.: Cambridge University Press.

Gat, Azar. 2002. "Why City-States Existed? Riddles and Clues of Urbanization and Fortifications." In *A Comparative Study of Six City-State Cultures,* ed. Morgens H. Hansen. Copenhagen: Danish Royal Academy, pp. 125–138.

Geary, Frank, and Tom Stark. 2004. "Trends in Real Wages during the Industrial Revolution: A View from Across the Irish Sea." *Economic History Review* 57: 362–395.

Ghersa, C. M., M. L. Roush, S. R. Radosevich, and S. M. Cordray. 1994. "Coevolution of Agrosystems and Weed Management." *BioScience* 44(2): 85–94.

Given, James B. 1977. *Society and Homicide in Thirteenth Century England.* Stanford, Calif.: Stanford University Press.

Godwin, William. 1793. *Enquiry Concerning Political Justice, and Its Influence on Modern Morals and Happiness.* London: J. Robinson.

Goldstone, Jack A. 1987. "Cultural Orthodoxy, Risk, and Innovation: The Divergence of East and West in the Early Modern World." *Sociological Theory* 5(2): 119–135.

Gordon, Peter. 2004. "Numerical Cognition without Words: Evidence from Amazonia." *Science* 306: 496–499.

Government of India, Ministry of Labour. 1954. *Report on Intensive Survey of Agricultural Labour*, Volume 1: *All India*. New Delhi.
Government of India, Ministry of Statistics and Programme Implementation. 2004. *Housing Stock and Constructions (July-December 2002)*. New Delhi.
Gransden, Antonia. 1964. *The Chronicle of Bury St. Edmunds, 1212–1301*. London: Nelson.
Greif, Avner. 2006. *Institutions and the Path to the Modern Economy: Lessons from Medieval Trade*. Cambridge, U.K.: Cambridge University Press.
Griliches, Zvi. 1996. "The Discovery of the Residual: A Historical Note." *Journal of Economic Literature* 34(3): 1324–1330.
Gross, Daniel R. 1984. "Time Allocation: A Tool for the Study of Cultural Behavior." *Annual Review of Anthropology* 13: 519–558.
Guilaine, Jean, and Jean Zammit. 2005. *The Origins of War: Violence in Pre-History*. Oxford: Blackwell.
Guppy, H. B. 1886. "On the Physical Characters of the Solomon Islanders." *Journal of the Anthropological Institute of Great Britain and Ireland* 15: 266–285.
Hadeishi, Hajime. 2003. "Economic Well-Being and Fertility in France: Nuits, 1744–1792." *Journal of Economic History* 63(2): 489–505.
Haines, Michael R. 1995. "Socio-economic Differentials in Infant and Child Mortality during Mortality Decline: England and Wales, 1890–1911." *Population Studies* 49(2): 297–315.
Hair, P. E. H. 1971. "Deaths from Violence in Britain: A Tentative Secular Survey." *Population Studies* 25(1): 5–24.
Hajnal, John. 1965. "European Marriage Patterns in Perspective." In *Population in History: Essays in Historical Demography*, eds. D. V. Glass and D. E. C. Eversley. London: Edward Arnold, pp. 101–143.
Hamilton, Gillian, and Gregory Clark. 2006. "Economic Status and Reproductive Success in New France." Working Paper, University of Toronto.
Hanawalt, Barbara A. 1976. "Violent Death in England in the Fourteenth- and Early Fifteenth Centuries." *Comparative Studies in Society and History* 18: 297–320.
———. 1979. *Crime and Conflict in Medieval England, 1300–48*. Cambridge, Mass.: Harvard University Press.
Hanley, Susan B. 1997. *Everyday Things in Premodern Japan: The Hidden Legacy of Material Culture*. Berkeley: University of California Press.
Harley, C. Knick. 1998. "Cotton Textile Prices and the Industrial Revolution." *Economic History Review* 51(1): 49–83.
Harris, Rivkah. 1968. "Some Aspects of the Centralization of the Realm Under Hammurapi and His Successors." *Journal of the American Oriental Society* 88(4): 727–732.
Harvey, Barbara. 1993. *Living and Dying in England 1100–1540: The Monastic Experience*. Oxford: Clarendon Press.

Hauser, William B. 1974. *Economic Change in Tokugawa Japan: Osaka and the Kinai Cotton Trade*. New York: Cambridge University Press.

Hawkes, Ernest William. 1916. "Skeletal Measurements and Observations of the Point Barrow Eskimo with Comparisons with Other Eskimo Groups." *American Anthropologist, New Series* 18(2): 203–244.

Headrick, Daniel. 1988. *The Tentacles of Progress: Technology Transfer in the Age of Imperialism, 1850–1940*. Oxford: Oxford University Press.

Helps, Arthur. 1874. *Life and Labours of Mr. Brassey, 1805–1870*. Boston: Roberts Brothers.

Henderson, W. O. 1965. *Britain and Industrial Europe, 1750–1870: Studies in British Influence on the Industrial Revolution in Western Europe*. Leicester: Leicester University Press.

Herlihy, David. 1967. *Medieval and Renaissance Pistoia; The Social History of an Italian Town, 1200–1430*. New Haven, Conn.: Yale University Press.

Heston, Alan. 1983. "National Income." In *The Cambridge Economic History of India*, Vol. 2: c. 1757–c. 1970, eds. Dharma Kumar and Meghnad Desai. New York: Cambridge University Press, pp. 376–462.

Heston, Alan, Robert Summers, and Bettina Aten. 2006. Penn World Table Version 6.2. Philadelphia: Center for International Comparisons of Production, Income and Prices at the University of Pennsylvania.

Hill, Kim, and A. M. Hurtado. 1996. *Ache Life History: The Ecology and Demography of a Foraging People*. New York: Aldine de Gruyter.

Ho, Jun Seong, and James B. Lewis. 2006. "Wages, Rents and Interest Rates in Southern Korea, 1700–1900." *Research in Economic History* 24: 217–283.

Ho, Ping-Ti. 1959. "Aspects of Social Mobility in China, 1368–1911." *Comparative Studies in Society and History* 1(4): 330–359.

Hobbes, Thomas. 1651. *Leviathan*. London.

Hollingsworth, Thomas H. 1965. *The Demography of the British Peerage*. London: Population Investigation Committee, LSE.

Homer, Sidney, and Richard Sylla. 1996. *A History of Interest Rates,* 3rd ed. New Brunswick, N.J.: Rutgers University Press.

Hopkins, Keith. 1966. "On the Probable Age Structure of the Roman Population." *Population Studies* 20(2): 245–264.

Houghton, Philip. 1996. *People of the Great Ocean: Aspects of the Human Biology of the Early Pacific*. Cambridge, U.K.: Cambridge University Press.

Houston, R. A. 1982. "The Development of Literacy: Northern England, 1640–1750." *Economic History Review* 35: 199–216.

Hudson, Michael. 2000. "How Interest Rates Were Set, 2500 BC–1000 AD: Máš, Tokos, and Foenus as Metaphors for Interest Accruals." *Journal of the Economic and Social History of the Orient* 43(2): 132–161.

Hunter, Richard A., and Ida Macalpine. 1963. *Three Hundred Years of Psychiatry, 1535–1860.* London: Oxford University Press.

Hurtado, A. Magdalena, and Kim R. Hill. 1987. "Early Dry Season Subsistence Ecology of Cuiva (Hiwi) Foragers of Venezuela." *Human Ecology* 15(2): 163–187.

———. 1990. "Seasonality in Foraging Society: Variation in Diet, Work Effort, Fertility, and Sexual Division of Labor among the Hiwi of Venezuela." *Journal of Anthropological Research* 46(3): 293–346.

Hutchins, John, Richard Gough, and J. B. Nichols. 1796. *The History and Antiquities of the County of Dorset*, Vol. 1. London: J. Nichols.

Ingram, Martin. 1985. "The Reform of Popular Culture? Sex and Marriage in Early Modern England." In *Popular Culture in the Seventeenth Century*, ed. Barry Reay. Kent, U.K.: Beckenham, pp. 129–165.

International Labour Organization, Bureau of Statistics. 2006a. *Occupational Wages and Hours of Work and Retail Food Prices: Statistics from the ILO October Inquiry.* Geneva: International Labour Organization.

———. 2006b. *Yearbook of Labour Statistics.* Geneva: International Labour Organization.

Jackson, Stanley. 1968. *The Sassoons.* London: Heinemann.

Jacob, William. 1826. *Report on the Trade in Foreign Corn and on the Agriculture of the North of Europe.* London: James Ridgeway.

Jannetta, Ann Bowman. 1992. "Famine Mortality in Nineteenth Century Japan: The Evidence from a Temple Death Register." *Population Studies* 46(3): 427–443.

Jannetta, Ann Bowman, and Samuel Preston. 1991. "Two Centuries of Mortality Change in Central Japan: The Evidence from a Temple Death Register." *Population Studies* 45(3): 417–436.

Jeans, James. 1884. "On the Comparative Efficiency and Earnings of Labour at Home and Abroad." *Journal of the Statistical Society of London* 47(4): 614–665.

Jenike, Mark R. 2001. "Nutritional Ecology: Diet, Physical Activity, and Body Size." In *Hunter-Gatherers: an Interdisciplinary Perspective*, eds. Catherine Panter-Brick, Robert H. Layton, and Peter Rowley-Conwy. Cambridge, U.K.: Cambridge University Press, pp. 205–238.

Jevons, F. B. 1895. "Work and Wages in Athens." *Journal of Hellenistic Studies* 15: 239–247.

———. 1896. "Some Ancient Greek Pay Bills." *Economic Journal* 6(23): 470–475.

Johnson, A. 1975. "Time Allocation in a Michiguenga Community." *Ethnology* 14(3): 310–321.

Johnson, Allen C. 1936. *Roman Egypt to the Reign of Diocletian: An Economic Survey of Ancient Rome*, Vol. II, ed. Tenney Frank. Baltimore: Johns Hopkins University Press.

Jones, Charles I. 2002. *Introduction to Economic Growth*, 2nd ed. New York: W. W. Norton.

Jones, Rhys. 1977. "The Tasmanian Paradox." In *Stone Tools as Cultural Markers,* ed. R. V. S. Wright. Canberra: Australian Institute of Aboriginal Studies, pp. 189–204.

———. 1978. "Why Did the Tasmanians Stop Eating Fish?" In *Explorations in Ethnoarchaeology,* ed. R. A. Gould. Albuquerque: University of New Mexico Press, pp. 11–48.

Jun, By Seong Ho, and James B. Lewis. 2006. "Labor Costs, Land Prices, Land Rent, and Interest Rates in the Southern Region of Korea." *Research in Economic History* 24: 217–283.

Kahneman, Daniel, Alan B. Krueger, David Schkade, Norbert Schwarz, and Arthur Stone. 2004. "Toward National Well-Being Accounts." *American Economic Review* 94(2): 429–434.

Kalas, Robert J. 1996. "Marriage, Clientage, Office Holding, and the Advancement of the Early Modern French Nobility: The Noailles Family of Limousin." *Sixteenth Century Journal* 27(2): 365–383.

Kamps, Christophe. 2004. "New Estimates of Government Net Capital Stocks for 22 OECD countries 1960–2001." IMF Working Paper 04/67. Washington, D.C.: International Monetary Fund.

Kaplan, David. 2000. "The Darker Side of the 'Original Affluent Society.'" *Journal of Anthropological Research* 56(3): 301–324.

Kaplan, Hillard, and Kim Hill. 1992. "The Evolutionary Ecology of Food Acquisition." In *Evolutionary Ecology and Human Behavior,* eds. E. Smith and B. Winterhalder. New York: Aldine de Gruyter, pp. 167–202.

Kelly, Robert L. 1995. *The Foraging Spectrum: Diversity in Hunter-Gatherer Lifeways.* Washington, D.C.: Smithsonian Institution Press.

Kirkaldy, Adam W. 1914. *British Shipping: Its History, Organization and Importance.* London: Kegan Paul, Trench, Trubner.

Knauft, Bruce M. 1987. "Reconsidering Violence in Simple Human Societies: Homicide among the Gebusi of New Guinea." *Current Anthropology* 28(4): 457–500.

Koepke, Nikola, and Joerg Baten. 2005. "The Biological Standard of Living in Europe during the Last Two Millennia." *European Review of Economic History* 9(1): 61–95.

Komlos, John. 1993. "A Malthusian Episode Revisited: The Height of British and Irish Servants in Colonial America." *Economic History Review* 46: 768–782.

———. 1998. "Shrinking in a Growing Economy? The Mystery of Physical Stature during the Industrial Revolution." *Journal of Economic History* 58(3): 779–802.

———. 2004. "On British Pygmies and Giants: The Physical Stature of British Youth in the 18th and 19th Centuries." Working Paper, University of Munich.

Krause, Kate, and William T. Harbaugh. 1999. "Economic Experiments That You Can Perform at Home on Your Children." Working Paper, University of New Mexico.

Kremer, Michael. 1993a. "The O-Ring Theory of Development." *Quarterly Journal of Economics* 108(3): 551–575.

———. 1993b. "Population Growth and Technological Change: One Million B.C. to 1990." *Quarterly Journal of Economics* 108(3): 681–716.

Landers, John. 1993. *Death and the Metropolis: Studies in the Demographic History of London, 1670–1830*. Cambridge, U.K.: Cambridge University Press.

Landes, David. 1998. *The Wealth and Poverty of Nations. Why Some Are So Rich and Some So Poor*. London: Little, Brown.

Larsen, Clark Spencer. 1995. "Biological Changes in Human Populations with Agriculture." *Annual Review of Anthropology* 24: 185–213.

Larsen, Jakob A. O. 1938. "Roman Greece." In *An Economic Survey of Ancient Rome*, Vol. IV, ed. Tenney Frank. Baltimore: Johns Hopkins University Press, pp. 259–498.

Lee, James Z., and Cameron Campbell. 1997. *Fate and Fortune in Rural China: Social Organization and Population Behavior in Liaoning, 1774–1873*. Cambridge, U.K.: Cambridge University Press.

Lee, James Z., and Wang Feng. 1999. *One Quarter of Humanity: Malthusian Mythology and Chinese Realities, 1700–2000*. Cambridge, Mass.: Harvard University Press.

Lee, Ronald D., and R. S. Schofield. 1981. "British Population in the Eighteenth Century." In *The Economic History of Britain since 1700*, Vol. 1: *1700–1860*, eds. Roderick Floud and Donald McCloskey. Cambridge, U.K.: Cambridge University Press, pp. 17–35.

Le Roy Ladurie, Emmanuel. 1981. "History That Stands Still." In *The Mind and Method of the Historian*. Brighton, Sussex:: Harvester Press, pp. 1–27.

Levine, Ruth, and the What Works Working Group with Molly Kinder. 2004. *Millions Saved: Proven Success in Global Health*. Washington, D.C.: Center for Global Development.

Lindert, Peter H. 1986. "Unequal English Wealth since 1670." *Journal of Political Economy* 94(6): 1127–1162.

———. 2004. *Growing Public: Social Spending and Economic Growth since the Eighteenth Century*, Vol. 1. Cambridge, U.K.: Cambridge University Press.

Lindert, Peter H., and Jeffrey G. Williamson. 1983. "English Workers' Living Standards during the Industrial Revolution: A New Look." *Economic History Review* 36(1): 1–25.

———. 1985. "English Workers' Real Wages: Reply to Crafts." *Journal of Economic History* 45: 145–153.

Lizot, J. 1977. "Population, Resources and Warfare among the Yanomame." *Man, New Series* 12(3/4): 497–517.

Long, Pamela. 1991. "Invention, Authorship, 'Intellectual Property,' and the Origin of Patents: Notes Towards a Conceptual History." *Technology and Culture* 32: 846–884.

Lucas, Robert. 1988. "On the Mechanics of Economic Development." *Journal of Monetary Economics* 22: 3–42.

Lucas, Robert E. 2002. "The Industrial Revolution: Past and Future." In *Lectures on Economic Growth*. Cambridge, Mass.: Harvard University Press, pp. 109–188.

Macfarlane, Alan. 1978. *The Origins of English Individualism: The Family, Property, and Social Transition*. Oxford: Blackwell.

———. 1987. *Marriage and Love in England: Modes of Reproduction 1300–1840*. Oxford: Blackwell.

———. 2003. *The Savage Wars of Peace: England, Japan and the Malthusian Trap*. Basingstoke, Hampshire: Palgrave Macmillan.

MacGregor, John. 1850. *Commercial Statistics, A Digest*, Vol. 4. London: Whittaker.

Maddison, Angus. 2001. *The World Economy: A Millennial Perspective*. Paris: OECD.

Malthus, Thomas Robert. 1798. *An Essay on the Principle of Population,* ed. Anthony Flew. Aylesbury, Buckinghamshire: Penguin Books, 1970.

———. 1830. *A Summary View of the Principle of Population*. Aylesbury, Buckinghamshire: Penguin Books, 1970.

Marx, Karl. 1904. *A Contribution to the Critique of Political Economy,* trans. N. I. Stone. Chicago: C. H. Kerr.

———. 1990. *Capital,* Vol. 1, trans. Ben Fowkes. New York: Penguin Classics.

Marx, Karl, and Friedrich Engels. 1967. *The Communist Manifesto,* trans. Samuel Moore. Baltimore: Penguin.

Masali, M. 1972. "Bone Size and Proportions as Revealed by Bone Measurements and Their Meaning in Environmental Adaptation." *Journal of Human Evolution* 1: 187–197.

Mauro, Paolo, Nathan Sussman, and Yishay Yafeh. 2006. *Emerging Markets and Financial Globalization: Sovereign Bond Spreads in 1870–1913 and Today*. Oxford: Oxford University Press.

Mazumdar, Dipak. 1984. "The Issue of Small versus Large in the Indian Textile Industry: An Analytical and Historical Survey." World Bank Staff Working Paper 645. Washington, D.C.: World Bank.

McCloskey, Donald. 1981. "The Industrial Revolution 1780–1860: A Survey." In *The Economic History of Britain since 1700,* eds. Roderick Floud and Donald McCloskey. Cambridge, U.K.: Cambridge University Press, pp. 103–127.

McCulloch, J. R. 1881. *The Works of David Ricardo*. London: John Murray.

McDaniel, Antonio. 1992. "Extreme Mortality in Nineteenth-Century Africa: The Case of Liberian Immigrants." *Demography* 29(4): 581–594.

McEvedy, Colin, and Richard Jones. 1978. *Atlas of World Population History*. London: A. Lane.

McGhee, Robert. 1994. "Disease and the Development of Inuit Culture." *Current Anthropology* 35(5): 565–594.

McIntosh, Marjorie. 1980. "Land, Tenure and Population on the Royal Manor of Havering, 1251–1352/3." *Economic History Review* 33(1): 17–31.

McNeill, William H. 1976. *Plagues and Peoples*. New York: Anchor Books.
Mduma, Simon A. R., A. R. E. Sinclair, and Ray Hilborn. 1999. "Food Regulates the Serengeti Wildebeest: A 40-Year Record." *Journal of Animal Ecology* 68(6): 1101–1122.
Meiklejohn, Christopher, and Marek Zvelebil. 1991. "Health Status of European Populations at the Agricultural Transition and the Implications for the Adoption of Farming." In *Health in Past Societies: Biocultural Interpretations of Human Skeletal Remains in Archaeological Contexts,* eds. Helen Bush and Marek Zvelebil. British Archaeological Reports International Series 567. Oxford: Tempus Reparatum.
Mellink, Machteld J., and J. Lawrence Angel. 1970. "Excavations at Karatas-Semay U.K. and Elmali, Lycia, 1969." *American Journal of Archaeology* 74(3): 245–259.
Minge-Klevana, Wanda. 1980. "Does Labor Time Increase with Industrialization? A Survey of Time-Allocation Studies." *Current Anthropology* 21(3): 279–298.
Mischel, Walter, Yuichi Shoda, and Monica L. Rodriguez. 1989. "Delay of Gratification in Children." *Science* 244: 933–938.
Misra, Sanjiv. 1993. *India's Textile Sector: A Policy Analysis.* New Delhi: Sage.
Mitchell, Brian R. 1995. *International Historical Statistics: Africa, Asia and Oceania, 1750–1988.* New York: Stockton Press.
———. 1998a. *International Historical Statistics: Europe, 1750–1993.* New York: Grove's Dictionaries.
———. 1998b. *International Historical Statistics: The Americas, 1750–1993.* New York: Stockton Press.
Mitchell, B. R., and Phyllis Deane. 1971. *Abstract of British Historical Statistics.* Cambridge, U.K.: Cambridge University Press.
Mody, R.K.P. 1951. "Maximising Mill Output and Efficiency: Practical Hints to Jobbers and Mukadams." *Indian Textile Journal* 61(731): 718–721.
Mokyr, Joel. 1988. "Is There Still Life in the Pessimist Case? Consumption during the Industrial Revolution, 1790–1850." *Journal of Economic History* 48(1): 69–92.
———. 1990. *The Lever of Riches: Technological Creativity and Economic Progress.* New York: Oxford University Press.
———. 2002. *The Gifts of Athena: Historical Foundations of the Knowledge Economy.* Princeton, N.J.: Princeton University Press.
———. 2005. "The Intellectual Origins of Modern Economic Growth." *Journal of Economic History* 65(2): 285–351.
———. 2006. "Mobility, Creativity, and Technological Development: David Hume, Immanuel Kant and the Economic Development of Europe." In *Kolloquiumsband of the XX. Deutschen Kongresses für Philosophie,* ed. G. Abel. Berlin, pp. 1131–161.
Moore, Ray A. 1969. "Samurai Discontent and Social Mobility in the Late Tokugawa Period." *Monumenta Nipponica* 24(1–2): 79–91.

———. 1970. "Adoption and Samurai Mobility in Tokugawa Japan." *Journal of Asian Studies* 29: 617–632.
Morgan, Stephen L. 2006. "Height, Health and Welfare in South China over the Past Two Centuries." Working Paper, Melbourne University.
Morris, Morris D. 1965. *The Emergence of an Industrial Labor Force in India.* Berkeley: University of California Press.
Morris, Morris D., and Clyde B. Dudley. 1975. "Selected Railway Statistics for the Indian Subcontinent (India, Pakistan and Bangladesh), 1853–1946/7." *Artha Vijnana* 17(3): 202–204.
Murray, Alexander. 1978. *Reason and Society in the Middle Ages.* Oxford: Clarendon Press.
Nakamura, James I. 1981. "Human Capital Accumulation in Pre-Modern Japan." *Journal of Economic History* 41(2): 263–281.
Newman, Richard. 1981. *Workers and Unions in Bombay 1918–1929: A Study of Organisation in the Cotton Mills.* Canberra: Australian National University Monographs.
Nicholas, Stephen, and Richard H. Steckel. 1991. "Heights and Living Standards of English Workers during the Early Years of Industrialization, 1770–1815." *Journal of Economic History* 51(4): 937–957.
Nordhoff, Charles. 1934. *Pitcairn's Island.* Boston: Little, Brown.
North, Douglass C. 1981. *Structure and Change in Economic History.* New York: W. W. Norton.
———. 1994. "Economic Performance through Time." *American Economic Review* 84(3): 359–368.
North, Douglass C., and R. P. Thomas. 1973. *The Rise of the Western World.* Cambridge, U.K.: Cambridge University Press.
North, Douglass C., and Barry Weingast. 1989. "Constitutions and Commitment: Evolution of Institutions Governing Public Choice in Seventeenth Century England." *Journal of Economic History* 49: 803–832.
Obstfeld, Maurice, and Alan Taylor. 2004. *Global Capital Markets: Integration, Crisis, and Growth.* Cambridge, U.K.: Cambridge University Press.
Office of the Textile Commissioner, Mumbai. 1997. *Compendium of Textile Statistics, 1997.* Mumbai, India.
———. 1998. *Basic Textile Statistics for 1997–8.* Mumbai, India.
Ogden, Cynthia L., Cheryl D. Fryar, Margaret D. Carroll, and Katherine M. Flegal. 2004. *Mean Body Weight, Height, and Body Mass Index, United States 1960–2002.* Advance Data from Vital and Health Statistics 347. Hyattsville, Md.: National Center for Health Statistics.
Ó Gráda, Cormac. 1999. *Black '47 and Beyond: The Great Irish Famine in History, Economy, and Memory.* Princeton, N.J.: Princeton University Press.

Oliver, Douglas L. 1974. *Ancient Tahitian Society,* Vol. 1: *Ethnography.* Honolulu: University Press of Hawaii.

Olson, Mancur. 1993. "Dictatorship, Democracy and Development." *American Political Science Review* 87(3): 567–576.

O'Rourke, Kevin, and Jeffrey G. Williamson. 2001. *Globalization and History: The Evolution of a Nineteenth-Century Atlantic Economy.* Cambridge: Mass.: MIT Press.

———. 2002a. "When Did Globalization Begin?" *European Review of Economic History* 6: 23–50.

———. 2002b. "After Columbus: Explaining the Global Trade Boom, 1500–1800." *Journal of Economic History* 62(2): 417–456.

Oswald, Andrew J., and Nattavudh Powdthavee. 2007. "Obesity, Unhappiness and *The Challenge of Affluence:* Theory and Evidence." Working Paper, University of Warwick.

Oulton, Nicholas. 2001. "Measuring Capital Services in the United Kingdom." *Bank of England Quarterly Bulletin,* Autumn, pp. 295–307.

Overton, Mark. 1996. *Agricultural Revolution in England: The Transformation of the Agrarian Economy 1500–1850.* Cambridge, U.K.: Cambridge University Press.

Pack, Howard. 1987. *Productivity, Technology and Industrial Development: A Case Study in Textiles.* New York: Oxford University Press.

Palumbi, Stephen R. 2001. "Humans as the World's Greatest Evolutionary Source." *Science* 293: 1786–1790.

Pamuk, Sevket. 1987. *The Ottoman Empire and European Capitalism, 1820–1913: Trade, Investment, and Production.* Cambridge, U.K.: Cambridge University Press.

———. 2005. "Urban Real Wages around the Eastern Mediterranean in Comparative Perspective, 1100–2000." *Research in Economic History* 23: 213–232.

———. 2006. "Evolution of Financial Institutions in the Ottoman Empire, 1600–1840." Working Paper, Bogazici University.

Parliamentary Papers. 1834. *Royal Commission on the Employment of Children in Factories, Supplementary Report.* Vol. XIX.

———. 1870. *Annual Statement of Trade.* Vol. LXIII.

———. 1909a. *Royal Commission on Shipping Rings.* Vols. XLVII, XLVIII.

———. 1909b. *Report of the Indian Factory Labour Commission,* Vol. 2: *Evidence.* Vol. LXIII.

Parthasarathi, Prasannan. 1998. "Rethinking Wages and Competitiveness in the Eighteenth Century: Britain and South India." *Past and Present* 158: 79–109.

Passin, Herbert. 1965. *Society and Education in Japan.* New York: Teachers College Press.

Pearse, Arno S. 1929. *The Cotton Industry of Japan and China.* Manchester.

———. 1930. *The Cotton Industry of India: Being the Report of the Journey to India.* Manchester: Taylor, Garnett, Evans.

Pelletier, David L., Jan W. Low, and Louis A. H. Msukwa. 1991. "Malawi Maternal and Child Nutrition Survey: Study Design and Anthropometric Characteristics of Children and Adults." *American Journal of Human Biology* 3(4): 347–361.

Penn World Tables. http://www.bized.ac.U.K./dataserv/penndata/penn.htm.

Pennington, Renee. 2001. "Hunter Gatherer Demography." In *Hunter-Gatherers: An Interdisciplinary Perspective,* eds. Catherine Panter-Brick, Robert H. Layton, and Peter Rowley-Conwy. Cambridge, U.K.: Cambridge University Press, pp. 171–204.

Pepys, Samuel. 2000. *The Diary of Samuel Pepys,* ed. Robert Latham and William Matthews. Berkeley: University of California Press.

Perkins, Dwight. 1969. *Agricultural Development in China, 1368–1968.* Chicago: Aldine.

Pitt, David C. 1970. *Tradition and Economic Progress in Samoa: A Case Study of the Role of Traditional Social Institutions in Economic Development.* Oxford: Clarendon Press.

Pomeranz, Kenneth. 2000. *The Great Divergence: China, Europe, and the Making of the Modern World Economy.* Princeton, N.J.: Princeton University Press.

Powell, Marvin A. 1990 "Identification and Interpretation of Long Term Price Fluctuations in Babylonia: More on the History of Money in Mesopotamia." *Altorientalische Forschungen* 17(1): 76–99.

Power, Chris, Orly Manor, and Leah Li. 2002. "Are Inequalities in Height Underestimated by Adult Social Positions? Effects of Changing Social Structure and Height Selection in a Cohort Study." *British Medical Journal* 325: 131–134.

Prados de la Escosura, Leandro. 2000. "International Comparisons of Real Product, 1820–1990: An Alternative Data Set." *Explorations in Economic History* 37(1): 1–41.

Prescott, Edward C. 2004. "Why Do Americans Work So Much More Than Europeans?" *Federal Reserve Bank, Minneapolis–Quarterly Review* 28(1): 2–14.

Prestwich, Michael. 1996. *Arms and Warfare in the Middle Ages: The English Experience.* New Haven, Conn.: Yale University Press.

Psacharopoulos, George. 1994. "Returns to Investment in Education: A Global Update." *World Development* 22(9): 1325–1343.

Rajamanickam, R., and R. Ranganathan. 1997. *Labour and Machine Productivity in Spinning,* Part 1. Coimbature: SITRA.

Ramsay, James H. 1903. "Chroniclers' Estimates of Numbers and Official Records." *English Historical Review* 18(72): 625–629.

Rastall, Walter H. 1922. *Asiatic Markets for Industrial Machinery.* Special Agent Series 215. Washington, D.C.: U.S. Department of Commerce, Bureau of Foreign and Domestic Commerce.

Rathbone, Dominic. 1991. *Economic Rationalism and Rural Society in Third-Century A.D. Egypt.* Cambridge, U.K.: Cambridge University Press.

Ratnam, T. V., and R. Rajamanickam. 1980. "Productivity in Spinning: Growth and Prospects." In *Resume of Papers: Twenty-First Technological Conference.* Ahmedabad Textile Research Association, Bombay Textile Research Association, Northern India Textile Reseach Association, South India Textile Research Association. Bombay: BTRA.

Rawski, Evelyn Sakahida. 1979. *Education and Popular Literacy in Ch'ing China.* Ann Arbor: University of Michigan Press.

Rayner, J. L., and G. T. Crook. 1926. *The Complete Newgate Calendar,* Vol. 5. London: Navarre Society.

Razi, Zvi. 1980. *Life, Marriage and Death in a Medieval Parish: Economy, Society and Demography in Halesowen, 1270–1400.* Cambridge, U.K.: Cambridge University Press.

———. 1981. "Family, Land and the Village Community in Later Medieval England." *Past and Present* 93: 3–36.

Razzell, Peter. 1994. *Essays in English Population History.* London: Caliban.

Rhode, Paul W. 1995. "Learning, Capital Accumulation, and the Transformation of California Agriculture." *Journal of Economic History* 55(4): 773–800.

Ricardo, David. 1821. *The Principles of Political Economy and Taxation,* 3rd ed. London: John Murray.

Richerson, Peter J., Robert Boyd, and Robert L. Bettinger. 2001. "Was Agriculture Impossible during the Pleistocene but Mandatory during the Holocene? A Climate Change Hypothesis." *American Antiquity* 66(3): 387–411.

Robertson, George. 1955. *An Account of the Discovery of Tahiti. From the Journal of George Robertson,* ed. Oliver Warner. London: Folio Society.

Robinson, Eric H. 1974. "The Early Diffusion of Steam Power." *Journal of Economic History* 34(1): 91–107.

Rodrigues, Joao. 1973. *The Island of Japon,* trans. and ed. Michael Cooper. Tokyo: Kodansha International.

Rogers, Alan R. 1994. "Evolution of Time Preference by Natural Selection." *American Economic Review* 84(3): 460–481.

Roy, Subrata K. 1995. "Comparative Study of Physiological and Anthropometric Characteristics of High and Low Productivity Workers in Northern West Bengal, India." *American Journal of Human Biology* 7(6): 693–699.

Rubinstein, W. D. 1981. *Men of Property: The Very Wealthy in Britain since the Industrial Revolution.* London: Croom Helm.

Rudraswamy, V. 1957. *A Study of Absenteeism in Textile Mills.* Research Reports 2(5). Coimbatore: Southern India Textile Research Association.

———. 1967. "Absenteeism in South Indian Textile Industry." In *Proceedings of the Conference on Human Factors in Industry.* Bombay: Bombay Textile Research Association, pp. 109–125.

Rundall, Thomas. 1850. *Memorials of the Empire of Japon in the XVI and XVII Centuries*. London: Hakluyt Society.

Russell, Josiah C. 1948. *English Medieval Population*. Albuquerque, N.M.: University of New Mexico Press.

Russell, M. J. 1959. "Hired Champions." *American Journal of Legal History* 3(3): 242–259.

Rutnagur, S. M. 1927. *Bombay Industries: The Cotton Mills*. Bombay: Indian Textile Journal.

Sachs, Jeffrey D. 2001. "Tropical Underdevelopment." Working Paper 8119. Cambridge, Mass.: National Bureau of Economic Research.

Sahlins, Marshall. 1972. *Stone Age Economics*. Chicago: Aldine-Atherton.

Scaglion, Richard. 1986. "The Importance of Nighttime Observations in Time Allocation Studies." *American Ethnologist* 13(3): 537–545.

Schama, Simon. 1987. *The Embarrassment of Riches: An Interpretation of Dutch Culture in the Golden Age*. London: Collins.

Schneider, Friedrich, and Dominik H. Enste. 2000. "Shadow Economies: Size, Causes and Consequences." *Journal of Economic Literature* 38(1): 77–114.

Schofield, Roger. 1973. "Dimensions of Illiteracy, 1750–1850." *Explorations in Economic History* 10: 437–454.

Shannon, Fred A. 1927. "The Life of the Common Soldier in the Union Army, 1861–1865." *Mississippi Valley Historical Review* 13(4): 465–482.

Schulze-Gaevernitz, G. von. 1895. *The Cotton Trade in England and on the Continent*. London: Simpkin, Marshall, Hamilton, Kent.

Schumpeter, Elizabeth B. 1960. *English Overseas Trade Statistics, 1697–1808*. Oxford: Clarendon Press.

Sharma, R. S. 1965. "Usury in Early Mediaeval India (A.D. 400–1200)." *Comparative Studies in Society and History* 8(1): 56–77.

Shindo, Takehiro. 1961. *Labor in the Japanese Cotton Industry*. Tokyo: Japan Society for the Promotion of Science.

Shirras, G. Findlay. 1923. *Report of an Enquiry into the Wages and Hours of Labour in the Cotton Mill Industry*. Bombay: Labour Office, Government of Bombay.

Shiue, Carol, and Wolfgang Keller. 2007. "Markets in China and Europe on the Eve of the Industrial Revolution." *American Economic Review*, forthcoming.

Singer, H. W. 1941. "An Index of Urban Land Rents and House Rents in England and Wales, 1845–1913." *Econometrica* 9(3/4): 221–230.

Siskind, Janet. 1973. *To Hunt in the Morning*. Oxford: Oxford University Press.

Smits, Jan-Pieter, Edwin Horlings, and Jan Luiten van Zanden. 2000. *Dutch GNP and Its Components, 1800–1913*. Groningen Growth and Development Center.

Snell, Daniel C. 1997. *Life in the Ancient Near East, 3100–332 B.C.E.* New Haven, Conn.: Yale University Press.

Solow, Robert M. 1956. "A Contribution to the Theory of Economic Growth." *Quarterly Journal of Economics* 70: 65–94.
Sreenivasan, Kasthuri. 1984. *India's Textile Industry: A Socioeconomic Analysis.* Coimbatore: SITRA.
Steckel, Richard H. 1995. "Stature and the Standard of Living." *Journal of Economic Literature* 33: 1903–1940.
———. 2001. "Health and Nutrition in the PreIndustrial Era: Insights from a Millennium of Average Heights in Northern Europe." Working Paper 8542. Cambridge, Mass.: National Bureau of Economic Research.
Steckel, Richard H., and Joseph M. Prince. 2001. "Tallest in the World: Native Americans of the Great Plains in the Nineteenth Century." *American Economic Review* 91(1): 287–294.
Stein, Burton. 1960. "The Economic Function of a Medieval South Indian Temple." *Journal of Asian Studies* 19(2): 163–176.
Stiner, Mary C. 2001. "Thirty Years On: The 'Broad Spectrum Revolution' and Paleolithic Demography." *Proceedings of the National Academy of Sciences* 98(13): 6993–6996.
———. 2005. *The Faunas of Hayonim Cave, Israel.* Cambridge, Mass.: Harvard University Press.
Stinson, Sara. 1992. "Nutritional Adaptation." *Annual Review of Anthropology* 21: 143–170.
Stuart, William. 1902. "The Value of Chinese as Compared with White Labour." In *Proceedings of the Society and Report of the Council, 1901–2.* Shanghai: Engineering Society of China, pp. 75–97.
Sussman, Nathan. 2005. "Income Inequality in Paris in the Heyday of the Commercial Revolution." Manuscript, Hebrew University, Department of Economics.
Tann, Jennifer, and M. J. Breckin. 1978. "The International Diffusion of the Watt Engine." *Economic History Review* 31(4): 541–564.
Temple, Robert. 1986. *The Genius of China. 3,000 Years of Science, Discovery, and Invention.* New York: Simon and Schuster.
Textile Council. 1969. *Cotton and Allied Textiles.* Manchester.
Thompson, F. M. L. 1976. "Nineteenth Century Horse Sense." *Economic History Review* 29(1): 60–81.
Thrupp, Sylvia. 1957. "A Survey of the Alien Population of England in 1440." *Speculum* 32(2): 262–273.
Tomasson, Richard F. 1977. "A Millennium of Misery: The Demography of the Icelanders." *Population Studies* 31(3): 405–427.
Trevor, J. C. 1947. "The Physical Characteristics of the Sandawe." *Journal of the Royal Anthropological Institute of Great Britain and Ireland* 77(1): 61–78.
Truswell, A. Stewart, and John D. L. Hansen. 1976. "Medical Research among the

!Kung." In *Kalahari Hunter-Gatherers,* eds. Richard B. Lee and Irven DeVore. Cambridge, Mass.: Harvard University Press, pp. 166–194.

Trut, Lyudmila N. 1999. "Early Canid Domestication: The Fox Farm Experiment." *American Scientist* 87(2): 160–161.

Tucker, Bram. 2001. "The Behavioral Ecology and Economics of Variation, Risk and Diversification among Mikea Forager-Farmers of Madagascar." Ph.D. dissertation, Department of Anthropology, University of North Carolina, Chapel Hill.

United Kingdom, Department of Communities and Local Government. 2007. *Live Tables on Housing Market and House Prices,* http://www.communities.gov.uk/.

United Kingdom, Department of Education and Skills. 2003. *The Skills for Life Survey.* Research Brief RB490. London: The Stationary Office.

United Kingdom, Department of Environment, Food, and Rural Affairs. 2005. *Agriculture in the UK 2005.* London: The Stationary Office.

United Kingdom, H.M. Revenue and Customs. 2007. *Distribution of Personal Wealth, 2003,* http://www.hmrc.gov.uk/stats/personal_wealth.

United Kingdom, Office of National Statistics. 2003. *UK 2000 Time Use Study,* http://www.statistics.gov.uk/statbase/.

———. 2006a. *Annual Survey of Hours and Earnings,* http://www.statistics.gov.uk/pdfdir/ashe1006.pdf.

———. 2006b. *Trends in ONS Longitudinal Study Estimates of Life Expectancy, by Social Class 1972–2001.* London: The Stationary Office.

United Nations. 2006. *2003 Demographic Yearbook.* New York: United Nations.

United Nations, Development Program. 2005. *Human Development Report, 2005.* New York: Palgrave Macmillan.

United States, Census Bureau. 2002. *Statistical Abstract of the United States.* Washington, D.C.: US Government Printing Office.

United States, Department of Commerce. 1915. Bureau of Foreign and Domestic Commerce, Special Consular Reports 72, *British India.* Washington, D.C.: U.S. Government Printing Office.

United States, Department of Energy, Energy Information Administration. 2004. *2001 Residential Energy Consumption Survey,* http://www.eia.doe.gov/emeu/consumption.

United States, Department of Labor, Bureau of Labor Statistics. 2006. "Hourly Compensation Costs for Production Workers in Manufacturing, 32 Countries or Areas, 22 Manufacturing Industries, 1992–2004." Washington, D.C.: U.S. Government Printing Office.

United States, Economic Report of the President. 2001. Washington, D.C.: U.S. Government Printing Office.

United States, House of Representatives. 1912. *Report of the Tariff Board. Cotton Manufactures.* Washington, D.C.: U.S. Government Printing Office.

United States, Naval Oceanographic Office. 1965. *Distances between Ports.* Publication 151. Washington, D.C.: U.S. Government Printing Office.

Usher, Abbott Payson. 1929. *A History of Mechanical Inventions.* New York: McGraw-Hill.

Van Zanden, Jan Luiten. 1995. "Tracing the Beginning of the Kuznets Curve: Western Europe during the Early Modern Period." *Economic History Review* 48(4): 643–664.

———. 1999. "Wages and the Standard of Living in Europe, 1500–1800." *European Review of Economic History* 2: 175–197.

———. 2004. "The Skill Premium and the Great Divergence." Working Paper, University of Utrecht.

Veenhoven, Ruut. 2005. *World Database of Happiness, Distributional Findings in Nations.* Rotterdam: Erasmus University, www.worlddatabaseofhappiness.eur.nl.

Von Moschzisker, Robert. 1922. "The Historic Origin of Trial by Jury. III." *University of Pennsylvania Law Review and American Law Register* 70(3): 159–171.

Voth, Hans-Joachim. 2001. "The Longest Years: New Estimates of Labor Input in England, 1760–1830." *Journal of Economic History* 61(4): 1065–1082.

Waddell, Eric. 1972. *The Mound Builders: Agricultural Practices, Environment, and Society in the Central Highlands of New Guinea.* Seattle: University of Washington Press.

Walker, Robert, Kim Hill, Hillard Kaplan, and Garnett McMillan. 2002. "Age-Dependency in Hunting Ability among the Ache in Eastern Paraguay." *Journal of Human Evolution* 42: 639–657.

Walmsley, Herbert E. 1893. *Cotton Spinning and Weaving. A Practical and Theoretical Treatise.* Manchester: Heywood.

Ward, Marianne, and John Devereux. 2003. "Measuring British Decline: Direct versus Long-Span Income Measures." *Journal of Economic History* 63: 826–851.

Wasson, E. A. 1998. "The Penetration of New Wealth into the English Governing Class from the Middle Ages to the First World War." *Economic History Review* 51(1): 25–48.

Weir, David. 1984. "Life Under Pressure: France and England, 1670–1870." *Journal of Economic History* 44(1): 27–48.

Werner, D. W., N. M. Flowers, M. L. Ritter, and D. R. Gross. 1979. "Subsistence Productivity and Hunting Effort in Native South America." *Human Ecology* 7(4): 303–316.

White, Lynn. 1962. *Medieval Technology and Social Change.* Oxford: Clarendon Press.

Will, Pierre-Etienne, and R. Bin Wong. 1991. *Nourish the People: The State Civilian Granary System in China, 1650–1850.* Ann Arbor: University of Michigan, Center for Chinese Studies.

Williamson, Jeffrey G. 1984. "Why Was British Growth So Slow during the Industrial Revolution?" *Journal of Economic History* 44(3): 687–712.

Winterhalter, Bruce. 1993. "Work, Resources and Population in Foraging Societies." *Man* 28(2): 321–340.

Wolcott, Susan, and Gregory Clark. 1999. "Why Nations Fail: Managerial Decisions and Performance in Indian Cotton Textiles, 1890–1938." *Journal of Economic History* 59(2): 397–423.

Wood, George Henry. 1910 "The Statistics of Wages in the Nineteenth Century. Part XIX–The Cotton Industry. Section V." *Journal of the Royal Statistical Society* 73(6/7): 585–633.

Woodburn, James. 1980. "Hunters and Gatherers Today and Reconstruction of the Past." In *Soviet and Western Anthropology*, ed. E. Gellner. London: Duckworth, pp. 95–117.

World Health Organization. 2002. *World Report on Violence and Health*. Geneva.

Wrigley, E. A. 1990. *Continuity, Chance and Change: The Character of the Industrial Revolution in England*. Cambridge, U.K.: Cambridge University Press.

Wrigley, E. A., R. S. Davies, J. E. Oeppen, and R. S. Schofield. 1997. *English Population History from Family Reconstitution: 1580–1837*. Cambridge, U.K.: Cambridge University Press.

Yamamura, Kozo. 1974. *A Study of Samurai Income and Entrepreneurship*. Cambridge, Mass.: Harvard University Press.

Yasuba, Yasukichi. 1986. "Sandard of Living in Japan Before Industrialization: From What Level Did Japan Begin? A Comment." *Journal of Economic History* 46(1): 217–224.

Young, Arthur. 1792. *Travels in France and Italy during the Years 1787, 1788, & 1789*. London: W. Richardson.

Zaccagnini, Carlo. 1988. "On Prices and Wages at Nuzi." *Altorientalische Forschungen* 15(1): 45–52.

Zelin, Madelaine. 1986. "The Rights of Tenants in Mid-Qing Sichuan: A Study of Land-Related Lawsuits in the Baxian Archives." *Journal of Asian Studies* 45(3): 499–526.